Josef Kraus

Der PISA-Schwindel

JOSEF KRAUS

Der PISA Schwindel

Unsere Kinder sind besser als ihr Ruf

Wie Eltern und Schule
Potentiale fördern können

Signum

Meiner Familie,
meinen Freunden und allen,
denen PISA auf den Geist geht

© 2005 by Signum Verlag, Amalthea Signum Verlag GmbH, Wien
Alle Rechte vorbehalten
Schutzumschlag: Wolfgang Heinzel
Satz: Fotosatz Völkl, Türkenfeld
Druck und Binden: Ueberreuter Buchproduktion, Korneuburg
Printed in Austria
ISBN 3-85436-376-1

Inhaltsverzeichnis

Warum »PISA-Schwindel«?

Dieses Buch ist ein Buch wider den PISA-«Mainstream« sowie gegen die
ärgerlich enge, PISA-fixierte Sehschlitz- und Tunnelblick-Perspektive aktueller deutscher Schulpolitik. Es ist kein Buch gegen die Studie PISA und
keines gegen seriöse Wissenschaftler, die PISA konzipiert, durchgeführt,
ausgewertet und analysiert haben. Dieses Buch will dennoch bewußt gegen den Strich bürsten, denn die PISA-Studien 2000 und 2003 werden seit
Dezember 2001, dem Zeitpunkt der Veröffentlichung der 2000er PISA-
Ergebnisse, in einem Maße mißbraucht, daß dies die eigentliche Katastrophe des deutschen Bildungswesens zu werden droht. Mit diesem
Buch soll aber auch gegen den Strich gebürstet werden gegen die fortschreitende Instrumentalisierung der Bildungspolitik als Wirtschafts-
und als Sozialpolitik.

Hier wird Stellung bezogen – nicht windschnittig und rundgelutscht,
sondern politisch und in deutlicher Aussprache. Damit verbinden sich
zugleich ganz praktische Ziele: Mit diesem Buch werden Daten und Fakten zusammengetragen, die selbst für den bildungspolitischen Insider
nicht immer problemlos verfügbar sind. Insoweit ist das Buch eine kleine Fundgrube. Zudem werden realitätsnahe, bodenständige Vorschläge
zur Verbesserung der Situation gemacht. Daß Schulpolitik vor lauter
gutem Willen bebt, damit ist es nämlich nicht getan.

Zwischen Propaganda und Taumel

Wenn im Buchtitel vom PISA-Schwindel die Rede ist, dann sollen damit
bewußt zweierlei Assoziationen geweckt werden. Schwindel ist zum einen
das Ergebnis einer Täuschungsabsicht: Da schwindelt einer, weil er seine
wahren Absichten verbergen oder versteckt zu einem ganz bestimmten Ziel
führen möchte. Schwindel ist zum zweiten das Ergebnis einer partiellen,
vorübergehenden oder chronischen geistigen Absenz, eine Störung der Orientierung aufgrund von Benommenheit oder gar Trunkenheit.

PISA hat mit beiden Arten von Schwindel zu tun – mit Täuschung und mit Taumel, damit zugleich mit Politik und mit Psychologie. Mit Politik hat PISA zu tun, weil es hier um einen Kernbereich von Politik geht, um die Bildung unserer jungen Leute und damit um die Zukunft dieser Nation. Wo Politik ist, ist Propaganda, zumal in der Bildungspolitik, nicht weit. Wir kennen dies seit gut drei Jahrzehnten, nämlich seit der größenwahnsinnigen Reformitis der 68er mit ihrer Vision von der angeblich zu schaffenden oder zumindest möglichen Egalität aller Menschen, Strukturen, Werte, Bezüge und Inhalte. Hatte schon die damalige Propaganda kurze Beine, so ist die Propaganda um PISA mit nicht minder kurzen Fortbewegungsextremitäten ausgestattet.

Und PISA hat mehrfach mit Taumel und insofern mit Psychologie zu tun. Wie im Höhenrausch, zumindest reichlich hochtrabend geben manche »Pisaner« vor, mit einem 120-Minuten-Test untersuchen zu können, »wie gut die jungen Menschen auf Herausforderungen der Wissensgesellschaft vorbereitet sind«, und Kompetenzen messen zu können, »die für die individuellen Lern- und Lebenschancen sowie für die gesellschaftliche, politische und wirtschaftliche Weiterentwicklung« bedeutsam sind. So weit wörtlich PISA! PISA hat aber auch deshalb mit Psychologie zu tun, weil die Art des Umgangs der Deutschen damit einen diagnostischen Befund zu deren Nationalcharakter liefert. PISA, das scheint eine – medial und politisch offenbar höchst willkommene – Ohrfeige für Deutschland zu sein. Eine kleine Schulstudie schwingt sich damit auf in den Rang aller möglichen KK-Fragen (Kanzlerkandidatenfragen), der Irakfrage, der Arbeitslosenfrage, der Frage der Steuerreform, der Reform des Grundgesetzes und – im Lichte von PISA betrachtet – anderer marginaler Themen mehr. Dabei wäre es gerade an der Politik und an den Medien, die Bildungsdebatte spätestens jetzt ohne Tabus und mit Hartnäckigkeit zu führen, ehe es sich Deutschlands Politiker wieder bequem machen in ihren Sesseln. Und es wäre an den Medien, vor allem den Medien im elektronischen Bereich, selbstkritisch nachzudenken, ob sie an der Nivellierung des geistigen Niveaus deutschen Nachwuchses auf vermeintlich deutsches PISA-Niveau nicht maßgeblich mitgewirkt haben.

Jedenfalls ist »PISA« nicht einmal mehr für Bildungsbürger die Stadt mit dem schiefen Turm, sondern allgegenwärtig als Vehikel für schulpolitische Kampagnen, ja Kreuzzüge, als Anlaß zu geradezu ritualisierter Hysterie. Eine eschatologische Schrift scheint PISA für manche aus dem PISA-Apokalypse-Kartell zu sein – eine Schrift voller Endzeitstimmung und voller Heilsversprechen zugleich. Das reale bzw. vermeintliche PISA-Desaster hat damit geradezu kanonischen Charakter bekommen. Mehr noch: Mit PISA werden gezielt Probleme konstruiert, damit darauf dann die Uraltlösungen der Einheitsschule passen. Daß PISA schlicht und einfach für »Programme for International Student Assessment«, also für eine stinknormale internationale Schulleistungsstudie steht, daß PISA in einer gerade eben einmal zwei Stunden dauernden Testung nichts anderes als einen minimalen Ausschnitt aus dem Bildungsgeschehen mißt, will vielen Gestaltern veröffentlichter Meinung nicht in den Kopf.

Nun denn: Die Wirklichkeit in Deutschlands Schulen bedarf der Verteidigung gegen Theorie und Statistik – gegen Theoretiker und Statistiker, die meinen, mit ihren Theorien und Endlos-Zahlenkolonnen hätten sie Wirklichkeit abgebildet oder verstanden. Statt dessen gibt es um PISA herum endlos viele Legendenbildungen, ja gar Lügen. Deshalb wird PISA oft genug falsch gelesen. Auch von der Politik. Die Folge ist, daß eine falsche alte Politik fortgesetzt oder auf eine falsche alte eine neue falsche Politik draufgesetzt wird. Die Konsequenz beim typisch PISA-mäßig schlechten Lesen und Rezipieren der PISA-Studie könnte – das wäre ebenfalls nicht im Sinne der Wirklichkeit – sein, daß eines Tages niemand mehr von PISA überhaupt etwas wissen will – weder in der Öffentlichkeit noch in der Politik noch in den Schulen noch in den Elternhäusern. Allerdings wäre von diesen möglichen Folgen letztere noch die beste. Sie ist zudem die wahrscheinlichste, denn immer mehr Bildungsinteressierte sind die permanenten Déjà-vu-Erlebnisse um Schulpolitik im allgemeinen und um PISA im besonderen leid.

PISA – inflationär und profitabel

Kaum ein Politikbereich produziert so viel Papier wie die Schulpolitik und die Schulpädagogik. Das ist heute nicht anders als vor drei Jahrzehnten. Damals jagte ein reformerischer Grundsatzentwurf, ein progressiver Rahmenplan, ein vermeintlicher schulpolitischer Therapieplan den nächsten. Diese Frequenz hat sich seit der eben zurückliegenden Jahrtausendwende noch drastisch erhöht. Wer heutzutage etwas auf sich hält, macht auf Bildungspolitik und produziert entsprechende Schriften. Im Monats-

oder zumindest Quartalstakt kommen immer neue oder neu zusammenfassende »Expertisen« und Statistiken auf den Markt. PISA 2000 Teil 1, PISA 2000 Teil 2, PISA 2000 Teil 3, PISA 2003 Teil 1, IGLU, IGLU-E, OECD-Studien noch und noch – allein das waren in den Jahren 2003 und 2004 in der Summe an die 5000 quasi-amtliche Seiten Papier. Erziehungswissenschaftler kommen hinzu: Als ob sie für den Zustand des Schulsystems nicht ein gehöriges Stück Mitverantwortung trügen (immerhin forschen sie doch über Schule, und immerhin bilden sie ja Lehrer aus), machen manche von ihnen nach PISA – ausgebreitet auf vielen, vielen Seiten – auf »Ich hab' es doch immer schon gesagt«-Attitüde. Wirtschaftsverbände, Unternehmen wie Bertelsmann oder McKinsey mischen zusätzlich mit und werfen ebenfalls dicke bildungspolitische Konvolute auf den Markt. Das Internet steht all dem kaum nach. Bei einer GOOGLE-Suche Anfang 2005 landet man unter dem Stichwort »PISA« weltweit 10.700.000 Treffer, deutschsprachig 2.250.000 (da ist allerdings noch ein kleiner Rest von PISA als Stadt in der Toskana enthalten). Die Stichwortsuche »PISA 2000« ergibt weltweit 3.100.000 und deutschsprachig 320.000 Treffer, die Stichwortsuche »PISA 2003« weltweit 3.800.000 und deutschsprachig 570.000 Treffer.

Diese Inflation an PISA-Häppchen läuft im Endergebnis auf eine Trivialisierung und Banalisierung der Bildungsdebatte hinaus. Seinen Niederschlag findet dieses Niveau nicht zuletzt in einem schnellen Profit, den viele mit PISA meinen machen zu können. Mit den Profiteuren ist noch nicht einmal so manche Politik gemeint, der PISA gerade recht kam, um von eigenem Versagen abzulenken. Nein, mit dem schnellen Geschäft sind die handfesten wirtschaftlichen Interessen gemeint, die man mit PISA ausleben kann. Der erste Ergebnisband von PISA 2000 war jedenfalls noch nicht trocken, da schossen schon die Verlagsprodukte aus dem Boden mit Titeln wie: »PISA – Schnellkurs für Erwachsene – 600 x Powertraining für Anfänger, Fortgeschrittene und Profis«; »PISA – Training für Erwachsene – Wissen und logisches Denken intelligent anwenden«; »Die 15 Gebote des Lernens – Schule nach PISA«; »PISA-Lerntraining für Klassen 1, 2, 3, 4« (wohlgemerkt: bei PISA wurden Fünfzehnjährige getestet); »PISA-Lesekurs – Mittelkurs«; »PISA-Lernbox« mit Lernkärtchen nach Art von Stadt, Land, Fluß; »Wann ist mein Kind PISA-fit?«; »Fit und schlau – Zum guten Schüler wird ihr Kind zu Hause – PISA, so können

10

Sie helfen«; »Omas Sprüche und die PISA-Studie« und so weiter. Parallel dazu schießen vermeintlich PISA-relevante Seminare aus dem Boden. Eine Accelerated Teaching Solutions AG bietet – wohl ungewollt zweideutig – für 150 Euro pro Person »Anti-PISA-Seminare« mit »modernen lernmethodischen Ansätzen«. »Methodentrainer« ziehen missionarisch durch die Lande und preisen – von der schulpolitischen Ratlosigkeit profitierend – ihre Seminare, Bücher und Übungsbausteine an.

Unsere Jugend nicht schlechtrechnen!

Alles in allem ist um PISA herum eine verworrene politische, publizistische und pädagogische Gemengelage entstanden. Diese gilt es zu entwirren, ehe aus der endlos langen eine langweilige PISA-Debatte wird. Aber es gilt nicht nur Phrasen zu enttarnen, sondern es geht darum aufzuzeigen, wohin der Weg führen muß, wenn es den Deutschen denn ernst ist mit Bildung. Vor allem gilt es, die Jugend in Deutschland zu verteidigen. Mittlerweile ist es nämlich so weit, daß nicht deren vermeintliche Bildungsdefizite unsere Jugend auf dem internationalen Parkett benachteiligen, sondern daß ihre Chancen geschmälert werden, wenn ihr Können in typischer deutscher Manier schon zu Hause schlechtgeredet wird. Wer schließlich nimmt noch einen deutschen Absolventen, wenn dessen eigenes Land nicht von seiner Qualifikation überzeugt ist? In Sonntagsreden mag die »neue« Bildungspolitik ja damit begründet werden, daß unsere jungen Leute im »global village«-Wettbewerb bessere Chancen haben sollen. Wenn diese Zielsetzung richtig ist, dann wäre es eine der wichtigsten Maßnahmen zur Steigerung der Aussichten unserer jungen Wettbewerber auf dem internationalen Parkett, das hausgemachte dumme Gerede um deren mindere Bildungsqualität einzustellen.

Wer sich kritisch in PISA vertieft und parallel dazu den Umgang mehr oder weniger Berufener mit PISA verfolgt, der tut sich freilich schwer, PISA ohne Polemik, ohne Ironie und ohne einen Schuß Zynismus zu betrachten. Anders ist der PISA-Zirkus oft kaum noch zu ertragen. Im übrigen müssen gläubige »Pisaner« auch einstecken können. Sie sollten Polemik, Ironie und Zynismus sogar herbeisehnen, denn »Wahrheit ist eine spottfeste Angelegenheit, die aus jeder Ironisierung um so frischer hervorgeht«. Dies zumindest meint Peter Sloterdijk in seiner »Kritik der zynischen Vernunft« von 1983. Somit bleibt den Zynikern eine Aufgabe;

11

deren Hauptleistung bestehe darin, so noch einmal Sloterdijk, »die Wirklichkeit zu verteidigen gegen den Wahn der Theoretiker, sie hätten sie begriffen.«

Eines jedenfalls versteht sowieso keiner mehr: Wie konnten die im Jahr 2005 in Deutschland im Arbeitsleben stehenden rund 40 Millionen Erwachsenen überhaupt in Lohn und Brot kommen, hatten sie doch dieses angeblich katastrophal schlechte deutsche Schulsystem genossen?

Im Ernst: Im PISA-Taumel hin und her gerissen zwischen Langeweile und Adrenalinschub und angesichts der so zahlreichen PISA-Schimären ist es manchmal schwer, keine Polemik zu schreiben.

Fakten

PISA heißt »Programme for International Student Assessment«. Es handelt sich dabei um ein genormtes Testinstrument, mit dem international alle drei Jahre die Leistungen von 15jährigen Schülern in Lesen, Mathematik und Naturwissenschaften gemessen werden. Der Vergleich der Schulleistungen von 30 bis 40 Staaten soll eine Beurteilung der Stärken und Schwächen der nationalen Bildungssysteme möglich machen.

Je Zyklus werden mit PISA weltweit rund 250.000 Schüler getestet. Der erste Testzyklus fand von 1998 bis 2001 statt, der zweite Testzyklus lief von 2000 bis 2004, und der dritte Zyklus erstreckt sich von 2003 bis 2007. Deutschland war international bei PISA 2000 mit ca. 4600 Schülern aus ca. 150 Schulen, bei PISA 2003 mit ebenfalls rund 4600 Schülern aus 220 Schulen beteiligt. Insgesamt wurden in Deutschland aber ca. 1.460 Schulen mit knapp 50.000 Schülern getestet. Letztere stellen die Basis für PISA-E (E = innerdeutsche PISA-Erweiterungsstudie) dar. Verantwortlich für die Untersuchungen in Deutschland ist im Auftrag der Kultusministerkonferenz ein nationales Konsortium – und zwar bei PISA 2000 unter Federführung des Max-Planck-Instituts für Bildungsforschung (MPIB) in Berlin und bei PISA 2003 unter Federführung des Leibniz-Instituts für Pädagogik der Naturwissenschaften (IPN) in Kiel.

Die Veröffentlichung der PISA-Ergebnisse verlief von Anfang an reichlich zerstückelt: Im Dezember 2001 gab es die Ergebnisse der internationalen Studie 2000, im Juni 2002 die innerdeutschen PISA-Vergleiche. Im März 2003 folgte eine vertiefende Studie zu PISA 2000, nämlich »Ein differenzierter Blick auf die Länder der Bundesrepublik Deutschland«. Im Juli 2003 kam eine »neue« internationale PISA-Auswertung zu PISA 2000 mit zwölf weiteren Ländern. Dazwischen schob sich im April 2003 die internationale Grundschulstudie IGLU; zu ihr gab es im Januar 2004 ein paar innerdeutsche Vergleiche. Im November/Dezember 2004 dann folgten die Ergebnisse der internationalen PISA-Studie 2003; sie soll eine innerdeutsche Ergebnisdifferenzierung im Sommer/Herbst 2005 erfahren.

Zur Art der Tests: Die Testaufgaben zum Leseverständnis bestehen darin, daß die Schüler zu Texten, Bildern und Graphiken Verständnifragen beantworten müssen. Im Teilbereich Mathematik sind konkrete Rechnungen vorzunehmen und anwendungsbezogene Aufgaben zu lösen, zum Beispiel Graphiken zu lesen oder praktische geometrische Probleme zu bewältigen. Im Teilbereich Naturwissenschaften geht es etwa darum, biologisch-medizinische oder ökologische Fragestellungen anhand von Texten und Schaubildern zu entschlüsseln. Beispiele dieser Aufgaben finden sich im Internet (http://www.mpib-berlin.mpg.de/pisa und http://pisa.ipn.uni-kiel.de). Inwieweit die PISA-Aufgaben curricular valide sind, also mit den Lehrplänen deutscher Schüler zu tun haben, ist nicht unumstritten. Von Lehrplanexperten der deutschen Bundesländer wird die curriculare Validität von PISA sehr unterschiedlich eingestuft. Experten aus Berlin meinen, die PISA-Aufgaben seien zu 32 Prozent, Experten aus Thüringen meinen, sie seien zu 82 Prozent valide. In den großen Bundesländern Baden-Württemberg, Bayern und Nordrhein-Westfalen liegen die entsprechenden Werte zwischen 55 und 50 Prozent.

Zweifel an der Repräsentativität

Inwieweit die Ergebnisse solcher Studien überhaupt repräsentativ sind, ist schwer zu beurteilen. Zweifel mögen angebracht sein. Diese haben nichts mit den federführenden Instituten zu tun, sondern mit der Stichprobenziehung bzw. dem Stichprobenangebot. Schwer nachvollziehbar ist es beispielsweise, daß Länder mit erheblich größeren Anteilen an Analphabeten gleich gut wie oder besser als die Deutschen abgeschnitten haben wollen. So beträgt der Anteil funktionaler Analphabeten unter der erwachsenen Bevölkerung in Deutschland in bestimmten Großstadtregionen bis zu einem Viertel, in vergleichbaren Regionen in Frankreich bis 50 und in den USA bis 85 Prozent. Bei PISA ergibt das dennoch kaum Unterschiede zwischen diesen Ländern.

Innerhalb der gesamten internationalen Schulleistungsforschung stellt sich grundsätzlich die Frage nach der Repräsentativität und Gültigkeit der Ergebnisse. Vergleicht man die nationalen Ergebnisse verschiedener internationaler Testungen, so ist vieles kaum noch nachvollziehbar. Beispiele: Tschechien erreichte in der Third International Mathematics and Science Study (TIMSS II für Fünfzehnjährige) in den Naturwissenschaften mit einem Wert von 574 einen Spitzenrang (Platz 2), in der TIMSS III (für Oberstufenschüler) mit einem Wert von 451 einen der hintersten Ränge und in der PISA/Naturwissenschaften mit 511 Punkten den elften Rang. Oder: In TIMSS II/Naturwissenschaften rangiert Neuseeland hinter Deutschland, in PISA 2000 und 2003 in allen drei Testbereichen weit vor Deutschland. Oder: Frankreich erzielte in PISA 2000 Rang 10 (Mathematik) bzw. Rang 12 (Naturwissenschaften), in TIMSS II Rang 14 und in TIMSS III Rang 1. Oder: Rußland kam in PISA 2000 auf Rang 22 (Mathematik) bzw. Rang 26 (Naturwissenschaften), in TIMSS II bzw. TIMSS III auf die Ränge 6 bzw. 2. Oder: Zypern landete in TIMSS II bzw. TIMSS III auf den Rängen 33 bzw. 5.

Andere Beispiele dieser Art lassen sich selbst beim Vergleich PISA 2000 versus PISA 2003 zahlreich finden. Zwischen ihren PISA-Rängen 2000 und ihren Rängen 2003 liegen in einzelnen Testbereichen bei Ländern wie Österreich, Polen oder Norwegen zehn und mehr Rangplätze. Ähnlich gravierende Differenzen ergeben sich, wenn man die nationalen Rangplätze einerseits bei PISA und andererseits bei der Grundschulstudie IGLU vergleicht: Neuseeland, Island und Norwegen lagen bei PISA recht gut, bei IGLU fielen diese Länder auf hintere Ränge zurück; umgekehrt lagen Ungarn und Lettland bei PISA zurück, positionierten sich aber bei IGLU in Spitzenrängen (vgl. dazu das Kapitel »PISA und die Grundschule«). Um so viel, wie in den genannten Beispielen dokumentiert, kann sich ein nationales Schulsystem aber in wenigen Schuljahren nicht verbessert oder verschlechtert haben. Das heißt: Wir haben es bei allen Testungen der Methode PISA, TIMSS oder IGLU mit erheblichen statistischen Schwankungsbreiten und mit sehr instabilen Meßergebnissen zu tun.

Von PISA 2000 zu PISA 2003

An der Spitze bei PISA 2000 und PISA 2003 liegen mit PISA-Werten zwischen 520 und 550 vor allem die Länder Finnland, Korea, Japan, Neuseeland, Australien und Kanada. Die Deutschen erreichten bei PISA 2000 unter den 31 beteiligten Ländern offiziell im damaligen Testschwerpunktbereich Lesen mit 484 Punkten den Rangplatz 21, im Teilbereich Mathematik mit 490 Punkten den Rangplatz 20 und im Teilbereich Naturwissenschaften mit 487 Punkten ebenfalls den Rangplatz 20. Bei PISA 2003 erzielten die Deutschen unter 29 beteiligten Ländern beim Testschwerpunktbereich Mathematik mit 503 Punkten den Rangplatz 16, im Teilbereich Lesen mit 491 Punkten den Rangplatz 18, im Teilbereich Naturwissenschaften mit 502 Punkten den Rangplatz 15 und im Teilbereich Problemlösekompetenz mit 513 Punkten den Rangplatz 13. Letzterer Bereich ist eine Besonderheit der PISA-Testung 2003. Mit »Problemlösen« wird die Fähigkeit untersucht, praktische Probleme zu lösen. Da dies eher einem allgemeinen Intelligenzfaktor und weniger schulisch vermittelten Fertigkeiten entspricht, kann man aus dem Vergleich der Ergebnisse dieser Skala mit den drei anderen Skalen Rückschlüsse ziehen, inwieweit die Länder das intellektuelle Potential ihrer Schüler ausschöpfen. (Vgl. dazu die Tabellen 24 bis 27 im Anhang.)

Der internationale PISA-Durchschnittswert ist mit dem Wert 500 definiert. Größenordnungen von 35 bis 40 PISA-Punkten entsprechen in etwa dem Lernfortschritt eines Schuljahres. Die von einem Land erreichten PISA-Punkte sind die entscheidende Meßgröße, weil man daran ablesen kann, wie weit das Land von der PISA-Spitze oder von der PISA-Mitte entfernt ist. Die in der Öffentlichkeit so lebhaft diskutierten PISA-Rangplätze sind von ausgesprochen nachrangiger Bedeutung; sie sind nur eingeschränkt aussagekräftig, weil im Mittelbereich ein Plus bzw. Minus von nur elf PISA-Punkten bereits zehn Rangplätze ausmachen kann. Beispiel: Im Subtest Lesen liegt Tschechien bei PISA 2003 mit einem Punktwert von 489 auf Rang 20 und Norwegen mit einem Punktwert von 500 auf Rang 10. Außerdem sind die gerade beim Vergleich der zu unterschiedlichen Meßzeitpunkten errechneten Rangplätze nur deshalb eingeschränkt relevant, weil die Teilnehmerstaaten bei PISA 2000 und bei PISA 2003 nicht ganz die gleichen waren. (Vergleiche dazu ebenfalls die Tabellen 24 bis 27 im Anhang!)

Die Deutschen haben sich verbessert

Die deutschen PISA-Werte haben sich von 2000 auf 2003 verbessert, nämlich um bis zu fünf Rangplätze und – was viel aussagekräftiger ist – um

16

bis zu 15 PISA-Punkte. Solche 15 PISA-Punkte entsprechen in etwa dem Lernpensum eines halben Schuljahres. Die Spitze haben die Deutschen damit nicht eingeholt, wenngleich sie in Mathematik und in den Naturwissenschaften immerhin zu dem von progressiven Bildungspolitikern hochgelobten Schweden aufschließen, im Testbereich »Problemlösen« die Schweden sogar leicht hinter sich lassen konnten. Zudem wäre hier – wie beim gesamten deutschen PISA-Ergebnis – zu berücksichtigen, daß die getesteten 15jährigen deutschen Schüler wegen einer vergleichsweise späten Einschulung in Deutschland weniger Schulzeit hinter sich haben als die meisten ihrer Altersgenossen in anderen Ländern.

Am meisten verbessert hat sich von PISA 2000 auf PISA 2003 das Gymnasium. Es steht sogar mit vergrößertem Abstand an der Spitze, dann folgen Realschule, Gesamtschule und Hauptschule. Auch sind die Punktezuwächse je nach Testbereich und Schulform sehr unterschiedlich. Während die Hauptschule hinsichtlich Punkten stagniert, haben Realschule und Gesamtschule leichte Zuwächse in Mathematik und in den Naturwissenschaften. Das Gymnasium verzeichnet in Mathematik Zuwächse bis zu 55 PISA-Punkte, das ist ein Fortschritt um mehr als ein Schuljahr. Sicherlich spielt dabei eine Rolle, daß neuere Formen der Mathematikdidaktik (siehe SINUS-Projekt) in den Gymnasien am meisten greifen.

Tab. 1: Deutsche PISA-Werte 2003, gesondert nach Schulformen (in Klammern Punktezuwächse gegenüber PISA 2000)

	Mathematik		Lesen	Natur-wissen-schaften
	Testbereich Veränderungen/ Beziehungen	Testbereich Raum und Form		
Gymnasium	606 (+ 51)	588 (+ 40)	587 (+ 5)	599 (+ 21)
Realschule	510 (+ 19)	504 (+ 13)	501 (+ 6)	509 (+ 18)
Gesamtschule	486 (+ 22)	478 (+ 14)	478 (+ 18)	486 (+ 29)
Hauptschule	411 (– 5)	423 (– 4)	406 (+ 11)	418 (+ 16)

Mit diesen Werten ist Deutschlands Gymnasium die erfolgreichste Schulform der Welt. Das deutsche Gymnasialergebnis schlechtrechnen zu wollen, wie es miesepetrige Zeitgenossen versuchen, indem sie dem Gymnasium Aufgabendrill und Schülerselektion vorhalten, ist jedenfalls dummes Zeug. Denn erstens kann man die PISA-Aufgaben nicht trainieren, zweitens hätten das dann alle Schulen getan, drittens ist der Gymnasiastenanteil deutschlandweit weiter gewachsen. Daß die Hauptschule stagniert, ist kein Wunder, hat sie doch unverändert die heterogenste und schwierigste Schülerschaft. Und daß sich die deutsche Gesamtschule erneut nur zwischen Realschule und Hauptschule positionieren kann, obwohl sie in den betreffenden Bundesländern luxuriös ausgestattet ist, sollte endlich diejenigen verstummen lassen, die immer noch meinen, Gesamtschule oder – wie man sie jetzt genannt haben möchte – Einheits- und Gemeinschaftsschule sei die Lösung aller deutschen Bildungsprobleme. Miesepetrig ist es, die leichten Ergebnisverbesserungen einem statistischen Zufall zurechnen zu wollen, wie das der Informationsdienst des Instituts der deutschen Wirtschaft (iwd) vom 9. Dezember 2004 tut. Dort ist zu lesen: Ein Teil der deutschen »Ergebnisverschiebungen« (!) könne schlicht und einfach statistisch begründet sein – »etwa, falls in der deutschen Stichprobe zufällig bessere Schüler auftauchten als drei Jahre zuvor«.

Leistungsspektrum

Zahlreiche wichtige Detailergebnisse kommen bereits bei PISA 2000 hinzu: Die Spannbreite der Leistungen der deutschen Schüler ist größer als in vielen anderen Ländern; im Lesen zum Beispiel beträgt die Spannbreite bei PISA 2000 unter den fünf Prozent besten und den fünf Prozent schwächsten Schülern 366 Punkte. Im Lesen erreicht außerdem ein Fünftel der deutschen Schüler gerade eben die unterste der fünf Kompetenzstufen. Diese breite Spreizung ist allerdings Abbild einer Heterogenität der Schülerschaft in Deutschland, wie sie so heterogen in kaum einem anderen Land anzutreffen ist. So haben wir in Deutschland einen Anteil ausländischer Schüler von gut zehn, Finnland und Japan von rund einem bis zwei Prozent. (Vgl. dazu das Kapitel »PISA und die Migranten«.)

Wie auch immer: Das deutsche Bildungsproblem sind bei PISA 2000 ebenso wie bei PISA 2003 gut 20 Prozent Problemschüler. In den Testbereichen Mathematik und Naturwissenschaften sind Jungen und Mädchen unter der Risikogruppe mit jeweils gut 20 Prozent in etwa gleich stark repräsentiert; im Testbereich Lesen gehören die Mädchen zu rund einem Sechstel, die Jungen zu mehr als einem Viertel zur Risikogruppe. Ein gutes Fünftel der deutschen Schülerschaft ist somit als Risikogruppe einzustufen, für die im Hinblick auf die weitere schulische und berufliche Laufbahn eine schlechte Prognose besteht. Andererseits fiele das deutsche Gesamtergebnis erheblich besser aus, wenn man in Deutschland eine ebenso homogene Schülerschaft wie in Finnland hätte. Zu Recht heißt es deshalb in der Zusammenfassung zu PISA 2003: »Mit einer Anhebung des Kompetenzniveaus im unteren Viertel der Leistungsverteilung könnte in Deutschland die Leistungsstreuung kräftig reduziert und zugleich ein deutlich höherer Gesamtmittelwert erzielt werden.«

Diese Bandbreite zeigt zudem, daß wir eine – wenngleich schmale – Leistungsspitze haben. Sie ist zu schmal, weil wir uns leider jahrzehntelang schwergetan haben mit Hochbegabtenförderung und mit Elitebildung. Wenn sich am anderen, am schwächeren Ende des Spektrums aber Probleme auftun, dann ist das sicherlich auch das Ergebnis einer politisch gewollten Vernachlässigung der Hauptschule und ihrer üblen Diskreditierung als sogenannte Restschule. Hätte man Hauptschule politisch und finanziell in gleichem Maße bedacht wie Gesamtschule, so wäre die Hauptschule selbst mit ihrer multikulturell heterogenen Schülerschaft eine attraktivere Schule mit erheblich besseren PISA-Ergebnissen.

Besonders auffällig ist, daß die Mädchen den Jungen davoneilen; die Mädchen sind also einmal mehr die Gewinner des Bildungssystems. In Mathematik und in den Naturwissenschaften haben sie in Deutschland fast zu den Jungen aufgeschlossen. Hier liegen sie nur noch neun bzw. sechs Punkte hinter ihren männlichen Altersgenossen. Im Lesen aber rangieren sie 42 Punkte (international 34 Punkte) vor den Jungen. Das ist in der Schulentwicklung Heranwachsender mehr als ein Schuljahr. Verwunderlich ist das nicht, lesen Jungs laut PISA doch zu 54 Prozent (Mädchen: 26 Prozent) nur dann, wenn sie es unbedingt müssen. Mädchen lesen einfach von sich aus mehr und lieber, während die Jungen lieber herumtoben, am Bildschirm sitzen und Baller-Baller-Spiele üben.

Mehr war 2003 nicht drin

Mit noch besseren Ergebnissen war bei PISA 2003 aus drei Gründen nicht zu rechnen. *Erstens* dauert es eine gewisse Zeit, bis ein Schulsystem wieder auf die Beine kommt, wenn es einmal – zum Beispiel in einigen Bundesländern – plattgemacht war. *Zweitens* ist daran zu erinnern, daß die Ergebnisse von PISA 2000 erst Ende 2001 bzw. Ende 2002 veröffentlicht wurden. Damals begann bundesweit eine heftige Diskussion. Nachdem sich der Nebel gelichtet hatte, wurden ab Herbst 2003 Reformen umgesetzt: Jahrgangsstufentests in vielen Bundesländern, Reformen in der Lehrerfortbildung, bundesweit vereinbarte sogenannte Bildungsstandards für Grundschulen und weiterführende Schulen. Aber: Die PISA-Testung 2003 fand bereits im Frühjahr 2003 statt. Die dabei Getesteten konnten also gar keine Nutznießer der erfolgten Reformen sein. Deshalb darf man zuversichtlich sein, daß Deutschlands Schüler bei PISA 2006 mit dem Schwerpunkt Naturwissenschaften ins vordere Drittel vorstoßen können. Und *drittens* ist eine Schulleistung ja nie das Ergebnis gerade zurückliegender Monate oder soeben frisch inszenierter Schulreformen, sondern Ergebnis ganzer Schülerbiographien. In PISA 2003 heißt es dazu in der Kurzfassung: »Dabei wird leider selten wahrgenommen, daß PISA kumulative Effekte von Lernbiographien im Bildungssystem mißt, die sich über einen Zeitraum von fünfzehn Jahren erstrecken. Die erhofft schlagartige Besserung von Ergebnissen, die Deutschland im internationalen Vergleich wieder als Bildungsnation ausweist, muß deshalb Wunschdenken bleiben.«

Gesetzt den Fall, daß man wirklich konsequent an allen Ecken zugleich ansetzt, ist mit einer spürbaren Leistungssteigerung frühestens in etwa einer halben Schülergeneration zu rechnen. Schüler, die jetzt bereits in höheren Jahrgangsstufen sitzen, werden davon nicht mehr allzuviel haben. Das heißt: Man braucht Geduld, und man muß Schulpädagogik und Schulpolitik als ein Bohren dicker Bretter sehen.

PISA und das innerdeutsche Süd-Nord-Gefälle

Die internationale Vergleichsstatistik ist für sich interessant genug. Noch interessanter ist die innerdeutsche Vergleichsstatistik. Politisch gar brisant ist letztere, weil sie zeigt, welche Bundesländer am meisten im eigenen Haus zu kehren haben. Seit den 70er Jahren ist nämlich ein innerdeutsches Gefälle erkennbar, und zwar oft allein schon an Schülern, die als »Nordlichter« in eine Schule nach Bayern oder zu den »Schwaben« wechselten. Leider nämlich ist es Alltag in süddeutschen Schulen, daß Kinder, die mit ihren

Eltern aus anderen Bundesländern zuziehen, oft erhebliche Probleme bei der schulischen Integration haben. Auch das ist Empirie, wenngleich keine statistisch ausgewertete. Ohne daß die betreffenden Kinder etwas dafür könnten oder gar dümmer wären, verlieren sie bei einem solchen Wechsel oft ein Schuljahr. Die Probleme werden dabei um so größer, je höher die Klassenstufe ist. Aber auch »unten« gelingt der Anschluß nicht immer: Ein Kind etwa, das aus der sechsten Klasse der Grundschule Brandenburgs oder der sechsten Klasse der (damaligen) Orientierungsstufe bzw. Förderstufe Niedersachsens in die siebte Klasse eines süddeutschen Gymnasiums wechselte, erlitt in vielen Fällen – ohne eigenes Verschulden – Schiffbruch.

»PISA-E«

Eine umfassende Studie zum Süd-Nord-Gefälle in Sachen Schulleistung fehlte bislang. Deshalb wurde es im Frühsommer 2002 so richtig spannend, weil ab da die innerdeutschen Vergleiche zu PISA 2000 (sog. PISA-E als PISA-Ergänzungsstudie) vorlagen. Jetzt mußten nicht mehr Äpfel mit Birnen, also Korea mit Deutschland, sondern jetzt konnten Nordrhein-Westfalen mit Baden-Württemberg, Brandenburg mit Bayern und so weiter verglichen werden. (Zu PISA 2003 lag eine innerdeutsche Erweiterungsstudie zum Zeitpunkt der Drucklegung dieses Buches noch nicht vor.)

Das Ergebnis des innerdeutschen Vergleichs war umwerfend eindeutig: Innerhalb Deutschlands gibt es ein erhebliches Süd-Nord-Bildungsgefälle. Noch besser wäre es gewesen, PISA-E wäre bereits Anfang Dezember 2001 zusammen mit den internationalen PISA-Vergleichsdaten aufgelegt worden. Dann hätte sich niemand mit so manch schiefem oder gar verkrampftem Vergleich mit Finnland, Schweden oder Japan abmühen müssen. Mit PISA-E standen für Deutschland nicht mehr nur die Daten der für PISA-International in 150 Schulen getesteten 4600 deutschen Schüler zur Verfügung, sondern diejenigen von in 1460 Schulen getesteten knapp 50.000 deutschen Schülern.

Es tut sich innerdeutsch jedenfalls ein steiles Gefälle auf (siehe Tabelle 2). Man kann es noch krasser formulieren, nämlich wie der damalige Innenminister und spätere, vorübergehende Ministerpräsident von Niedersachsen, Gerhard Glogowski (SPD). Dieser brachte das Süd-Nord-Gefälle Mitte April 1998 auf folgenden Nenner: »Zieht ein bayerisches Kind hierher, muß es sich erst mal zwei Jahre hängenlassen, damit es das niedrige niedersächsische Niveau erreicht.«

Tab. 2: PISA-E 2000 – Ergebnisse der Bundesländer über alle Schulformen hinweg

Bundesland	Lesen		Mathematik		Naturwissensch.	
	Wert	Rang	Wert	Rang	Wert	Rang
Bayern	510	1	516	1	508	1
Baden-Württemberg	500	2	512	2	505	2
Sachsen	491	3	501	3	499	3
Rheinland-Pfalz	485	4	488	6	489	5
Saarland	484	5	487	7	485	7
Nordrhein-Westfalen	482	6	480	10	478	9
Thüringen	482	6	493	4	495	4
Schleswig-Holstein	478	8	490	5	486	6
Hessen	476	9	486	8	481	8
Niedersachsen	474	10	478	11	476	11
Mecklenburg-Vorpommern	467	11	484	9	478	9
Brandenburg	459	12	472	13	470	13
Sachsen-Anhalt	455	13	477	12	471	12
Bremen	448	14	452	14	461	14
Berlin*	–	–	–	–	–	–
Hamburg*	–	–	–	–	–	–

* Berlin und Hamburg erreichten das notwendige Quorum der Beteiligung nicht und wurden deshalb nicht ausgewertet.

Die Süddeutschen, die Bayern und die Baden-Württemberger also, sind bei PISA 2000 eindeutig die deutschen PISA-Sieger. Deutschland hätte in der internationalen PISA-Studie sogar noch um einige Rangplätze schlechter abgeschnitten und wäre hinter die erreichten Plätze 20 und 21 gerutscht, wenn die »Südlichter« nicht mit von der Partie gewesen wären. Überhaupt schneiden die sogenannten A-Länder (SPD-regiert) erheblich schwächer ab als die sogenannten B-Länder (unionsregiert).

Bayern steht national in mehrfacher Hinsicht oben: mit jeweils Platz 1 und entsprechenden Punktewerten im Lesen (510 PISA-Punkte), in der Mathematik (516) und in den Naturwissenschaften (508), im innerdeutschen Gymnasialvergleich jeweils mit Platz 1 im Lesen (593) und in der Mathematik (599) sowie Platz 3 (587) in den Naturwissenschaften. Nur in der letzteren Skala werden Bayerns Gymnasien »getoppt« von Schleswig-Holstein (595), das sich wegen seines deutlichen Vorsprungs an naturwissenschaftlichen Unterrichtsstunden hier knapp an die Spitze vor Baden-Württemberg (588) und Bayern (587) setzen konnte.

Tab. 3: PISA-E 2000 – Ergebnisse der Bundesländer in den Gymnasien

Bundesland	Lesen		Mathematik		Naturwissensch.	
	Wert	Rang	Wert	Rang	Wert	Rang
Bayern	593	1	599	1	587	3
Schleswig-Holstein	584	2	590	2	595	1
Niedersachsen	584	2	575	6	579	5
Rheinland-Pfalz	582	4	570	9	573	9
Baden-Württemberg	582	4	576	4	588	2
Sachsen	582	4	576	4	582	4
Nordrhein-Westfalen	581	7	567	11	569	11
Thüringen	571	8	574	7	579	5
Saarland	570	9	572	8	572	10
Hessen	568	10	568	10	561	12
Berlin	568	10	565	12	574	8
Mecklenburg-Vorpommern	566	12	577	3	577	7
Hamburg	563	13	552	14	559	13
Sachsen-Anhalt	553	14	561	13	551	15
Brandenburg	552	15	550	15	554	14
Bremen	547	16	547	16	551	15

Wäre Bayern ein eigenständiger nationaler PISA-Teilnehmer, dann wären seine Leistungen je nach Teilstichprobe bzw. je nach den Testbereichen Lesen, Mathematik, Naturwissenschaften und über alle Schulformen hinweg vergleichbar mit internationalen Rangplätzen zwischen 4 und 10. Bayern kann international also mithalten. Dabei haben die Bayern nicht allein deshalb so gut abgeschnitten, weil sie gute, angeblich »selektierte« Gymnasiasten haben, sondern weil auch Bayerns Hauptschüler und Realschüler ausgesprochen gut dastehen. Der innerdeutsche Vorsprung der Bayern reicht sogar so weit, daß Bayern ohne (!) seine – fiktiv aus PISA herausgerechneten – Gymnasiasten bundesweit zumindest in der Mitte stünde (mit 480 PISA-Punkten). Es rangierte nämlich selbst ohne Gymnasiasten vor sieben anderen Bundesländern inklusive (!) deren Gymnasiasten – etwa auf der Höhe von NRW inklusive dessen Gymnasiasten (482 Punkte). (Vgl. dazu Tabelle 4).

Gefälle außerhalb des Gymnasiums noch steiler

Es fällt auf, daß das Süd-Nord-Gefälle bei den Gymnasien weniger steil ausgeprägt ist. Das kann damit zu tun haben, daß es in Deutschland keine Schulform gibt, deren Identität und deren Festhalten an traditionellen Standards so ausgeprägt sind wie an den Gymnasien. Letztere haben deutschlandweit offenbar noch am ehesten ein gemeinsames Bildungsziel. Man darf zudem vermuten, daß sich die Gymnasien sogar in sogenannten Reformländern am erfolgreichsten gegen Nivellierungen zur Wehr gesetzt haben. Umgekehrt haben die »schwachen« Bundesländer mit ihren »Reformen« der letzten drei Jahrzehnte eher die nichtgymnasialen Schulformen kaputtreformiert. Hier wäre es interessant gewesen zu erfahren, wie im innerdeutschen Vergleich die Realschulen und die Hauptschulen abgeschnitten haben. Die Veröffentlichung dieser Daten schien aus politischen Gründen nicht erwünscht gewesen zu sein. Möglich ist es allerdings zu errechnen, wie in den einzelnen Bundesländern die nichtgymnasialen Schulformen abgeschnitten haben. Diese Berechnung ist möglich und zulässig, denn es liegen die Gesamtergebnisse der Bundesländer, die Gymnasialergebnisse und die jeweiligen Schüleranteile an den Gymnasien vor. Aus den entsprechenden Berechnungen ergibt sich im nicht-gymnasialen Schulbereich ein noch markanteres Süd-Nord-Gefälle hinsichtlich PISA-Leistung.

Tab. 4: PISA-E-Werte der nichtgymnasialen Schulformen

Bundesland	PISA-Wert Lesen: alle Schüler	PISA-Wert Lesen: Gymnasiasten	Anteil Gymnasiasten an allen Schülern in Prozent	Anteil Nicht-gymnasiasten an allen Schülern in Prozent	PISA-Wert Lesen: Nicht-Gymnasiasten
Baden-W.	500	582	28,9	71,1	467
Bayern	510	593	26,6	73,4	480
Brandenburg	459	552	28,8	71,2	421
Bremen	448	547	29,6	70,4	406
Hessen	476	568	31,4	68,6	434
Mecklen-burg-V.	467	566	25,7	74,3	433
Nieder-sachsen	474	584	24,8	75,2	438
Nordrhein-Westfalen	482	581	30,0	70,0	440
Rheinland-Pfalz	485	582	25,6	74,4	451
Saarland	484	570	28,5	71,5	450
Sachsen	491	582	27,7	72,3	456
Sachsen-Anhalt	455	553	28,3	71,7	416
Schleswig-Holstein	478	584	26,2	73,8	440
Thüringen	482	571	26,7	73,3	450

Das Gefälle zwischen den Bundesländern – hier als Bandbreite zwischen dem jeweils besten und schwächsten Bundesland – ist also am geringsten bei den PISA-Werten der Gymnasiasten (maximal 46 PISA-Punkte) und am größten bei den nichtgymnasialen Schulformen (74 PISA-Punkte). Für alle Schulformen beträgt es 62 PISA-Punkte. Ferner: Die PISA-Ergebnisse der Gymnasien sind quer durch Deutschland relativ ausgewogen. Das heißt zugleich: Mehrere Bundesländer fallen mit ihren ausschließlich nichtgymnasialen PISA-Werten auf virtuelle internationale PISA-Ränge im Umfeld der beiden PISA-»Schlußlichter« Mexiko (422) und Brasilien (396) zurück.

In den süddeutschen Ländern haben zudem Hauptschüler und Realschüler relativ gute PISA-Werte. Dies korrespondiert mit ihren im Bundesvergleich verhältnismäßig günstigen Aussichten auf dem Lehrstellenmarkt. Bezeichnenderweise haben die beiden innerdeutschen PISA-Spitzenreiter »trotz« vergleichsweise niedriger Abiturientenquoten auch die niedrigste Rate an Jugendarbeitslosigkeit.

Einzelheiten des Süd-Nord-Vergleichs

In Süddeutschland lesen die Fünfzehnjährigen eindeutig mehr und lieber. Zudem hat Bayern die wenigsten Schüler (6,0 Prozent im Testbereich Lesen) in der untersten von fünf Kompetenzstufen (Stufe I) und am meisten (12,2 Prozent) in der obersten Kompetenzstufe V. Zum Vergleich: In NRW sind es in Stufe I 12,3 Prozent, in Stufe V 9,6. Die Differenz zwischen den fünf Prozent besten und den fünf Prozent schwächsten Schülern ist im Lesen in Bayern mit 339 Differenzpunkten erheblich geringer als in NRW (384). Was den Anteil der Schüler betrifft, die die oberste Kompetenzstufe (PISA-Werte über 625 im Lesen bzw. über 655 in Mathematik) erreichen, halten die Bayern ebenfalls international gut mit, und zwar im Lesen mit dem internationalen Platz 6 und in der Mathematik mit Platz 4. Falsch ist die Behauptung, die Süddeutschen hätten ihr gutes PISA-Ergebnis vor allem mit den Gymnasien gemacht. Die Auswertung der an PISA 2000 beteiligten bayerischen Realschulen ergab folgendes Bild: PISA-Wert im Lesen 541 (PISA-Sieger Finnland 546); PISA-Wert in Mathematik 549 (PISA-Sieger Japan 557); PISA-Wert in Naturwissenschaften 540 (PISA-Sieger Korea 552). Das heißt: Die bayerischen Realschulen liegen auf einer Höhe mit den internationalen Testsiegern und den Gymnasialergebnissen Bremens (Lesen: 547; Mathematik: 547; Naturwissenschaften: 551).

Sogar die schulische Integration von Kindern mit Migrationshintergrund, also mit zumindest einem ausländischen Elternteil, scheint im Süden der Republik besser zu gelingen: Bayerische Schüler aller Schularten mit im Ausland geborenen Eltern erzielen (hier im Lesen) bessere Werte als Schüler mit deutschen Eltern in den Bundesländern Hessen, Saarland, Mecklenburg-Vorpommern, Schleswig-Holstein, Bremen und Sachsen-Anhalt. Ferner erreichen bayerische Gymnasiasten mit Migrationshintergrund bessere Ergebnisse als deutsche Gymnasiasten etwa in Sachsen-Anhalt oder Brandenburg. Offenbar kann in dieser Hinsicht der Vorwurf nicht aufrechterhalten bleiben, Bayern »selektiere« mehr nach Herkunft als andere. Auch die Zufriedenheit der Eltern mit der Schule ihrer Kinder ist in den mit höheren schulischen Leistungsanforderungen arbeitenden Bundesländern größer als in anderen. Bayerische Eltern halten die schulischen Anforderungen mit einem Anteil von 67 Prozent (dem höchsten Prozentsatz aller Bundesländer) für »gerade richtig«.

Mißgunst statt Ehrlichkeit

Kaum waren diese Details auf dem Tisch, setzte jedoch Mißgunst ein. Kein Wunder – kam PISA-E doch gerade eben ein Vierteljahr vor der Bundestagswahl vom 22. September 2002! Anders ist es jedenfalls nicht zu erklären, wie interessierte Kreise versuchten, das ordentliche bayerische PISA-Ergebnis schlechtzurechnen.

Für manche deutsche Landesregierung war es sehr schmerzlich, das Gefälle attestiert zu bekommen. Entsprechend verdreht waren die Reaktionen. Der damalige niedersächsische Ministerpräsident Gabriel (SPD) glaubte in der Bildungsdebatte vom 13. Juni 2002 im Bundestag zu wissen, daß alle, inklusive Bayern, bei PISA unter Wasser schwämmen – die einen drei Meter, die anderen vielleicht nur zwei oder einen Meter. Bundesbildungsministerin Bulmahn verliebte sich in das Bild, den Nichtbayern stehe das Wasser fünf, den Bayern immerhin auch zehn Zentimeter bis zum Hals. Andere »Bildungsexperten« gefielen sich in der Behauptung, daß der deutsche PISA-Sieger Bayern allenfalls erster in der zweiten Liga sei. Der damalige SPD-Bundesgeneral Müntefering tadelte die vermeintlich miserabel niedrige Abiturientenquote der Bayern von 18 Prozent. Und Bayerns damaliger SPD-Chef Hoderlein verkündet gallig, daß ihn nicht wundere, wenn die Bayern gut abgeschnitten hätten, schließlich würden die bayerischen Schüler ja mit einer Unmenge an »Kreuzworträtselwissen« vollgestopft. All die genannten Damen und Herren haben vergessen, daß der Vorsprung Bayerns vor Bremen fast zwei komplette Schuljahre ausmacht (und das nach erst neun Schuljahren insgesamt). Andererseits hat der Kanzlerkandidat der Union, Bayerns

Ministerpräsident Edmund Stoiber (CSU), im Wahlkampf zur Bundestagswahl 2002 nichts aus dem innerdeutschen PISA-Vorsprung seines Freistaates gemacht. Weil er nicht polarisieren wollte, hat er hier gegenüber seinem Rivalen Schröder nicht punkten können.

Bei den Kennern jüngster deutscher Bildungsgeschichte hielt sich die Überraschung über die Ergebnisse der innerdeutschen PISA-Studie und das ausgeprägte Süd-Nord-Gefälle dennoch in Grenzen. Rot-Grün meinte zwar, anderen schlaue Ratschläge erteilen zu müssen. Das mutete aber an, wie wenn sich ein schlechter Schüler zum Besserwisser der Klasse aufspielt. Ansonsten hätte Rot-Grün den Blick außer nach Süddeutschland nach Großbritannien zur Labour Party richten sollen. Dort hätte sie ein Vorbild gefunden, denn die Engländer sind die Bildungsaufsteiger der letzten 15 Jahre. Das hatte zunächst mit Margaret Thatcher zu tun, die 1988 radikale Reformen einleitete, als sie standardisierte Schultests und ein verbindliches Curriculum einführte. Das hat jetzt mit Tony Blair zu tun, der erkannte, daß der Weg der »Eisernen Lady« nicht falsch war. Der Erfolg spricht für beide: England landete nach einem langen Dasein als Schlußlicht nun im internationalen Vergleich auf PISA-Rängen zwischen Platz 4 und 8.

Süd-Nord-Gefälle auch ohne PISA

Es ist nicht allein die PISA-Studie, die das steile deutsche Süd-Nord-Gefälle in Sachen Schulbildung dokumentiert. Zahlreiche größere oder kleinere Studien der Jahre zwischen 1998 und 2003 belegen dies.

Beispiel 1: Im Jahr 1998 wurden die Leistungen Hamburger Grundschüler mit den Leistungen von 1770 Schülern aus fast dem ganzen Bundesgebiet getestet (Name der Studie: LAU 5 = Aspekte der Lernausgangslage von Schülerinnen und Schülern der fünften Klassen an Hamburger Schulen). Man mag über die bundesweite Stichprobe aus 13 anderen Bundesländern und deren Repräsentativität diskutieren, fest steht immerhin, daß Hamburgs Schüler hier anhand des Kombinierten Schulleistungstests Hamburg für 4./5. Klassen mit einem erreichten Mittelwert von 67,4 auffällig hinter dem Bundesdurchschnitt von 74,9 Punkten lagen. Dazu paßt wie die Faust aufs Auge und bezogen auf Gymnasien eine Stelle aus PISA 2000 (»PISA 2000 – Ein differenzierter Blick auf die

Länder der Bundesrepublik Deutschland«): »Vergleicht man mit den bayerischen Ergebnissen die Hamburger Leistungsverteilungen, so sieht man, daß in den meisten Hamburger Gymnasien Schüler mit Bestnoten ein mathematisches Leistungsniveau erreichen, das in Bayern zur Besorgnis Anlaß gibt.«

Beispiel 2: Die innerdeutsche Auswertung der internationalen Grundschulstudie IGLU ergab auf der Basis der Auswertung der IGLU-Werte von sechs deutschen Ländern im Bereich Lesen für Baden-Württemberg 549 Punkte, für Bayern 546, für Hessen 544, für Nordrhein-Westfalen 531, für Brandenburg 526 und für Bremen 507.

Beispiel 3: Der standardisierte Berufseignungstest des GEVA-Instituts für die gymnasiale Oberstufe mit Subtests unter anderem für mathematisches Denken, schlußfolgerndes Denken, verbale Gewandtheit, räumliche Orientierung und mechanisches Verständnis macht innerdeutsch sogar bei allgemeinen kognitiven Leistungsfaktoren ein Gefälle aus.

Tab. 5: Z-Wert des GEVA-Tests nach Bundesländern
(Z = Centil-Wert; ein Z-Wert von 100 ist bundesweit als Durchschnitt definiert)

Bundesland	Z-Wert	Bundesland	Z-Wert
Bayern	103,8	Berlin	98,9
Rheinland-Pfalz	103,0	Mecklenburg-Vorpommern	98,9
Niedersachsen	102,2	Nordrhein-Westfalen	98,5
Baden-Württemberg	102,0	Hessen	97,4
Sachsen	101,8	Sachsen-Anhalt	96,4
Thüringen	101,7	Brandenburg	95,9
Saarland	99,6	Hamburg	95,6
Schleswig-Holstein	99,2	Bremen	95,0

Beispiel 4: Für das Untersuchungsjahr 1998 berichtet der Psychologische Dienst der Bundeswehr (veröffentlicht Juli 2002) von einem »Brain drain« innerhalb Deutschlands. Verglichen wurden hier die IQ-Werte (Mittelwert sonst 100; hier umgerechnet in die PISA-Skala) und die PISA-Werte (Mittelwert 500; hier nicht wie sonst die Werte von Fünfzehnjährigen, sondern von Neuntklässern).

Tab. 6: IQ-Werte laut Bundeswehrtest nach Ländern

Bundesland	IQ-Wert (transformiert in PISA-Skala)	PISA 2000 Lesen Neuntklässer
Bayern	520	518
Hessen	509	486
Schleswig-Holstein	508	490
Baden-Württemberg	506	510
Sachsen	504	501
Thüringen	498	496
Hamburg	497	*
Rheinland-Pfalz	496	496
Nordrhein-Westfalen	495	493
Saarland	495	487
Niedersachsen	490	491
Berlin	488	*
Mecklenburg-Vorpommern	481	485
Brandenburg	475	468
Sachsen-Anhalt	467	466
Bremen	466	459

* Wegen Unterschreitung des Beteiligungsquorums nicht ausgewertet.

Beispiel 5: Bei der Allgemeinen Eignungsprüfung der Bundeswehr wurden 1998 die Ergebnisse von 220.000 jungen Männern über alle Schulabschlüsse hinweg ausgewertet. Hier ergab sich in den Testbereichen Rechnen (maximal 20 Punkte) und Rechtschreibung (maximal 60 Punkte) ein deutliches Gefälle. (Quelle: Sozialwissenschaftliches Institut der Bundeswehr)

Tab. 7: Ergebnisse des Rechentests der Bundeswehr nach Bundesländern

Bundesland	Rechenpunkte	Bundesland	Rechenpunkte
Bayern	10,2	Saarland	9,0
Baden-Württemberg	9,7	Sachsen	8,6
Schleswig-Holstein	9,5	Thüringen	8,6
Hessen	9,5	Berlin	8,3
Rheinland-Pfalz	9,3	Bremen	8,0
Hamburg	9,2	Mecklenburg-Vorpommern	8,0
Niedersachsen	9,0	Brandenburg	7,9
Nordrhein-Westfalen	9,0	Sachsen-Anhalt	7,7

Tab. 8: Ergebnisse des Rechtschreibtests der Bundeswehr nach Bundesländern

Bundesland	Rechtschreib-punkte	Bundesland	Rechtschreib-punkte
Rheinland-Pfalz	37,2	Sachsen	32,6
Baden-Württemberg	35,9	Thüringen	32,3
Hamburg	35,4	Niedersachsen	31,9
Schleswig-Holstein	35,1	Brandenburg	31,1
Bayern	34,6	Sachsen-Anhalt	30,3
Saarland	34,1	Mecklenburg-Vorpommern	30,0
Hessen	33,4	Berlin	29,3
Nordrhein-Westfalen	32,9	Bremen	27,6

Beispiel 6: Selbst in Wettbewerben spiegelt sich das Gefälle wider. Hier die Ergebnisse des Bundeswettbewerbs Mathematik 2001:

Tab. 9: Mathematik-Preisträger nach Bundesländern

Bundesland	1. Preise	Bundesland	1. Preise
Bayern	50	Brandenburg	4
Baden-Württemberg	21	Hamburg	3
Hessen	11	Thüringen	2
Nordrhein-Westfalen	8	Mecklenburg-Vorpommern	1
Niedersachsen	7	Sachsen-Anhalt	1
Rheinland-Pfalz	6	Schleswig-Holstein	1
Sachsen	5	Bremen	–
Berlin	4	Saarland	–

Beispiel 7: Auch hinsichtlich Bildungsfinanzierung haben wir ein Süd-Nord-Gefälle. Die Stadtstaaten müssen hier außer Betracht bleiben, denn in allen Großstädten der Republik liegen die Pro-Kopf-Bildungsausgaben wegen der dortigen Konzentration von Bildungseinrichtungen über dem Durchschnitt. Bezogen auf die Flächenstaaten ist aber ein Gefälle zwischen Süd und Nord sowie – aus anderen Gründen – zwischen West und Ost erkennbar.

Tab. 10: Bildungsausgaben 2001 pro Schüler nach Bundesländern

Bundesland	Ausgaben 2001 pro Schüler an allg. Schulen (in DM)	Bundesland	Ausgaben 2001 pro Schüler an allg. Schulen (in DM)
Hamburg	12.400	Rheinland-Pfalz	8.800
Bremen	11.400	Sachsen-Anhalt	8.800
Berlin	9.800	Hessen	8.600
Bayern	9.600	Nordrhein-Westfalen	8.600
Baden-Württemberg	9.200	Saarland	8.600
Schleswig-Holstein	9.200	Brandenburg	8.000
Thüringen	9.200	Mecklenburg-Vorpommern	7.800
Niedersachsen	9.000	Sachsen	7.800

Quelle: PISA-E 2000/2002

Beispiel 8: Ein Süd-Nord-Gefälle gibt es auch bei den PISA-Leistungen der Migranten. Schüler mit mindestens einem in der Türkei geborenen Elternteil erreichen im Subtest Lesen in PISA 2000 in Bayern 444 sowie in Bremen, NRW und Schleswig-Holstein 381 Punkte. Dieser Unterschied von 63 Punkten entspricht fast zwei Schuljahren Lernfortschritt.

Tab. 11: Rankingskala 2004 der Initiative Neue Soziale Marktwirtschaft (INSM)

Land	Gesamt-ergebnis	Vor-/ Grund-schulen	Allgemein-bildende Schulen	Berufliche Bildung	Hoch-schulen
	Punkte	Rang	Rang	Rang	Rang
1. Bayern	60,0	3.	1.	2.	5.
2. Baden-Württemberg	59,8	2.	3.	1.	1.
3. Thüringen	52,7	1.	6.	8.	9.
4. Sachsen	52,1	7.	2.	4.	4.
Durchschnitt	**49,7**	–	–	–	–
5. Hamburg	48,1	6.	10.	3.	11.
6. Schleswig-Holstein	46,4	15.	4.	6.	10.
7. Hessen	46,0	4.	13.	5.	15.
8. Mecklenburg-Vorpommern	44,6	12.	7.	14.	3.
9. Niedersachsen	43,4	13.	11.	7.	8.
10. Brandenburg	43,3	11.	5.	11.	14.
11. Nordrhein-Westfalen	42,7	5.	8.	13.	16.
12. Rheinland-Pfalz	42,7	10.	9.	9.	13.
13. Saarland	41,9	14.	12.	10.	7.
14. Sachsen-Anhalt	39,9	8.	15.	12.	12.
15. Berlin	38,2	9.	14.	16.	6.
16. Bremen	37,3	16.	16.	15.	2.

In der Folge vieler dieser Daten und unter Zugrundelegung weiterer Bildungsindikatoren spricht die Initiative Neue Soziale Marktwirtschaft (INSM) im November 2004 ebenfalls von einem eindeutigen Süd-Nord-Gefälle. Im Rahmen ihres Bildungsmonitors hat die INSM insgesamt 105 Bildungsindikatoren ausgewertet, zum Beispiel Bildungsausgaben, Abbrecherquote, Studienberechtigtenquote, Lehrer-Schüler-Relation.

Doppelte Gerechtigkeitslücke

Wie sind diese zahlreichen Belege des Süd-Nord-Gefälles zu bewerten? Ganz einfach: Bezüglich Schulbildung gibt es in Deutschland eine zweifache Gerechtigkeitslücke. Ungerechtigkeit Nummer eins ist, daß die Süddeutschen offenbar in vielen Schulbereichen mehr leisten als andere, aber trotzdem die niedrigeren Abiturientenquoten haben. Umgekehrt: Schüler anderer Bundesländer bekommen für einen erheblich geringeren Leistungspreis Abschlußzeugnisse und Studierberechtigungen ausgehändigt. Ungerechtigkeit Nummer zwei besteht darin, daß die Schüler in Bundesländern, die bei PISA schwach abgeschnitten haben, schlicht und einfach schlechter auf ihren Bildungsweg in Studium oder Berufsausbildung vorbereitet werden.

Das allerdings Erfreuliche am innerdeutschen schulischen Leistungsgefälle ist, daß man wenigstens in einigen Teilen Deutschlands weiß, wie man leistungsfähige Schule macht. Wenn die Süddeutschen etwa international ordentlich mithalten können, dann sollten die vielen Reisegruppen, die bislang in Sachen Schulreform nach Schweden pilgerten, ihren Kompaß jetzt Richtung Süddeutschland einstellen.

Der Rückstand der Nord- und Westdeutschen ist ansonsten nicht unmittelbar das Verschulden der Schulpolitik der Jahre um 2000. Schuldhaft handeln würde dortige Schulpolitik nur, wenn sie aus den PISA-Attesten keine oder die falschen Konsequenzen zöge. Ebensowenig ist der Vorsprung der Süddeutschen das Verdienst der seit dem Jahr 2000 dort praktizierten Bildungspolitik, sondern Ergebnis einer schulischen Substanz, die über Jahrzehnte geschaffen wurde. Allerdings schrumpft eine ehemals solide Substanz, wenn man sich eigensinnig von den Grundlagen dieses Qualitätsvorsprungs verabschiedet.

Jedenfalls kann und muß man aus den zahlreichen Belegen des Süd-Nord-Gefälles lernen. Interessanterweise ist das auch die Überzeugung der Mehrheit der Bundesbürger. Eine Umfrage von Infratest dimap förderte im Juli 2002 zutage: 61 Prozent der Bürger meinen, die Schulpolitik in Deutschland solle sich stärker an Bayern orientieren; nur 27 Prozent votierten dagegen. Selbst SPD-Anhänger sehen Bayern mit einem Anteil von 55 Prozent als Vorbild.

Was man auch ohne PISA hätte wissen können

In Zuge der Diskussion um PISA wurde und wird immer wieder so getan, als habe es vor PISA keine empirischen Leistungsbilanzen für das deutsche Schulwesen gegeben. Das ist nicht richtig. Richtig ist, daß manche Zeitgenossen vor allem der ewig progressiven Spezies Leistungsmessungen ungern sahen, ja gerne auch die Durchführung oder zumindest die Veröffentlichung von Leistungsstudien behinderten. Richtig ist aber auch, daß es lange vor PISA genügend seriöse Diagnosen gab, vor deren Hintergrund PISA überhaupt nicht überraschen konnte. Hätte man die Wahrheit wissen wollen, man hätte sie wissen können: nämlich daß es innerhalb Deutschlands ein erhebliches schulisches Leistungsgefälle gibt und daß das Prestigeobjekt der sogenannten Schulreformer, die Gesamtschule, trotz privilegierter personeller und sächlicher Ausstattung gescheitert ist. Wären daraus bereits in den 80er und 90er Jahren die Konsequenzen gezogen worden, dann hätte Deutschland bei PISA einen Platz im vorderen Teil der PISA-Liga erzielt.

Die Ergebnisse der ersten PISA-Studie kamen also im Dezember 2001 überhaupt nicht überraschend – weder hinsichtlich des internationalen noch hinsichtlich des innerdeutschen Vergleichs. Lehrer wissen seit langem, was los ist. Seit einigen Jahren nämlich spielt sich in den Schulen genau das ab, was PISA bestätigt: Die Schüler können in zunehmendem Maße nur stockend vorlesen, sich nicht konzentrieren, und sie sind immer weniger zu häuslichen Arbeiten für die Schule bereit. Wer 20 Jahre Schulerfahrung hat, der weiß, daß er heute in keiner Jahrgangsstufe mehr das verlangen darf, was er damals verlangte, weil es sonst ein Notengemetzel gibt. Zu oft jedoch sind diese Lehrerbeobachtungen als Larmoyanz eines Berufsstandes angesehen und verdrängt worden.

Frühere Leistungsstudien

Schulforschung in Deutschland indes war jedenfalls lange Zeit nicht gerade fleißig, wenn es um die wissenschaftliche Untersuchung von Bildungs-»Produkten« ging. Gelegentlich aber tauchten interessante Studien auf.

Unter dem Titel »Lesefähigkeiten und Lesegewohnheiten von Schülerinnen und Schülern« veröffentlichte der Fachbereich Erziehungswissenschaften der Universität Hamburg 1992 im Rahmen der OECD eine Studie. Als Ergebnis wurde unter anderem festgehalten: »Hinsichtlich der ... Leseleistung zeigen die Bundesländer mit höher selektiven Schulsystemen im Durchschnitt über alle Schüler, bei allen Textarten und in allen Fähigkeitsgruppen Vorteile gegenüber den Ländern mit erweiterten Übergangsquoten zum Gymnasium bzw. zur Gesamtschule.« Im Klartext: Je mehr Schüler mit formal höheren Abschlüssen ausgestattet werden, desto geringer ist ihr Leistungsniveau – und desto dümmer sind alle.

In der Studie »Schulleistungsvergleiche zwischen Bundesländern« von 1992 kam Karlheinz Ingenkamp im bundesweiten Vergleich der Leistungen von Grundschülern ebenfalls zu bezeichnenden Ergebnissen. Mit Hilfe des »Allgemeinen Schulleistungstests für 4. Klassen – AST 4« wurden Leistungen in Rechtschreibung, Sprachverständnis, Mathematik und Sachkunde untersucht. Ingenkamp stellte fest: »In den Rechen- bzw. Mathematiktests war das Saarland zu beiden Zeitpunkten (1971 und 1990/91) unter den Ländern mit den besseren Mittelwerten. Hessen dagegen lag zu beiden Zeitpunkten am unteren Ende der Skala. In den Deutschleistungen befand sich Bayern zu beiden Zeitpunkten auf dem ersten Rangplatz. Auch in den Gesamttestwertungen des AST 4 von 1991 nahm Bayern den ersten und Hessen den letzten Rangplatz ein.«

Das Herumeiern um TIMSS

Spätestens 1997 hätten die Alarmglocken schrillen müssen. Damals kam die TIMSS (Third International Mathematics and Science Study) auf den Markt. Diese TIMSS war angelegt als Untersuchung der mathematisch-naturwissenschaftlichen Leistungen der Schüler in 45 Ländern, und zwar in drei Altersgruppen: unter neunjährigen Schülern der Grund- bzw. Primarschule (TIMSS I), unter Schülern der 7. und 8. Jahrgangsstufe (TIMSS

36

II) und unter Schülern der gymnasialen Oberstufe sowie der beruflichen Voll- und Teilzeitschulen (TIMSS III). An TIMSS I hatte Deutschland nicht teilgenommen. Leider, wird man im nachhinein sagen, denn mögliche Defizitanalysen im Grundschulbereich wären sehr hilfreich für die Interpretation der deutschen TIMSS-II-Ergebnisse gewesen. An der Untersuchung in der »Mittelstufe« TIMSS II waren 15 Bundesländer (ohne Baden-Württemberg) beteiligt, an der Oberstufenstudie alle 16.

Pikant war die Art der Veröffentlichung der Ergebnisse von TIMSS II: In einer vertraulichen Fassung für die Kultusministerkonferenz (KMK) waren neben dem im internationalen Vergleich durchschnittlichen Abschneiden Deutschlands folgende – nicht ganz neue, aber in dieser Deutlichkeit selten wissenschaftlich fixierte – Ergebnisse enthalten: Es gibt in Deutschland bei Schülern der 8. Klasse zwischen einem Bundesland A und einem Bundesland B ein Leistungsgefälle von 1,5 Jahren. Außerdem schneiden die Gesamtschulen erheblich schlechter als die Realschulen und Gymnasien ab; sie befinden sich auf dem Niveau der Hauptschulen. Im Februar 1997 ging das für den deutschen TIMSS-Part federführende Max-Planck-Institut für Bildungsforschung (MPIB) vor die Öffentlichkeit, und siehe da: Die Unterschiede zwischen Land A und B waren in der Studie nicht mehr enthalten. Es begann ein lebhaftes Rätselraten: Bald stellte sich heraus, daß A für Bayern und B für Nordrhein-Westfalen stand. Dieser A-/B-Vergleich ist erst in der TIMSS-Buchfassung vom Mai 1997 wieder enthalten.

Brisant ist auch die TIMSS III des Jahres 1998, denn das innerdeutsche Leistungsgefälle hat sich hier erneut verifiziert. NRW-Schüler des Leistungskurses Mathematik erreichten im TIMSS-III-Test durchschnittlich 113, bayerische Schüler 126 und baden-württembergische Schüler 133 Punkte. Man geht davon aus, daß eine Differenz von zehn Punkten einem Schuljahr entspricht. (Am Rande: In Baden-Württemberg ist Mathematik Pflicht-Abiturfach!) Ferner stellte sich heraus, daß ein und dieselbe Leistung um bis zu zwei Noten unterschiedlich streng bewertet wird. Dazu sagte Jürgen Baumert vom Max-Planck-Institut für Bildungsforschung 1998 in einem Interview: »Man kann je nach Bundesland für dieselben Leistungen unterschiedliche Zensuren bekommen. Im unteren Bereich beträgt die Differenz eher zwei Noten, im oberen eine Zensurenstufe.« Das heißt konkret: Eine Sechs in Bayern oder Baden-Württemberg kann in NRW eine Vier sein und umgekehrt.

Daß es »dahingeht« mit den Leistungen der Heranwachsenden, ist zwar eine stehende und empirisch nicht immer untermauerte Redewendung gerade der »Abnehmer« von Schulabsolventen in der Wirtschaft. Einzelne Studien der Wirtschaft aber belegen durchaus das nachlassende Leistungsniveau – siehe die Ergebnisse der Auswahl- und Eignungstests von Kammern und Betrieben. Der Leistungsabfall beträgt danach um bis zu 45 Prozent binnen zehn Jahren.

Tab. 12: Ergebnisse der Eignungstests der IHK Kassel und Hanau 1986 bis 1996

	Durchschnittliche Fehlerzahl (und Veränderungen von 1986 auf 1996 in Prozent)					
	Rechentest			Rechtschreibtest		
Absolventen mit	**1986**	**1996**	**in %**	**1986**	**1996**	**in %**
Hauptschul-abschluß	17,2	20,3	+ 18,0	28,5	34,7	+ 21,8
Realschul-abschluß	10,1	14,4	+ 42,6	14,7	20,3	+ 38,1
Abitur	6,0	8,7	+ 45,0	7,3	9,9	+ 35,6

Tab. 13: Ergebnisse der Studie des Psychologischen Dienstes von BASF Ludwigshafen 1995

	Durchschnittliche Anzahl richtiger Lösungen (und Veränderungen von 1975 auf 1995 in Prozent)					
	Elementares Rechnen			Rechtschreibung		
	1975	1995	in %	1975	1995	in %
Hauptschüler	14,5	11,2	– 23	20	15	– 25
Realschüler	15,0	13,0	– 13	30	25	– 17

Bereits vor PISA verdrängt: die Ursachen des Mittelmaßes

Über die Ursachen eines solchen Mittelmaßes schweigen sich Schulpolitik und Schulpädagogik eher vornehm aus. Die Wissenschaft begnügt sich mit Deskriptivem und will sich nicht in Grundsatzdebatten hineinziehen lassen. Insofern ist es nicht verwunderlich, wenn nationale Bildungsberichte wissenschaftlicher Institute hier Zurückhaltung üben. Der Bildungsbericht des Max-Planck-Instituts für Bildungsforschung in Berlin (MPIB) über »Das Bildungswesen in der Bundesrepublik Deutschland« vom November 2003 wagt sich allenfalls kleine Schritte vor. Das Institut mahnt eine engere Kooperation Kindergarten/Grundschule an, unter anderem, um die Zahl der Zurückstellungen bei der Einschulung zu minimieren; ferner bedauert es, daß zuwenig Laufbahnberatung während des Besuchs der Pflichtschulzeit stattfinde und daß die Schulen im internationalen Vergleich finanziell unterdurchschnittlich ausgestattet seien. Das Lob des MPIB gilt übrigens der sehr guten fachlichen Ausbildung der deutschen Lehrer und der günstigen Verschränkung von Schule und Beruf durch das duale System der Berufsbildung.

Ebenfalls dezent äußert sich der im Oktober 2003 erschienene, 300 Seiten starke »erste« »Bildungsbericht für Deutschland« des Deutschen Instituts für Internationale Pädagogische Forschung (DIPF) in Frankfurt/Main. Allerdings bringt auch er kaum etwas, das man nicht schon hätte wissen können, wenn man es denn hätte wissen wollen – unter anderem, daß wir in Deutschland von Bundesland zu Bundesland hinsichtlich der Rahmenbedingungen und Erfolge schulischer Bildung beachtliche Unterschiede haben.

Es hätte dieser Veröffentlichungen insofern nicht bedurft. Gleichwohl kann es nicht schaden, wenn in solchen Berichten bekannte Klagen und vergessene Mahnungen erneut ausgesprochen werden. So heißt es etwa beim DIPF in erfreulicher Eindeutigkeit: Ein Land müsse »nach der Effektivität seines Bildungssystems fragen«; es müsse »sicherstellen, daß die Ressourcen optimal genutzt werden«. Wichtig sei ein »zielführender, effektiver Mitteleinsatz und ein optimierender, effizienter Umgang mit den verfügbaren Ressourcen«. Mit Blick auf Disparitäten zwischen den Bundesländern in puncto Schulleistungen heißt es: »Nicht immer stehen vergleichbare Schulabschlüsse in unterschiedlichen Schulformen für vergleichbare Leistungen.«

Man kann alles handfester formulieren, und nicht wenige sagen, progressive Schulpolitik und reformorientierte Schulpädagogik sowie ihre Koalitionen aus SPD, Grünen, PDS, Gewerkschaften und so manchen universitären Pädagogen hätten mit der innerdeutschen Schulstudie PISA-E ihren GAU, ihren »größten anzunehmenden Unfall« erlebt. Aber mit der Liebe zur schulpolitischen Wahrheit und mit der Neigung zur kritischen Selbsteinsicht war (ist?) es in der Schulpolitik nicht immer weit her. Deshalb ist es fast schon wieder mutig, wenn Bundeskanzler Schröder in einem »Kanzlerbrief« vom 1. Juli 2002 schreiben läßt, so wie bisher könne es nicht weitergehen. Damit hat er zwar recht, aber wohl in einem anderen Sinn, als er es meint. Ein solcher Appell mutet zudem an wie der Ruf »Haltet den Dieb!«. War Schröder etwa nicht acht Jahre lang Regierungschef eines Landes, das im innerdeutschen PISA-Test in der zweiten Tabellenhälfte rangiert?

Je schlechter aber das Gedächtnis für die Ursachen deutscher Bildungsprobleme, um so ausgreifender waren und sind die Visionen. Ein wenig mehr Ehrlichkeit und Realismus könnten da nicht schaden – in keinem Lager: in der SPD nicht, bei den Grünen nicht und in der FDP nicht. Auch die Union hat Anlaß, in sich zu gehen; sie stand oder steht ja in mehreren Bundesländern, die ebenfalls nicht gerade an der PISA-Spitze rangieren, in großer Koalition mit der SPD, und sie ist da und dort durchaus auf dem Trip, Fehler des schulpolitischen Gegners der 80er und 90er Jahre nun selbst zu vollziehen.

Sehr vereinfacht, sind es drei Irrwege, die Schulpolitik in Deutschland beschritten hat. Gemeinsam ist allen dreien das Prinzip »Abbau«.

Abbau von Leistung: Was nicht alle leisten können, darf keiner leisten. Dieser implizite Grundsatz gilt weit über 68 hinaus. Entsprechend heftig polemisierte die SPD gegen das schulische Leistungsprinzip. Sogar die rotgrüne Faschismuskeule mußte bis weit in die 90er Jahre herhalten als Totschlagargument gegen das schulische Leistungsprinzip. Manche Bundesländer schafften in der Folge die Noten ab, annullierten ihre Wirkung oder liberalisierten die Notengebung bis hin zu einer inflationären Vergabe guter und sehr guter Noten. Als weitere Liberalisierungen kamen

Liberalisierungen in Form einer teilweisen Freigabe der Fächer und Inhalte hinzu. Es war curriculare Beliebigkeit angesagt. Zudem wurde im Zuge der quasi-modernen Erleichterungs- und Gefälligkeitspädagogik vergessen, daß jeder Erfolg Fleiß, Anstrengung und Ausdauer (psychoanalytisch gesprochen: Trieb- und Bedürfnisaufschub) voraussetzt.

Abbau von Anspruch: Dieser wird exemplarisch deutlich an der Abitur-Vollkasko-Politik und an der permanenten Senkung der Abituransprüche in manchen Bundesländern. Damit nämlich das Abitur eine vermeintliche soziale Errungenschaft werden konnte, mußte die Schraube gymnasialer Ansprüche kräftig zurückgedreht werden. Zum Beispiel hatte Niedersachsens damaliger Kultusminister Rolf Wernstedt (SPD) 1993 gemeint, die »Studierfähigkeit könnte mit viel weniger Grundvoraussetzungen erreicht werden als allgemein behauptet«. Hamburgs langjährige Schulsenatorin Rosemarie Raab (SPD) wetterte in den 90ern permanent gegen die »Privilegierung der Kernfächer«, die dann allgemach aus dem Abiturtableau verschwanden. In Nordrhein-Westfalen konnte man sich ab 1987 für eine Zeitlang an einer sogenannten Kollegschule mit dem »Struwwelpeter« als Jugendbuchlektüre auf das Abitur vorbereiten. Brandenburg erlaubt seit 1997, daß »auf Wunsch eines Schülers« pro Schulhalbjahr bis zu vier Klausuren (in zwei Schuljahren also 16!) durch »andere Leistungsnachweise« ersetzt werden. Das sind »Einbringen außerschulischer Erfahrungen«, »Gruppenarbeit« und so weiter.

Abbau von Unterricht: Mitte der 90er Jahre wird bekannt, daß es Länder (wie Bayern) gibt, in denen Schüler in 13 Schuljahren bis zum Abitur 1100 Schulstunden mehr Unterricht haben als Schüler in anderen Ländern (Schlußlicht hier: das damals rot-grün regierte Hessen). Ebenfalls seit Mitte der 90er Jahre kann man wissen, daß bayerische Grundschüler in vier Grundschuljahren 400 Stunden mehr Unterricht haben als ihre Hamburger Altersgenossen. PISA-E 2000 hat ähnliches gezeigt: Am Ende der 9. Klasse haben Schüler in bestimmten Bundesländern rund 1000 Stunden mehr Unterricht gehabt als Schüler in anderen Bundesländern. Eintausend Stunden – das ist in etwa das Unterrichtskontingent eines kompletten Schuljahres.

41

Tab. 14: Unterrichtsdichte nach Bundesländern

Bundesland	Nominelle Unterrichtsstunden von der 1. bis zur 9. Klasse
Thüringen	9263
Bayern	9240
Sachsen	9108
Mecklenburg-Vorpommern	8766
Nordrhein-Westfalen	8640
Saarland	8604
Baden-Württemberg	8593
Hessen	8568
Rheinland-Pfalz	8568
Schleswig-Holstein	8525
Sachsen-Anhalt	8521
Niedersachsen	8431
Bremen	8388
Brandenburg	8327
Hamburg	8239
Berlin	8076

Vor dem Hintergrund dieser drei Formen von Abbau ist mit PISA wenigstens wieder etwas Bewegung in die Lande gekommen. Immerhin werden mittlerweile von ehemals progressiven Reformern Dinge diskutiert, die noch vor kurzem als »igittigitt« galten. Zum Beispiel machen seit 2002 alle (ob rot oder schwarz) in der Kultusministerkonferenz (KMK) mit, wenn es darum geht, gemeinsame Standards für die Schulbildung zu erarbeiten. Manche SPD-Minister fassen gar ein Zentralabitur ins Auge.

Legenden

Eine Legende ist die Lebensgeschichte eines Heiligen oder Märtyrers. In ihr manifestiert sich vorbildlich und gottgefällig Wunderbares. Was hat das mit PISA zu tun? Nun, auch hier wird an Legenden gestrickt, vor allem an alarmpädagogischen und visionärutopischen. Die Verfasser solcher Legenden leiten aus Apokalypsen gerne Visionen und Missionen ab, die sie schier in den Rang des Heiligen befördern. Kaum ist irgendeine Schnapsidee mit PISA begründet, steht sie schon vor der Heiligsprechung zum Wundermittel. Und so werden hohe Studierquoten, nette spielerische Grundschulen, Ganztagsschulen, Alternativschulen, Schulcomputer und die Schulsysteme ferner Länder in den Stand der Wunderwirkung erhoben. Wer aber glaubt, mit PISA alle seine Wundervisionen erklären und begründen zu können, der kann mit PISA nichts mehr erklären und begründen. Mit Fakten standen Visionäre aber immer schon auf Kriegsfuß. Deshalb ist Ent-Täuschungsarbeit notwendig – Arbeit zur Zertrümmerung von Täuschungen.

PISA und die Skandinavier

Seit Jahrzehnten pilgern progressive deutsche Bildungspolitiker nach Skandinavien. Dort sind angeblich alle Visionen verwirklicht, die man in Deutschland nicht verwirklichen konnte. Dieser Zug nach Norden hat sich mit PISA noch verstärkt. Zur Landtagswahl vom 20. Februar 2005 in Schleswig-Holstein etwa traten die SPD, die Grünen und der Südschleswigsche Wählerverband (SSW) sogar explizit mit der Wahlprogrammatik an, das Schulsystem im Land zwischen den Deichen nach skandinavischem bzw. konkret dänischem Vorbild zur Einheitsschule umreformieren zu wollen. Man behauptet, daß die Skandinavier schulisch meilenweit vorne lägen.

43

Hier ist mehrfacher Widerspruch angesagt: Skandinavier sind nicht gleich Skandinavier. Norwegen etwa hat bei den zweimal drei Subtests (Lesen, Mathematik, Naturwissenschaften) von PISA 2000 und PISA 2003 Werte zwischen 484 und 505, insgesamt liegt es dreimal bei 500 Punkten oder knapp darüber, dreimal darunter. Das macht Ränge zwischen Platz 10 und 23 aus. Dänemark hat bei PISA 2000 und PISA 2003 Werte zwischen 475 und 514, insgesamt liegt es zweimal über 500 Punkten, viermal darunter. Das macht Ränge zwischen Platz 12 und 26 aus; in den Naturwissenschaften findet sich Dänemark bei PISA 2003 sogar nur noch vor den Schlußlichtern Portugal, Türkei und Mexiko. Auch Schweden ist nicht unbedingt Spitze, es hat bei PISA 2000 und PISA 2003 Werte zwischen 506 und 516, insgesamt liegt es sechsmal über 500 Punkten. Das macht Ränge zwischen Platz 7 und 15 aus – Punkte und Ränge also, die zumindest bei PISA 2003 gar nicht weit von Deutschland entfernt sind.

Wunderland Finnland?

Widmen wir uns dem »PISA-Sieger« Finnland. Dieses weite Land mit seinen nur etwa fünf Millionen Bewohnern wurde geradezu zum Mythos und zum Pilgerland hochstilisiert. Manche »Bildungsexperten« aus Deutschland versteigen sich in schierer DDR-Nostalgie gar zur Behauptung, das finnische Schulsystem sei deshalb so erfolgreich, weil es in den 70er Jahren nach dem Vorbild der DDR durchkonstruiert worden sei. Wenn dem so wäre, dann hätte die »BRD« am 3. Oktober 1990 besser der »DDR« beitreten sollen. Vielleicht wären wir dann bei PISA so gut wie die Finnen.

Bleiben wir bei den Fakten: Die Finnen haben 1921 ein zweigliedriges Schulsystem mit Volksschule und Mittelschule sowie anschließender gymnasialer Oberstufe etabliert, im Jahr 1977 wurde daraus eine neunjährige Gesamtschule (mit einer sechsjährigen ala-aste/Grundschule und einer dreijährigen ylä-aste/Mittelstufe) und einer nachfolgend dreijährigen gymnasialen Oberstufe bzw. anschließender beruflicher Bildung. Finnland hat ca. 5000 Gesamtschulen mit ca. 600.000 Schülern, also im Schnitt 120 Schüler pro Schule. Darunter sind rund 4000 Primarschulen mit rund 400.000 Schülern, also gibt es dort im Schnitt 100 Schüler pro Schule. Die etwa 600 Oberstufenschulen werden von etwa 200.000 Schülern besucht; hier kommt eine Schule im Schnitt auf 330 Schüler. Bezüglich Schulgröße ist ebenfalls interessant: 40 Prozent aller finnischen Schulen haben weniger als 50 Schüler, 60 Prozent haben weniger als sieben Lehrkräfte, ganze drei Prozent aller Schulen haben mehr als 500 Schüler. Allein von daher hinken Vergleiche des finnischen und des deutschen Schulwesens. Was macht es dann konkret aus, daß Finnland bei PISA 2000 und 2003 PISA-Werte zwischen 548 und 536 und PISA-Ränge zwischen 1 und 4 erzielte? Was können die Gründe für das gute Abschneiden der Finnen sein? Vermutlich sind es mindestens sechs Faktoren, die hier eine Rolle spielen.

1. Finnland hat eine ethnisch sehr homogene Bevölkerung, also keine Probleme mit der schulischen Integration von Migrantenkindern: Laut »Vertiefendem Vergleich der Schulsysteme ausgewählter PISA-Staaten« (herausgegeben vom Bundesministerium für Bildung und Forschung; Stand: Juli 2003) haben von den finnischen Schülern nur 1,2 Prozent Eltern, die beide im Ausland geboren sind. Diese 1,2 Prozent sind in der Mehrzahl »Finnischstämmige« (vergleichbar den deutschen Aussiedlern), die nur Russisch sprechen. Man findet sie vor allem im Großraum Helsinki, so daß es in den Schulen auf dem flachen Land oft gar keine Migranten gibt. Zum Vergleich: In Deutschland sind es 15,2 Prozent der Schüler, deren Eltern beide im Ausland geboren sind. Dieser Teil der deutschen Schülerpopulation erzielt – je nach Subtest – PISA-Werte bei knapp oder deutlich unter 450 Punkten. Brisant freilich: Selbst mit den wenigen Migrantenkindern kommt das finnische Schulwesen schlechter zurecht als das deutsche. Während die PISA-Leistung von Kindern mit Migrationshintergrund im OECD-Durchschnitt um 36 Punkte hinter dem jeweiligen Landeswert liegt, weisen finnische Migrantenkinder einen Rückstand von 68 Punkten hinter dem finnischen PISA-Wert aus. (Deutschland liegt mit 40 Punkten Migrantenrückstand im OECD-Durchschnittsbereich.)

2. Finnland hat eine ausgeprägte Lesekultur. Womöglich hat dies mit den kurzen finnischen Tagen zu tun, an denen es nur für sechs Stunden, von 9 bis 15 Uhr, Tageslicht gibt und die viel Zeit lassen für lange Leseabende. Vor allem dürfte die finnische Lesekultur damit zu tun haben, daß die Finnen sehr stolz auf ihre Sprache sind – deshalb stolz sind, weil Finnland eine Sprachinsel ist (ebenso wie das sprachverwandte Ungarn). Wahrscheinlich hat dieser identitätstiftende Stolz historische Gründe: Die

finnische Nationalliteratur entwickelte sich nicht zuletzt aufgrund langer schwedischer Fremdherrschaft und langer russischer Hegemonie. Gerade beide Phasen der Fremdbestimmung festigten die nationale Identität der Finnen. Die Kinder lernen das Lesen jedenfalls sehr rasch und intensiv. Daran wirkt die Schule mit – und (man glaubt es kaum) das Fernsehen: Die meisten ausländischen Fernsehfilme werden nämlich nicht synchronisiert, sondern mit finnischen Untertiteln ausgestrahlt. Welches Kind möchte das nicht bald lesen können? Ein seltenes Beispiel, daß das Fernsehen das Lesen fördert! Der Leseehrgeiz der Kinder ist jedenfalls riesig, sie zeichnen Lesebäume und protokollieren das Gelesene in einem Lesetagebuch.

3. Das Finnische ist unvergleichlich leichter als das Deutsche, denn die Orthographie ist vollkommen phonetisch.

4. Die Rahmenbedingungen für finnische Schulen sind optimal. Die durchschnittliche Klassenfrequenz liegt laut PISA 2003 bei 18,2 (in Deutschland bei 23,9; OECD-Durchschnitt 23,3). Unterrichtsausfall gibt es nahezu nicht, denn es steht eine Vertretungsreserve zur Verfügung. Ein herausragendes Merkmal des finnischen Systems ist sodann sein Fördersystem. Schwächere Schüler werden sehr früh in Spezialkurse aufgenommen (ca. ein Sechstel der Schüler), ohne daß sie dies als Etikettierung empfänden. Jeweils für drei Klassenstufen (1 mit 3, 4 mit 6, 7 mit 9) gibt es eine »Speziallehrerin« für die schwächeren Schüler. Ist die Schule zweizügig, dann gibt es deren zwei. In vielen Klassen gibt es zwei Lehrer. Flankierend arbeiten an den Schulen Psychologen, die die Lehrer für die Unterrichtsarbeit frei machen. Ferner sind Schulschwestern für die vorbeugende Gesundheitsarbeit im Einsatz.

5. Finnland hat Zentralprüfung mit obligatorischen Fächern in Finnisch und zwei Fremdsprachen, dazu noch Aufnahmeprüfungen an der Hochschule. Das wirkt dynamisierend auf die gesamte Schullaufbahn.

6. Das Ansehen von Schulen und Lehrern ist traditionell hoch, man schätzt und achtet deren Autorität.

Thelma von Freymann, eine gebürtige »Finnländerin«, wie sie selbst sagt, akademische Oberrätin i. R., früher Universität Hildesheim, ist eine der besten Kennerinnen des finnischen Schulsystems. Sie wehrt sich vehement dagegen, das finnische Schulsystem als Rammbock gegen das deutsche Schulsystem zu benutzen. Wenn Deutschland in der Schulbildung aufholen wolle, so Freymann, müsse es zweierlei machen: allen Immigrantenkindern Deutsch beibringen und allen schwachen Schülern systematisch helfen. Freymann glaubt nicht, daß die finnischen Lehrer einen besseren Unterricht als die deutschen halten, vielmehr hielten die finnischen Lehrer mindestens ebensoviel Frontalunterricht wie die deutschen. (Vgl. dazu Freymann von, Thelma: Zur Binnenstruktur des finnischen Schulwesens; in: Freiheit der Wissenschaft, Heft 2/2002, S. 11–15; Freymann von, Thelma: Schule an der europäischen Peripherie – Bildungs- und Sprachenpolitik in Finnland; in: Zeitschrift für internationale erziehungs- und sozialwissenschaftliche Forschung, 1998, S. 121–144.)

Ansonsten ist in Finnland nicht alles Gold, was glänzt. So gibt es dort enorme Leistungsunterschiede zwischen den Schulen; von 100 möglichen Punkten in üblichen landeseinheitlichen Tests erreichen die Schüler an den besten Schulen im Schnitt 85 und an den schlechtesten 40.

Gar nicht vorbildhaft stehen die Finnen da, wenn es um die Zufriedenheit ihrer Schüler mit Schule geht. Die Weltgesundheitsorganisation WHO (World Health Organisation) hat dazu im Sommer 2004 die Studie »Health Behavior in School-aged Children« (HBSC-Study) für die Untersuchungsjahre 2001/02 veröffentlicht. In 35 Ländern Europas und Nordamerikas wurde unter anderem die Freude der elf- bis 15jährigen Schüler an der Schule erfragt und getestet. Eine der Fragen lautete etwa: Was hältst du derzeit von Schule? (How do you feel about school at present?) Die Antwortmöglichkeiten waren: Es gefällt mir sehr gut; es gefällt mir ein wenig; es gefällt mir eher nicht; es gefällt mir gar nicht. Das internationale Durchschnittsergebnis lautet: Bei den Fünfzehnjährigen (also den Schülern im PISA-Alter) gefällt Schule im Durchschnitt der 35 untersuchten Länder 17,4 Prozent der Mädchen und 14,8 Prozent der Jungen »sehr gut«. Die Werte der Finnen dagegen sind in dieser Altersgruppe: Nur 4,5 Prozent der Mädchen und nur 4,0 Prozent der Jungen gefällt Schule »sehr gut«. Damit rangiert Finnland in dieser Tabelle auf Platz 35, also dem letzten. Deutschland übrigens liegt mit Prozentwerten von jeweils 14,4 bei Mädchen und Jungen auf Platz 20 im Mittelfeld.

Alles in allem haben die Finnen sehr gleichmütig und gelassen auf ihre

PISA-Ergebnisse reagiert. Bei PISA schwang verschiedentlich sogar die Sorge mit, zukünftig könnte man den für die Schulen verantwortlichen und finanziell klammen Kommunen nach diesem guten Abschneiden weniger Geld geben. Vom finnischen Finanzminister kam denn auf die Bitte um mehr Geld für die Schulen schon die Antwort: »Warum braucht ihr mehr Geld, ihr seid doch schon so gut.«

PISA und die Asiaten

Bereits Ende der 90er Jahre, als Singapur, Japan und Südkorea bei der Third International Mathematics and Science Study (TIMSS) vordere Plätze errungen hatten, war in Deutschland eine besondere Art von asiatischem Fieber ausgebrochen. Die Fieberkurve hat sich mittlerweile wieder etwas gesenkt, dennoch waren PISA 2000 und PISA 2003 erneut ein Impuls für manche, das Heil von Schule im Fernen Osten zu suchen. Ein wenig Wissen um die Schulrealitäten ließe die Fieberkurve weiter senken. Was die Asiaten, also Japan, Korea oder Singapur, betrifft, so wird jeder halbwegs Kundige wissen, daß deren PISA-Werte vielfach Ergebnis eines Lerndrills sind, der in der westlichen Welt nicht vermittelbar wäre.

Beispiel Südkorea: Die dortige Schule basiert auf Autorität und Disziplin, so die koreanische Pädagogikdozentin Hyesung Moon am 17. Dezember 2001 in einem Interview mit dem Bayerischen Rundfunk. Die Lehrer bestimmen das gesamte Unterrichtsgeschehen, sie referieren und prüfen, die Schüler schreiben mit und zittern. Koreanische Lehrer berichten von einem gigantischen Leistungsdruck, der auf den Kindern bereits in der Vorschule laste. In den weiterführenden Schulen verbringen die Kinder bis mindestens 15 Uhr in der Schule mit Regelunterricht, dann folgt bis 18 Uhr zusätzlicher Unterricht. Im Abschlußjahr kann es inklusive abendlicher Paukschule bis 22 Uhr dauern. Am Wochenende geht man dann ins »Hagwon«, eine Art Nachhilfeschule, ohne die man kaum eine Aufnahmeprüfung für eine Universität bestehen kann. Koreanische Eltern bringen viel Geld auf, um ihre Kinder mit zusätzlich privat bezahlter Förderung voranzubringen oder – wenn man es sich leisten kann – ihre Kinder dem eigenen Schulsystem zu entreißen und nach Amerika, Kanada, Neuseeland oder Australien zu schicken. 300.000 junge Koreaner gehen dort schon zur Schule.

Beispiel Japan

Viele Jahre war es in der deutschen Wirtschaftspolitik üblich, neidvoll in den Fernen Osten zu schielen. Das deutsche Management konnte – begeistert von japanischen Wachstumsraten und gramgebeugt ob deutscher »Standortnachteile« – gar nicht genug kriegen von Sentenzen wie diesen: »Von Japan lernen heißt siegen lernen« – »Die Japaner arbeiten mit unlauteren Mitteln: Sie arbeiten während der Arbeitszeit«. Von der Begeisterung für Japan blieb denn auch die Schulpolitik nicht lange verschont. Eilends wurde über Bord geworfen, was man von »brutaler« japanischer Schule gewußt hatte, um Platz zu machen für einen Siegermythos: »Von Japan lernen heißt rechnen lernen«, titelte ein Blatt (Frankfurter Rundschau); ein anderes Blatt begann einen Japan-Bericht mit der Schlagzeile »Mathematik von einem anderen Stern« (Süddeutsche Zeitung). Ziemlich weit oben waren die Japaner tatsächlich in den PISA-Tabellen der Testbereiche Mathematik und Naturwissenschaften. Nur im Lesen ist man im Land der Comics und Videospiele gerade eben Mittelmaß.

Was neben den TIMSS- und PISA-Daten sollte man über das japanische Schulwesen wissen? Schlichte Fakten: Das japanische Schulsystem war ab 1946 von der US-Besatzungsmacht ebenso wie das koreanische »demokratisiert« worden. Zuvor bestand dort nach deutschem bzw. französischem Vorbild ein dreigliedriges Schulsystem mit Volksschule, Mittelschule und Gymnasium. Nach dem Zweiten Weltkrieg wurde es ersetzt durch das Modell »6+3+3« (Grundschule, Junior High School, Senior High School). Der elitäre Charakter des Schulwesens blieb dennoch erhalten.

Damit freilich ist das gute Abschneiden der Japaner in TIMSS und PISA nicht erklärt. Das gute Abschneiden der Japaner bei internationalen Schulleistungsvergleichen hat vielmehr Gründe, die uns die Nachahmung dieses Systems keineswegs nahelegen. Für Neidgefühle gegenüber japanischer Schule gibt es kaum Anlaß. Triste Realität an japanischen Schulen sind nämlich ein gewaltiger Lerndruck, ein mechanisches Pauken und eine weitverbreitete Prüfungsangst. Heranwachsende in Japan werden wegen der an den meisten Schulen und Hochschulen, verschiedentlich sogar an Kindergärten stattfindenden Aufnahmeprüfungen vor allem über Nachhilfe auf Leistung getrimmt. Der Lerndruck zeigt sich allein schon darin, daß etwa zwei Drittel der Schüler eine der 40.000 »juku« mit ihren jährlich – umgerechnet – etwa sechs Milliarden Euro Umsatz besuchen, also eine private Nachmittags- und Abendschule. In Deutschland liegt der entsprechende Prozentsatz bei ca. 13 Prozent in den Gymnasien und Realschulen. Wenn zwei Drittel japanischer Schüler also solchermaßen getrimmt werden, dann kann man das als Symptom großer Lernbereitschaft werten, man kann darin aber auch eine Bankrotterklärung für das Schulsystem sehen. Mit etwa 50.000 Euro schlägt für japanische Familien die Ausbildung eines Kindes vom Kindergarten bis zur Universität zu Buche. Die Aufnahme in einen privaten Kindergarten kostet 2000 Euro mit laufenden Monatskosten bis 600 Euro; für den Besuch einer privaten Oberschule werden monatlich bis 3000 Euro Schulgeld und für die Aufnahme in einer privaten Universität bis 30.000 Euro und Jahresgebühren bis 20.000 Euro bezahlt.

Wenn man über die Übertragbarkeit japanischer Schulbildung nachdenkt, dann sollten aber auch folgende Fakten Berücksichtigung finden. Es scheint ein Spezifikum des japanischen Unterrichts zu sein, daß er sehr auf Kontinuität angelegt ist: »Das Stoffgebiet wird in Japan jedoch nicht aufgegeben, sondern in nahezu allen Klassen in einzelnen Stunden mit reduzierter Intensität wiederholt«, so die TIMSS, und weiter: »Im japanischen System hat Anstrengung eine ungleich höhere Bedeutung.« Das kann nicht verwundern, wo sich Japaner, so Jörg Möller in seinem Buch »Japans Bildungskrise«, doch gerne mit »ganbatte kudasai« (»Bitte halten Sie durch!«) begrüßen und wo dort, im Land der millionenfachen Produktion desselben, der Taschenrechner in der Schule verboten ist. Falls also etwas aus dem japanischen Unterricht für Deutschland abzuleiten ist, dann dieses: Erstens muß in schulisches Lernen wieder Kontinuität durch regelmäßiges Wiederholen kommen. Zweitens sollte auch in Deutschland Schule anstrengend sein dürfen. Das hat mit Drill- und Paukschule nicht im entferntesten etwas zu tun. Drittens: Am Ende der japanischen Sekundarstufe I (»chugakko«) findet eine Zentralprüfung in fünf Fächern statt. »Diese Prüfung wirkt auf das Lernverhalten in der Sekundarstufe I regulierend zurück« (TIMSS). Man sollte dies in Deutschland bedenken und endlich überall zentrale schulische Abschlußprüfungen einführen.

Die Japaner erreichen ihre Spitzenpositionen – wie Singapur und Korea –

ansonsten mit höchsten Klassenstärken. Das erklärt, warum Japan mit vier Prozent unter allen OECD-Ländern das Schlußlicht beim Anteil der öffentlichen Bildungsausgaben am Bruttoinlandsprodukt ist. Während in Deutschland je nach Schulform zwischen drei und 30 Prozent der Klassen mehr als 30 Schüler haben, sind dies in Singapur 90 Prozent, in Korea 97 und in Japan 96. Kaum jemand wird dieses Faktum, das zugleich Ausdruck eines eher kollektivistischen Menschenbildes ist, auf deutsche Verhältnisse übertragen wollen. Schon deswegen müßte die Japaneuphorie begrenzt sein, sonst könnten deutsche Finanzminister japanische Verhältnisse konstruieren oder gar dem Votum des Bildungsrats Japans folgen wollen, der Ende der 90er Jahre »juku« als berechtigten Bestandteil des Bildungssystems wertete.

Im übrigen darf man vermuten, daß die Japaner – wie auch andere Asiaten – nichts dem Zufall überlassen und schon mal etwas nachhelfen, wenn es darum geht, bei internationalen Schulleistungsvergleichen gut abzuschneiden. Jedenfalls liegen Insiderberichte vor, die sich kritisch mit dem Abschneiden der Asiaten bei TIMSS und PISA auseinandersetzen. In der »hamburger lehrerzeitung« (hlz, 7/1997) stellt Koji Suda, japanischer Mathematiklehrer an der Japanischen Schule in Hamburg, im Zusammenhang mit TIMSS Vermutungen an: »Ich vermute, die Organisatoren in meinem Land haben die 50 Klassen extra ausgewählt, damit sie einen guten Eindruck machen ... Schwindeln ist nicht der richtige Ausdruck ... Es ist fast wie ein Theaterstück, alles wird genau einstudiert. ... Sie wollen eben einen schönen, guten Unterricht zeigen.« Ein deutscher Lehrer, der acht Jahre in Korea als Berater in der Lehrerbildung tätig war, erklärt die guten Ergebnisse Japans und Koreas damit, daß »mehr genormtes, abfragbares Grundwissen lehrerzentriert vermittelt wird, die Behörden leistungsstarke Schulen für allgemeine Vergleichstests aussuchen, die Schulen starke Klassen für die Tests bestimmen...« (»hlz« 8-9/1997).

PISA und die Gesamtschule

Die PISA-Diskussion scheint eine alte Bosheit zu bestätigen: Schulpolitische Debatte in Deutschland ist ein Friedhof, auf dem beständig Auferstehung gefeiert wird. So jedenfalls muten die schlauen Ratschläge an, die im Zuge von PISA vor allem aus der roten, grünen, gewerkschaftlichen und pädagogisch besonders bewegten Ecke zur Reform des deutschen Schulwesens gemacht werden. Die Gesamt-, Einheits- und Gemeinschaftsschule solle gefälligst das bisherige gegliederte Schulsystem ersetzen, so tönt es von dort – assistiert von selbsternannten »Bildungsexperten« der Organisation für wirtschaftliche (!) Zusammenarbeit und Entwicklung (OECD).

Die Tatsache, daß im internationalen Vergleich Länder mit Einheitsschulen gut abgeschnitten haben, sagt überhaupt nichts aus im allgemeinen über deren Leistungsvermögen weltweit und nicht im besonderen über das Leistungsvermögen der Gesamtschule in Deutschland. Vergessen sei nicht: Auch die Schlußlichter am Ende einer jeden PISA-Skala, Mexiko und Brasilien etwa, haben flächendeckend Gesamtschulen.

Gesamtschule in Deutschland aber ist weit davon entfernt, einem Vergleich mit dem gegliederten Schulsystem standhalten zu können, sie ist »out«. Sie hat drei Jahrzehnte durchschlagender Erfolglosigkeit hinter sich. Manche wollen dies noch nicht wahrhaben, so etwa die Süddeutsche Zeitung, die einen Kommentar am 18. April 2002 überschreibt mit »Heimlicher Sieger der PISA-Studie« und damit ausgerechnet die Gesamtschule in Deutschland meint. Welch umwerfend neue Placebo-Pädagogik!

Befunde des Scheiterns

Tatsächlich wird der ultimative schulpolitische Großversuch seit 30 Jahren ununterbrochen mit der Integrierten Gesamtschule (IGS) veranstaltet. Neue Nahrung bekam eine solche Schulpolitik mit der Wiedervereinigung Deutschlands. Angeblich nämlich hatte sich die einheitliche Polytechnische Oberschule (POS) der DDR bewährt. In der alten Bundesrepublik selbst war Gesamtschule in den 60/70er Jahren mit der Zielsetzung angetreten, die Anteile der Schüler mit formal höheren Bildungsabschlüssen quer durch alle Bevölkerungsschichten zu erhöhen, die soziale Integration und das soziale Lernen der Schüler zu fördern sowie das schulische Klima zu verbessern. Diese Ansprüche wurden jedoch nie eingelöst, wiewohl Gesamtschule rund drei Jahrzehnte lang in den Stadtstaaten, in Nordrhein-Westfalen, in Niedersachsen und noch länger in der

DDR erprobt werden konnte. Ihre Bilanz ist – gelinde ausgedrückt – nicht gut. In den meisten Städten mit Gesamtschulen stieg der Anteil der hauptschulempfohlenen Gesamtschüler an allen Gesamtschülern auf zum Teil über 90 Prozent. Zugleich fiel die Zahl der gymnasialempfohlenen Gesamtschüler auf rund fünf Prozent. Und was die wissenschaftliche Empirie betrifft, so gibt es keine einzige Studie, die dieser Gesamtschule in Deutschland auch nur in einem einzigen Bereich einen Gleichstand mit den Schulen des gegliederten Schulwesens, geschweige denn einen Vorsprung attestiert.

Vielmehr erwies sich die IGS in allen deutschsprachigen wissenschaftlichen Systemvergleichen gegenüber dem gegliederten Schulsystem bei den fachlichen Leistungsfortschritten der Schüler als weit unterlegen und in den übrigen Erziehungswirkungen als ebenfalls nicht gleichrangig. Und das bei erheblich besserer Personal- und Sachausstattung! Daß wir heute mehr sogenannte Arbeiterkinder unter den Abiturienten haben und daß sich die Abiturientenquote in 30 Jahren verfünffacht hat, ist nicht Ergebnis der Gesamtschulen, sondern des gegliederten Schulsystems.

Neun wissenschaftliche Befunde mögen als Belege des Scheiterns deutscher Gesamtschule genügen.

Befund 1: Untersuchungen der 70er und 80er Jahre (Helmut Fend, Aloysius Regenbrecht, Kurt Aurin, Heinrich Wottawa) haben gezeigt, »daß im Jahr 1980 an den niedersächsischen Gesamtschulen 20 Prozent mehr weiterführende Abschlüsse als im gegliederten Schulwesen vergeben wurden, obwohl die Leistungsergebnisse insgesamt hinter den Leistungen der Schüler des gegliederten Schulwesens zurückblieben«.

Befund 2: Im Jahr 1973 kam die Deutsche Forschungsgemeinschaft (DFG) zu dem Ergebnis, daß die Lage der Gesamtschüler in niedrigeren Leistungskursen und in Förderkursen sogar hinsichtlich Selbsteinschätzung ungünstiger sei als die Lage der Hauptschüler. Vielmehr hätten Hauptschüler die Möglichkeit, im Vergleich mit Mitschülern ihrer Klasse relativ erfolgreich zu sein. Ein sogenannter kompensatorischer Chancenausgleich durch die Gesamtschule finde – wenn überhaupt – nur auf dem Wege der »Verschiebung von Verteilungsmaßstäben« statt. Ungeschützt formuliert heißt das: durch Senkung des Niveaus.

Befund 3: Andreas Helmke, damals noch Max-Planck-Institut für psychologische Forschung München, stellte 1988 fest, »daß leistungs- und begabungsstarke Schüler bei leistungsegalisierendem Unterricht durchwegs eine suboptimale Leistungsentwicklung zu verzeichnen haben … Begabungsschwache Schüler profitieren in keiner Weise von egalisierendem Unterricht«.

Befund 4: Das Hochschul-Informationssystem (HIS) untersuchte 1993/94 die Ursachen eines Studienabbruchs. Zur Gesamtschule heißt es: »Im Urteil der Exmatrikulierten erweist sich die Vorbereitung auf das Studium durch Gesamtschulen im Mittel besonders selten als ›(sehr) gut‹.« Die Leiter der Oberstufen vieler Gesamtschulen berichteten in den 90er Jahren, daß die Zahl der Abbrecher in dieser Oberstufe bis 50 Prozent betrage, weil Schüler durch die Gesamtschule auf die Sekundarstufe II zu schlecht vorbereitet worden seien.

Befund 5: Besonders aufschlußreich ist die Studie »Bildungsverläufe und psychosoziale Entwicklung im Jugendalter« (BIJU) des Max-Planck-Instituts für Bildungsforschung (MPIB). Dabei waren erstmals im Schuljahr 1991/92 und dann erneut 1996 verschiedene Schülerpopulationen getestet worden: Schüler von Hauptschulen, Gesamtschulen, Realschulen und Gymnasien in den Fächern Englisch, Mathematik, Biologie und Physik – und zwar in den Ländern NRW, Mecklenburg-Vorpommern, Sachsen-Anhalt und Berlin (Ost und West). Für NRW wird anhand der Stichproben aus 14 Gesamtschulen (getestet wurden 778 Schüler) und aus 19 Realschulen (getestet wurden 990 Schüler) folgendes Ergebnis festgehalten: Am Ende der 10. Klasse liegen Gesamtschüler in Mathematik im Vergleich mit Realschülern um zwei, im Vergleich mit Gymnasiasten um mehr als zwei Jahre zurück – und das trotz einer Schülerklientel der Gesamtschule, die sich von der Schülerklientel der Realschule weder hinsichtlich sozialer Herkunft noch hinsichtlich intellektueller Fähigkeiten unterscheidet, und dies trotz vergleichbarer sozialer Provenienz der Schülerschaft. Außerdem wird vom MPIB darauf hingewiesen, daß es zwischen Hauptschule und Gesamtschule keine Leistungsunterschiede gebe. Zugleich wird diagnostiziert, daß die Gesamtschüler hinsichtlich sozialen Lernens nicht mit den Schülern der anderen Schulformen mithalten können. Das Institut geht davon aus, daß das sogenannte altruistische Motiv der Gesamtschüler niedriger ausfällt als bei Schülern anderer Schulformen. Dieser Befund überrascht um so mehr, als die Gesamtschule gerade hinsichtlich sozialen Lernens immer führend sein wollte. Olaf Köller, damals noch tätig am MPIB, stellt gleichwohl anläßlich einer Fachtagung in Düsseldorf zur Frage nach den Ursachen der schwachen Leistungen von Gesamtschülern laut dpa am 25. Mai 1998 fest: An den Gesamtschulen wird zuviel Zeit mit sozialer Förderung verschwendet, statt Wissen zu vermitteln.

Befund 6: Im Jahr 1999 kamen unerfreuliche Atteste sogar für die »gymnasiale« Oberstufe der NRW-Gesamtschulen. Eines dieser Atteste ist die MPIB-Studie »Wege zur Hochschulreife: Offenheit des Systems und Sicherung vergleichbarer Standards – Analysen am Beispiel der Mathematikleistungen von Oberstufenschülern an Integrierten Gesamtschulen und Gymnasien in Nordrhein-Westfalen«. Grundlage dieser Studie, die Teil der BIJU-Studie ist, war zunächst eine Untersuchung der Fachleistungen von 991 Schülern aus 19 Gymnasien und von 582 Schülern aus zwölf integrierten Gesamtschulen. Getestet wurden die Leistungen in Mathematik, Physik, Biologie, Englisch und in politisch-wirtschaftlicher Grundbildung, ferner kognitive Grundfähigkeiten mittels des Tests »Figurenanalogien«. Einzelne Ergebnisse daraus: Die fachlichen Ausgangsleistungen der Schüler der Gesamtschuloberstufe, die zum Abitur führt, entsprechen in allen Fächern einem Niveau, das unter dem mittleren Realschulniveau bleibt. Leistungskursschüler an Gesamtschuloberstufen erreichen in Mathematik in der 12. Jahrgangsstufe mit einem Testwert von durchschnittlich 90,0 Punkten nicht das Leistungsniveau, das in Grundkursen des Gymnasiums erzielt wird (105,9 Punkte). Zum Vergleich: Teilnehmer des Leistungskurses des Gymnasiums erzielen im Schnitt 132,7 Testpunkte, Teilnehmer des Grundkurses einer Gesamtschuloberstufe 75,1 Testpunkte. Eine Angleichung der Leistungsniveaus der beiden Gruppen während der 13. Klasse geschieht nicht. Und ein weiteres interessantes Detail: Die beiden Schülergruppen unterscheiden sich – jeweils zugunsten der Gymnasiasten – hinsichtlich kognitiver Grundausstattung (hier: Fähigkeit, Analogien zu bilden) um eine halbe Standardabweichung voneinander, in den schulischen Fachleistungen um eine ganze Standardabweichung. Das bedeutet: Die Gesamtschule schöpft nicht einmal das kognitive Potential ihrer Schüler voll aus. Zudem: Oberstufenschüler des Gymnasiums, die als Teilnehmer des Grundkurses Mathematik beispielsweise 80 Testpunkte erzielten, werden mit der Note fünf bewertet; hätten sie dieselbe Leistung in einem Grundkurs der Gesamtschuloberstufe erzielt, würden sie mit einer »Drei« benotet. Teilnehmer des Leistungskurses, die 100 Testpunkte erreichen, erhalten dafür in der gymnasialen Oberstufe eine »Fünf«, in der Gesamtschuloberstufe eine »Drei plus«. Das sind Unterschiede von zwei und mehr Notenstufen bei gleicher Leistung.

Befund 7: Ende 2004 präzisieren Olaf Köller und Jürgen Baumert dieses Ergebnis des Jahres 1999. In ihrem Beitrag »Öffnung von Bildungswegen in der Sekundarstufe II und die Wahrung von Standards – Analysen am Beispiel der Englischleistungen von Oberstufenschülern an integrierten Gesamtschulen, beruflichen und allgemeinbildenden Gymnasien« (Zeitschrift für Pädagogik, Jahrgang, 2004) nehmen sie im Jahr 2001/02 Abiturienten in Baden-Württemberg und Nordrhein-Westfalen unter die Lupe – darunter die 21 Prozent, die die Hochschulreife nicht an einem allgemeinbildenden Gymnasium erwarben. Das Testinstrument ist der »Test of English as a Foreign Language« (TOEFL). Letzterer wird vor allem an amerikanischen Universitäten zur Operationalisierung von Leistungserwartungen verwendet; er ist an mehreren US-Universitäten Voraussetzung für die Aufnahme in ein Undergrate Program. Je nach Universität werden zwischen 500 und 600 TOEFL-Punkte verlangt. Der TOEFL umfaßt die Subtests Hörverständnis, Grammatik und Orthographie, Leseverständnis; er hat für Deutschland zwar keine curriculare Validität, läßt aber doch eine standardisierte Bewertung der englischsprachigen Fertigkeiten zu. Das Ergebnis lautet: Die TOEFL-Leistungen an allgemeinbildenden Gymnasien betragen 527,3 Punkte, an wirtschaftswissenschaftlichen Gymnasien 479,3 Punkte, an technischen Gymnasien 487,4 Punkte, an sonstigen beruflichen Gymnasien 479,1 Punkte. So weit, so gut! Untersucht wurden zugleich die Englischleistungen an Oberstufen integrierter Gesamtschulen. Hier nun folgt ein besonders markanter Befund: Die Chance, einen TOEFL-Wert von 500 zu erreichen, ist auf einem allgemeinbildenden Gymnasium 17mal so hoch wie auf einer Gesamtschule. Die Autoren ziehen denn auch eine zwar wissenschaftlich zurückhaltend formulierte, politisch jedoch hochbrisante Schlußfolgerung: »Gerade die längsschnittlichen Befunde in NRW zeigen, daß die Öffnung alternativer Wege zur Hochschulreife langfristig wohl nur durchhaltbar sind, wenn in der Sekundarstufe I Maßnahmen ergriffen werden, um das Auseinanderklaffen der Leistungen zwischen den Schulformen zu reduzieren. Dies gilt insbesondere für Gesamtschulen in NRW.« Interessant in diesem Zusammenhang ist: Im Herbst 1998 ergab eine kultusministeriell angeordnete Überprüfung von 3156 NRW-Abiturarbeiten, daß ein und dieselbe Abiturarbeit an einer Gesamtschule um bis zu zwei Noten besser bewertet wird als an einem Gymnasium.

Befund 8: Auch Hamburg hat seine Gesamtschulen untersucht und mit mehreren »LAU«-Studien (LAU = Aspekte der Lernausgangslage und der Lernentwicklung von Schülerinnen und Schülern an Hamburger Schulen) wenig Schmeichelhaftes über die Gesamtschule gefunden. LAU gibt es als LAU 5, LAU 7, LAU 9 und LAU 11. Mit ihr wurden jeweils im Herbst 1996, 1998, 2000 und 2002 die Jahrgangsstufen 5, 7, 9 und 11 von einem Team um Professor Dr. Dr. Rainer Lehmann von der Humboldt-Universität zu Berlin getestet. LAU 5 fand zu Beginn der 5. Jahrgangsstufe statt, also zu Beginn einer nach Schulformen differenzierten Beschulung. Über die Leistungen der Schüler je nach Schulform ist also mit LAU 5 noch keine Aussage möglich, weil die Schüler ja gerade erst aus der Grundschule kamen. Auffällig in LAU 5 aber ist der angestrengte innerdeutsche Vergleich. Ihm zufolge lagen Hamburgs Fünftkläßler deutlich hinter dem Bundesdurchschnitt zurück. (Vgl. dazu das Kapitel »PISA und das innerdeutsche Süd-Nord-Gefälle«.) Interessanter dann LAU 7: Hier wurden die Bereiche Deutsch (Sprache und Leseverständnis), Mathematik, erste Fremdsprache und Problemlösen getestet. Ergebnis: Zu Beginn der 7. Klasse unterscheiden sich die Leistungen der Schüler erheblich. Gymnasiasten haben mit einem Gesamtwert von 70,4 Testpunkten den mit Abstand höchsten Wert, Haupt-/Realschüler (40,7) und Gesamtschüler (44,4) unterscheiden sich kaum voneinander. LAU 7 kommt insgesamt zu dem Ergebnis, daß das Schulsystem in Hamburg hinsichtlich Leistungsförderung nur suboptimal sei; als Grund dafür sieht Lehmann vor allem das »Konvoi«-Prinzip, das heißt das Prinzip, daß sich Hamburgs Schulen vor allem am Langsamsten orientieren und dadurch die Schnelleren stets unterfordert bleiben. Kaum anders LAU 9: Hier ergab sich in allen Bereichen (angegeben sind nachfolgend die Testwerte für Deutsch und Mathematik) ein deutlicher Vorsprung des Gymnasiums (56,8 bzw. 139,2), dann folgen in etwa gleichauf Realschule (48,2 bzw. 120,4), Realschulzweig der Integrierten Haupt-/Realschule (47,1 bzw. 120,6) und Kursniveau I (erweiterter Anspruch) der Gesamtschule (49,9, bzw. 125,7), schließlich wiederum in etwa gleichauf Kursniveau II der Gesamtschule (43,3 bzw. 107,8), Hauptschulzweig der Integrierten Haupt-/Realschule (41,6 bzw. 104,5) und Hauptschule (40,8 bzw. 104,5). Bei LAU 11schließlich lautet das Ergebnis: Die Lernstände der Schüler zu Beginn der gymnasialen Oberstufe unterscheiden sich erheblich – je nachdem, ob es sich um eine Oberstufe an einem grundständigen Gymnasium, an einer Gesamtschule oder an einem Aufbau-, Wirtschafts- und technischen Gymnasium handelt. In den grundständigen Gymnasien ist das Niveau durchgängig höher; deren Schüler sind ihren Mitschülern an anderen Schulformen um bis zu zwei Lernjahre voraus. Das Forscherteam spricht von einem »immensen durchschnittlichen Leistungsunterschied« zwischen den grundständigen Gymnasien und allen anderen Bildungsganggruppen in gymnasialen Oberstufen. Wörtlich: »Für nicht wenige der Schülerinnen und Schüler, die mit einem mittleren Schulabschluß in die gymnasiale Oberstufe wechseln, begründet der feststellbare Leistungsrückstand Zweifel an der Erreichbarkeit eines Fachleistungsniveaus, das der allgemeinen Hochschulreife in der Substanz entspricht.«

Befund 9: Aus der PISA-Studie 2000 wissen wir, daß die einzigen Bundesländer, die damals schon international im PISA-Konzert mithalten konnten, die Länder Baden-Württemberg und Bayern waren. Beide erreichten ohne Gesamtschulen ein Ergebnis, das auf der Höhe des von Gesamtschulbefürwortern hochgerühmten Schweden rangierte. Demgegenüber fielen gerade west- und norddeutsche Bundesländer mit großer Vorliebe für die Gesamtschule weit ab. Anders ausgedrückt: Hätten alle Bundesländer vergleichbare Ergebnisse wie die Baden-Württemberger und die Bayern erzielt, dann wäre Deutschland bei PISA weit vorne. Ansonsten weist auch die PISA-Studie 2003 aus: Gesamtschule in Deutschland rangiert mit PISA-Werten bei 480 weit hinter dem Gymnasium (588 bis 606; der PISA-Sieger Finnland hat übrigens 544) und signifikant hinter der Realschule (501 bis 510).

58

Luxusprojekt

Ginge es nach der Empirie, so müßten die Gesamtschulen also längst geschlossen sein, denn sie passen so wenig in die Landschaft wie Dinosaurier in die Fauna heute. Indes: Dieses Hätschelkind »progressiver« Politik wurde für immun gegen Kritik erklärt. Dabei ist Gesamtschule kaum über den Status einer teuren Luxus-Hauptschule hinausgekommen. Gesamtschule kostet schließlich um bis zu 30 Prozent mehr – sächlich und personell. Das sagt Anfang der 90er Jahre ein vom NRW-Kultusminister in Auftrag gegebenes Gutachten der Unternehmensberatung Kienbaum. Auch das damals SPD-regierte Niedersachsen hat seine Gesamtschulen immer privilegiert. Dort kam (Stand 1996) auf 11,4 Schüler ein Vollzeitlehrer, während es an den Gymnasien 15,4 Schüler waren. Das bedeutet: Eine Integrierte Gesamtschule mit etwa 700 Schülern hatte exakt 16 Vollzeitlehrer mehr als das gleich große Gymnasium. Da stand das damals SPD-regierte Hamburg nicht zurück. Dort wurden im Haushalt des Jahres 2000 pro Nase bei den Haupt-/Realschulen (Klassen 5/6) 9873 DM, bei den Gymnasien (Klassen 5/6) 9677 DM und bei den Gesamtschulen 12.930 DM ausgewiesen. Dementsprechend unterschiedlich waren die Lehrer-Schüler-Relationen in Hamburg: Haupt-/Realschule 1:15,3; Gymnasium 1:16,5 und Gesamtschule 1:11,3.

Resistent gegen Einsicht

Solche Leistungs- und Kostendaten werden von den Gesamtschulpropheten einfach ignoriert.

Man strickt weiter am Mythos »Gesamtschule«. Nietzsche und Schopenhauer könnten sich wieder bestätigt fühlen: »Denn so ist der Mensch! Ein Glaubenssatz könnte ihm tausendfach widerlegt sein – gesetzt, er hätte ihn nötig, so würde er ihn immer wieder für wahr halten« (Nietzsche). »Was dem Herzen widerstrebt, läßt der Kopf nicht ein. Manche Irrtümer halten wir unser Leben hindurch fest und hüten uns, jemals ihren Grund zu prüfen, bloß aus einer uns selber unbewußten Furcht, die Entdeckung machen zu können, daß wir so lange und so oft das Falsche geglaubt und behauptet haben« (Schopenhauer).

Die Diskussion um Gesamtschule ist seitens ihrer Befürworter zu einer gigantischen Ablenkungsmaschinerie verkommen. Die Ausreden lauten:

Nicht die Idee Gesamtschule sei gescheitert, sondern ihre reale Existenz sei gescheitert, weil Gesamtschule nur »halbherzig« gewollt worden sei. Wenn Gesamtschule in Leistungstests schlechter abschneide, dann angeblich deshalb, weil Schüler verschiedener Schulformen nicht verglichen werden dürften. Außerdem sei Gesamtschule an den Lehrern und an den Didaktikern gescheitert: Lehrer beherrschten zuwenig ein Handwerkszeug, mit dem zugleich Hauptschüler und Gymnasiasten gefördert und gefordert werden könnten. Zudem hätten die Didaktiker bei der Aufgabe versagt, eine Didaktik für einen guten Gesamtschulunterricht zu liefern. So wird die frühere Vorsitzende der Gemeinnützigen Gesellschaft Gesamtschule (GGG) und spätere Kölner Gesamtschuldezernentin Anne Ratzki in der WOCHE vom 5. Juni 1998 zitiert. Ausreden über Ausreden! Das ist fast wie mit DDR-Nostalgie und der Idee des Sozialismus, die »leider« am real existierenden Sozialismus gescheitert sei. Darauf, daß die Idee nichts taugt, kommt keiner.

Auch der von den Gesamtschuleuphorikern immer wieder krampfhaft bemühte Vergleich mit Gesamtschulen in anderen OECD-Ländern zieht nicht, oder er ist recht einäugig. Einäugig ist er dann, wenn er vernachlässigt, daß auch die PISA-Schlußlichter Brasilien und Mexiko ein Gesamtschulsystem haben. Und wenig zugkräftig ist er, wenn er Japan, Finnland, England oder die USA zum Maßstab nimmt. Wer nämlich glaubt, die dortigen Gesamtschulsysteme seien leistungsfähig, der verdrängt, was der Preis und der Kollateralschaden dabei ist: In Japan etwa besuchen zwei Drittel der Schüler – von den Eltern umgerechnet für Tausende von Dollar erkauft – eine private Nachhilfeschule; das ist kein gutes Zeugnis für das öffentliche Einheitsschulsystem. In Finnland gibt es eine viel homogenere Schülerschaft – nahezu ohne Migranten; außerdem werden in Finnland rund 20 Prozent der Kinder aus der Regelklasse herausgenommen und differenziert beschult. In England und in den USA laufen der Regelgesamtschule die Schüler und die Eltern davon – sofern sie für diesen Schulbesuch ihres Kindes Jahresgebühren von 10.000 bis 20.000 Euro aufbringen können. Tatsache also ist: Wo immer es sich die Eltern leisten können, findet eine Abstimmung mit den Füßen gegen Einheitsschule statt. Daß damit eine hochgradige soziale Selektion in Gang kommt, das sollten sich diejenigen, die Gesamtschule aus Gründen des angeblichen Chancenausgleichs haben möchten, ebenfalls einmal vergegenwärtigen.

Die Lösung deutscher Schulprobleme kann also nicht ein Ladenhüter-Rezept sein, mit dem so manche deutsche Landesregierungen ihr eigenes Schulsystem an die Wand gefahren haben. Bundesbildungsministerin Bulmahn etwa, die nach PISA stets vollmundig die Überwindung des gegliederten Schulwesens fordert, mag sich vielleicht in einer nachdenklichen Stunde doch einmal vergegenwärtigen, was sie als damalige SPD-Vorsitzende in Niedersachsen mit zu verantworten hat, nämlich daß dieses Schulsystem mit seiner sogenannten integrierten Orientierungsstufe und seinen brachial durchgesetzten Gesamtschulgründungen bei PISA I unter allen deutschen Flächenländern den letzten Platz errang. Die Rezepte, die damals zum Niedergang eines Schulsystems geführt haben, können ja wohl nicht diejenigen sein, mit denen man jetzt Schule in ganz Deutschland meint reformieren zu können. Der Skandal bleibt: Hier wird einer Institution seit Jahrzehnten nachgewiesen, daß sie wenig leistet, und dieses weit überteuert. Aber es werden keine Konsequenzen daraus gezogen.

PISA, Wirtschaft und Abiturientenquote

Der Anteil der Studierberechtigten und der Hochschulabsolventen an einem Altersjahrgang in Deutschland steigt nach wie vor kontinuierlich an. Laut Statistischem Bundesamt haben im Jahr 1993 exakt 32,8 Prozent eines Jahrgangs, im Jahr 1999 dann 36,9 Prozent eine Hochschulreife (allgemeine Hochschulreife, fachgebundene Hochschulreife und Fachhochschulreife zusammen) erreicht; im Jahr 2003 waren es bereits 39,2 Prozent. Von diesen 39,2 Prozent wiederum entfielen 69,6 Prozent auf die allgemeine Hochschulreife. Der größte Teil der 39,2 Prozent strebt in ein Studium, in der Regel sofort nach dem Erwerb der Berechtigung, verschiedentlich mit zeitlicher Versetzung. Gemeinhin kann man davon ausgehen, daß aus einem Jahrgang Studierberechtigter nur rund ein Zehntel, das heißt knapp vier von den 39,2 Prozent, auf die Dauer nicht studiert, umgekehrt also 35 Prozent eines Altersjahres studieren. Parallel zu dieser Entwicklung gibt es einen permanenten Zuwachs des Anteils der Hochschulabsolventen an einem Geburtsjahrgang. Allein von 2002 auf 2003 erhöhte sich die Zahl der Hochschulabsolventen um 4,6 Prozent gegenüber dem Vorjahr auf dann 218.000 Hochschulabsolventen; davon wiederum waren 35 Prozent Absolventen einer Fachhochschule (FH) und 52,8 Prozent Frauen.

Trotzdem sehen sich manche Bildungspolitiker und Bildungswissenschaftler in Deutschland im Zuge der OECD- und PISA-Studien veranlaßt, für Deutschland eine erhebliche Steigerung der Abiturienten- und Studierquote zu fordern. Deutschland »produziere«, so wird argumentiert, zuwenig Studienberechtigte und Studenten – beispielsweise gegenüber Finnland mit 72 und Schweden mit 69 Prozent Anteil an einem Jahrgang. Die Bundesbildungsministerin kündigt laut FAZ vom 23. Dezember 2004 denn an: »40 Prozent Studierende erreichen wir in meiner Amtszeit.« Was uns in diesem Bestreben noch von Planwirtschaften und deren propagandistischen Zielen unterscheidet, mag dahingestellt sein.

Geht es also nach so manchen PISA-Interpreten, dann beginnt der Mensch – wie schon in den Debatten der 70er Jahre – so richtig erst mit dem Abitur. Diese Vorstellung hat sich vielfach festgesetzt, und anscheinend ist manchem Bildungspolitiker ein Mensch mit dünnem Abiturzeugnis wichtiger als ein Mensch mit solidem Hauptschul- oder Realschulabschluß. In Süddeutschland aber haben auch Hauptschüler und Realschüler gute Aussichten, sie sind attraktiv auf dem Lehrstellenmarkt. Daß immer mehr Fachkräfte in den Süden der Republik gehen, hat nichts mit einer zu geringen Abiturientenquote oder einem Akademikermangel, sondern mit der Attraktivität Bayerns und Baden-Württembergs als Wirtschaftsstandort und als Bildungsstandort für die eigenen Kinder zu tun.

International schiefe Vergleiche

Wie dem auch sei: Für die Wirtschaftsverbände ist jeder OECD-Vergleich eine offenbar willkommene Gelegenheit, um über die nachlassende Qualität der deutschen Schulabsolventen und die zu niedrige Studierquote zu klagen. Gewerkschaften gefallen sich in der Forderung, die Studierquote in Deutschland müsse »in kürzester Zeit wenigstens verdoppelt« werden, denn angeblich drücke die niedrige deutsche Studierquote das Wirtschaftswachstum.

Dieser angebliche Zusammenhang wird in keinem Fall von der Statistik getragen. Es gibt keinerlei signifikante Korrelation zwischen Studierquote und Wirtschaftskraft. International und innerdeutsch gibt es Länder mit höherer Studierquote und recht ungünstigen Wirtschaftsdaten, und es gibt international wie innerdeutsch Länder mit niedrigen Studierquoten und sehr guten Wirtschaftsdaten.

Die Bedingungen für die wirtschaftliche Stärke eines Landes sind außerdem hochkomplex, sie können nicht monokausal auf eine einzige bildungsökonomische Zahl, hier die Studierquote, zurückgeführt werden. Zu den Bedingungen wirtschaftlicher Prosperität gehören schließlich der Reichtum eines Landes an natürlichen Ressourcen, seine Infrastruktur, sein Engagement in Forschung und Entwicklung, seine demographische Struktur, seine Wirtschafts-, Steuer- und Tarifpolitik, die Preisstabilität, das Zinsniveau und vieles andere mehr. Die Qualifikation der Beschäftigten ist darunter ebenfalls eine feste Größe, aber die Frage nach dem Qualifikationsniveau wiederum darf nicht reduziert werden auf die Studierquote. Vielmehr muß die Frage nach der Qualifikation abseits eines jeden simplen Quotendenkens differenziert für jeden einzelnen Bildungsbereich gestellt werden.

Unergiebig ist der Versuch, einen Zusammenhang zwischen Bildungsstatistiken und dem Wirtschaftswachstum herzustellen. Das Wirtschaftswachstum ist für sich allein schon eine sehr relative Größe, die über die Stärke eines Wirtschaftsstandortes wenig aussagt, wenn man das Ausgangsniveau zuvor nicht anhand anderer Parameter (zum Beispiel Bruttoinlandsprodukt/BIP, Beschäftigungsstand, Außenhandelsbilanz) bestimmt. Beispiel Schweiz: Niemand wird bezweifeln, daß die Schweiz eine starke Volkswirtschaft hat; in puncto Wirtschaftswachstum jedoch liegt die Schweiz – bezogen auf die Jahre 1990 bis 2000 – bei weniger als 0,5 Prozent Wachstum pro Jahr. Umgekehrt hatte Irland zuletzt ein jährliches Wirtschaftswachstum von über sechs Prozent; das ist bei einem Land, das einst zu den Armenhäusern der EG bzw. EU gehörte, allerdings leichter zu erzielen als in Ländern, die schon früher ein hohes Niveau hatten.

Vergleichen wir bildungsökonomische Daten und das Bruttoinlandsprodukt pro Kopf: Danach haben (vgl. Tabelle 28 im Anhang) Finnland und Schweden zwar Studierquoten von 72 bzw. 69 Prozent, beim BIP pro Kopf rangieren sie aber nur im Mittelbereich. Großbritannien, Italien und Spanien haben eine deutlich höhere Studierquote als Deutschland, aber ein zum Teil erheblich niedrigeres BIP pro Kopf. Zugleich haben Deutschland, Österreich und die Schweiz neben Belgien die niedrigsten Studierquoten, parallel dazu aber ordentliche bis sehr gute Daten beim BIP pro Kopf. Auch die PISA-Werte mehrerer Länder stehen in keinerlei Zusammenhang mit den Wirtschaftsdaten (siehe insbesondere Luxemburg!).

Wer im übrigen wiederkehrend meint, Deutschland müsse sich bei der Akademikerquote an den USA orientieren, der unterliegt der Illusion, diese erhöhte Akademisierung erfolge in den USA ausschließlich in Universitäten der Marke Harvard, Yale oder Princeton. Weit gefehlt! Diese drei Eliteuniversitäten sind höchst singulär. Die Realität der höchste Akademikerquoten produzierenden US-Hochschulbildung ist eine andere: Das Gros der US-Universitäten entläßt Absolventen, die zum Teil den Standard der beruflichen Schulen in Deutschland nicht erreichen. Auch sonst hilft der internationale Vergleich wenig weiter. »Akademiker« ist im internationalen Vergleich eben nicht »Akademiker«. Es mag sein, daß die USA und Finnland eine höhere »Akademisierungsrate« als die Deutschen haben; aber diese Vergleiche hinken, schließlich ist in Finnland und in den USA sogar eine Ausbildung zur Krankenschwester oder Erzieherin eine »akademische« Ausbildung.

Man sollte also endlich aufhören damit, die internationalen Hitlisten der Quoten sogenannter Hochschulabschlüsse oder PISA-Daten überernst zu nehmen oder gar als bildungspolitische Entscheidungshilfe zu sehen. Hinsichtlich Volkswirtschaft oder Wohlstand rechnen sich eine Erhöhung der Studierquote oder gute PISA-Werte nicht eindeutig. So wissen wir, daß die USA in PISA mit Werten zwischen 483 und 504 und Rängen zwischen Platz 14 und 24 nicht gerade überragend abschnitten, niemand aber bezweifeln kann, daß die USA die nach wie vor potenteste Wirtschaftsnation sind. Und selbst für Schwellenländer rechnen sich günstige bzw. vermeintlich günstige bildungsstatistische Daten nicht immer volkswirtschaftlich. Alison Wolf, Professorin für Management und berufliche Weiterbildung am King's College London, schreibt dazu in ihrem Gastkommentar »Mythos Bildung« in der Tageszeitung »Die Welt« vom 16. September 2004: »Bildung liefert wirtschaftliches Wachstum nicht so, wie Politiker und Geschäftsleute es glauben.« Alle Studien, so Wolf, stimmen darin überein, daß viele der heute von Hochschulabsolventen ausgeübten Berufe keine größeren Anforderungen stellen als in Zeiten, wo Nichtakademiker sie zur vollsten Zufriedenheit ausfüllten. Insofern seien viele Gesellschaften »überausgebildet«. Am Beispiel Ägyptens macht sie klar, daß es realiter sogar eine negative Korrelation zwischen Bildungsgrad und Wachstumsrate geben kann. Dort in Ägypten schoß der Anteil der Schüler, die eine weiterführende Schule besuchten, zwischen 1970 und 1998 von 32 auf 75 Prozent; zugleich verdoppelte sich die Studentenzahl. Aber: Zu Beginn dieses Zeitraums stand Ägypten in der Liste der ärmsten Länder auf Platz 47, am Ende auf Platz 48.

Innerdeutsch schiefe Vergleiche

Die Statistik der Anteile junger Leute mit allgemeiner Hochschulreife und Hochschulreife ergibt sogar innerdeutsch, also im Vergleich der 16 Bundesländer, ein recht heterogenes Bild. Da man davon ausgehen kann, daß die Intelligenz zwischen den Bundesländern nicht in diesem Maße unterschiedlich verteilt ist, können diese unterschiedlichen Ergebnisse nur schulpolitisch bedingt sein.

Zudem gilt: Bundesländer mit hoher Studierquote haben keineswegs die günstigsten Werte beim BIP pro Kopf (vgl. Tabellen 29 bis 32 im Anhang). Bei dieser Betrachtung müssen die Ost-Länder und die Stadtstaaten aus unterschiedlichen Gründen zwar außen vor bleiben: die Ostländer aus den hinreichend bekannten Gründen; die Stadtstaaten, weil es in großen Städten wegen der dort konzentrierten Dienstleistungen und Industriebranchen sowie wegen der Einpendler zu Verdichtungsphänomenen kommt. Wie sehr sich freilich die Werte der Stadtstaaten relativieren, zeigt sich, wenn man Hamburg als dem Spitzenreiter unter den Bundesländern beim BIP pro Kopf München gegenüberstellt: München hatte im Jahr 2002 ein BIP pro Kopf von 53.800 Euro und damit fast ein Viertel mehr als Hamburg. Insgesamt aber sind die PISA-Werte der Bundesländer tendenziell reziprok zu den Studierquoten und zu den Wirtschaftsdaten. Das heißt mit Blick etwa auf Bayern: Dort hat man die innerdeutsch besten PISA-Werte, die niedrigste Studierquote und das unter den Flächenländern beste BIP pro Kopf. (Vgl. dazu im Detail die Tabellen 29 bis 32 im Anhang.)

Eine forcierte Erhöhung der Studierquote hilft also niemandem. Selbst die breite Bevölkerung glaubt nicht, daß es für Deutschland volkswirtschaftlich auf die Abiturientenquote ankomme. Nur 30 Prozent der Bürger und auch nur 33 Prozent der SPD-Anhänger – so Infratest dimap im

Juli 2002 – sind der Meinung, daß die Abiturientenquote erhöht werden müsse. Würde schier inflationär die Notenpresse, sprich: die Abitur-zeugnis-Presse, angeleiert, würden unsere Hochschulen noch mehr aus den Nähten platzen. Vor allem müßten die Ansprüche gesenkt werden, denn immerhin brechen jetzt schon rund 25 Prozent der universitären Studienanfänger ihr Studium ab – oft weil sie überfordert oder schlecht auf das Studium vorbereitet sind. In den Sozial-, Sprach- und Kultur-wissenschaften beträgt die Abbrecherquote sogar über 40 Prozent; in der Informatik, der Geographie, dem Bauwesen und den Wirtschaftswissen-schaften sind es immerhin über 30 Prozent, die ihr Studium nicht beenden. Es sei zudem nicht vergessen, daß die Arbeitslosigkeit unter Akade-mikern in Deutschland (hier: Absolventen von Universitäten und Fach-hochschulen) zwar niedriger ist als die auf dem gesamten Arbeitsmarkt, daß sie aber dennoch vorhanden ist und im Jahr 2002 mit einer Arbeits-losenquote von 5,7 Prozent 223.600 Akademiker betraf.

Gerade aufgrund der Erfahrungen mit explodierenden sogenannten Abiturientenquoten in den USA oder in Frankreich müßte man endlich einsehen, daß das Abitur oder das Hochschulstudium nicht Mindest-standard der Zukunft ist. Vielmehr sollte zu denken geben, daß Länder mit höchsten Abiturientenquoten teilweise zugleich die höchsten Quo-ten arbeitsloser Jugendlicher haben. Wir dürfen außerdem – das hat mit Arroganz gar nichts, mit Seriosität aber viel zu tun – annehmen, daß das, was andere Länder als »Abitur« oder als Studium »verkaufen«, in Deutschland nicht einmal einer Fachschulausbildung entspräche. Wenn Höherqualifizierung, dann muß und kann diese ebenso stattfinden in der Realschule, in der Hauptschule, in der beruflichen Bildung und nicht zu-letzt in einer lebenslangen Weiterbildung. Eine Abitur-Vollkasko-Politik und »Verhochschulung« unserer Gesellschaft werden der Forderung nach Höherqualifizierung nicht gerecht. Auch in Zukunft werden in Deutsch-land mindestens zwei Drittel der jungen Menschen über die berufliche Bildung den Einstieg in einen Beruf finden. Diese jungen Menschen dür-fen nicht als Außenseiter betrachtet und bildungspolitisch vernachlässigt werden. Deshalb wird es Zeit, die Gymnasial- und Akademisierungs-euphorie zu überwinden und mehr dafür zu tun, daß die berufliche Bildung im öffentlichen Bewußtsein den gleichen Rang bekommt wie der allge-meinbildende und der akademische Bereich. Fazit: Abiturienten- und

Studentenquoten sind kein Wert an sich, und selbst volkswirtschaftlich rechnen sich beide Quoten nicht immer.

Irrweg »Bologna«

Mitten hinein um die erneut ausgebrochene Debatte um eine Steigerung der Studierquote paßt der sogenannte Bologna-Prozeß. Hinter diesem Namen steckt ein Vorgang, der bis 1998 zurückreicht (sog. Sarbonne-Erklärung), 1999 in Bologna so getauft und 2003 in einer Konferenz in Berlin endgültig inszeniert wurde. Dabei haben sich die europäischen Bildungsminister aufgemacht, den europäischen Hochschulraum zu vereinheitlichen. Ihr Ziel war und ist es, ein System vergleichbarer Hochschulabschlüsse zu schaffen und ein zweistufiges System von Studienabschlüssen zu errichten. Zunächst standen dahinter 29, dann 40 europäische Bildungsminister. Das ganze soll bis 2010 realisiert sein.

Im Klartext: Tatsächlich wird hier der Traum von einem billigen Kurzstudium neu aufgelegt. Man will offenbar möglichst viele Studierende in möglichst kurzer Zeit und zu möglichst geringen Kosten in die »Akademiker«-Statistik hineinbekommen. Typisch deutsch dabei ist, daß man wieder einmal den europäischen Musterschüler geben will, und sei es um den Preis, daß man dabei bewährte universitäre Traditionen abräumt – Traditionen, an denen sich übrigens viele Länder der Welt bis hin zu den amerikanischen Eliteuniversitäten orientierten! Nachvollziehbar ist das nicht. Nachvollziehbar ist vor allem nicht, daß man in Deutschland besonders eifrig darangeht, die Zweiphasigkeit des Studiums zu etablieren (Bachelor als erster Abschluß, Master als zweiter Abschluß). Dabei kommen die beiden Begriffe Bachelor (englisch wörtlich: Geselle) und Master in der Bologna-Erklärung gar nicht vor. Geopfert wird dabei etwa das Diplom. Gerade das deutsche Ingenieursdiplom ist in den mehr als 100 Jahren seiner Existenz anerkannt als hochkarätiges Zeugnis, das weltweit Standards gesetzt hat. Statt dessen wird mittlerweile sogar von Problemen bei der Anerkennung eines Bachelor deutscher Provenienz im Ausland berichtet. Der Verdacht ist also nicht ganz von der Hand zu weisen, daß es den deutschen Protagonisten des sogenannten Bologna-Prozesses gar nicht um eine Europäisierung der Hochschullandschaft, sondern im Kern darum geht, unter Inkaufnahme von Anspruchsdumping den Akademikeroutput zu erhöhen.

Der Trick des Bundesbildungsministeriums dabei ist die Behauptung, »Europa hat es so gewollt«. Dabei tut man so, als handle es sich bei »Bologna« um etwas völkerrechtlich Bindendes. Das ist mitnichten der Fall, denn »Bologna« ist lediglich eine Absichtserklärung. Hier haben sich nicht 40 Staaten, sondern 40 Minister auf etwas geeinigt. Der damals amtierende Präsident des Deutschen Hochschulverbandes (DHV), der Kölner Völkerrechtler Hartmut Schiedermair, nennt die Sache im Jahr 2003 beim Namen: »So organisiert man Gesamthochschule. Nennen wir diese Politik also ruhig Gesamthochschulpolitik.« Andere Nationen sind da zurückhaltender. England will mit seinem »Foundation degree« bei seiner Dreistufigkeit bleiben, Frankreich will mit seinem Festhalten am »Licence« und der Sonderposition seiner Eliteuniversitäten ebenfalls einen eigenen Weg gehen, ebenso Italien mit der Beibehaltung des italienischen Diploms und seinen beiden Stufen.

Nicht das Aufspringen der Deutschen auf »Uni Bolognese« ist entscheidend für den »Standort Deutschland«. Die Wirtschaft mag da noch so schrill »Bachelor Welcome!« tönen. Ein Bachelor spart der Wirtschaft allenfalls Ausbildungskosten. Vielleicht will man das. Entscheidend ist vielmehr, daß ein Bachelor in Konkurrenz zu anderen bewährten deutschen Abschlüssen tritt, zum Beispiel der Fachhochschule und Berufsakademie, und diese entwertet. Die mit »Bologna« enthaltene und für alle Länder zur Nachahmung empfohlene Neustrukturierung des Studiums nach dem zweistufigen angelsächsischen Bachelor-Master-Modell (BA-/MA-Modell) ist also für die deutsche Bildungslandschaft schädlich. Sie gebiert einen die Studierstatistik beschönigenden Bachelor, der in mehreren Ländern, in denen er existiert, jetzt schon nicht einmal den Level qualifizierter beruflicher Abschlüsse deutscher Provenienz erreicht. In den USA etwa hat der Bachelor mit dem Universitätsstudium überhaupt nichts zu tun, mit ihm wird vielmehr die Collegeausbildung abgeschlossen, die kaum mehr Wissen als ein deutsches Abitur beinhaltet.

Umgekehrt droht ein massenhaft vergebener Bachelor das ganze System der deutschen beruflichen Bildung zu kippen. Wer macht noch eine solide Banklehre, wenn er demnächst als Bachelor (pseudo-)akademische Weihen erlangen kann? Der deutsche Arbeitsmarkt braucht einen Bachelor nicht wirklich. »Bologna« produziert schließlich nur Uniformierung und Nivellierung. Der Bachelor droht zu einem »Abschluß« zweifacher Halbbildung zu werden: wissenschaftlich unvollständig – und hinsichtlich Praxisrelevanz auch! Die FAZ vom 19. September 2002 hegt deshalb nicht zu Unrecht den Verdacht, daß es sich bei den vielen frischen und neuen Abschlüssen à la Bologna eher um »Jodeldiplome« handle. Am 8. Mai 2004 stellt dieselbe Zeitung gar die These auf, bei dem inflationär aus dem Boden schießenden Bachelor handle es sich um »Berufsattrappen«. Was soll man schließlich mit all den Bachelors, die »Angewandte Literatur- und Kulturwissenschaft«, »Geschichte der Moderne« oder »Interdisziplinäre Mittelalterstudien« studiert haben? Brauchen wir so viele Pressesprecher von Museen und Kulturvereinen? Noch härter ins Gericht mit »Bologna« geht Clemens Pornschlegel in der Süddeutschen Zeitung vom 22. November 2004. Pornschlegel, der Professor für Germanistik an der Universität von Besançon ist, befürchtet mit »Bologna« eine Nivellierung der universitären Lehre und eine Zweiklassenbildung. Die privaten Hochschulen würden zu Elitehochschulen, während die Universitäten zu Massenausbildungsanstalten für Angestellte des mittleren und niederen Managements verkämen. Auf dem Abschlußzeugnis stehe zwar womöglich »Uni«, tatsächlich stecke allenfalls »gehobene Sekundarschule« drin. Für den normaleuropäischen Studenten reiche der Bachelor (Pornschlegel: »Jedem Tierchen sein diplomiertes Pläsierchen!«) dann nur noch zu subalternen beruflichen Tätigkeiten.

PISA und die Geschichte von der sozialen Ungleichheit

Verschiedentlich tun Schulpolitiker so, als müßten sie via Abitur und Studium Sozialpolitik betreiben. Dahinter steckt mehr oder weniger unverstellt die Idee, der Staat habe individuell oder familiär bedingte Begabungs- und Leistungsunterschiede zu begradigen. Extrapoliert man diesen Gedanken, so müßte am Ende konsequenterweise die Forderung nach Abschaffung der Familie stehen.

Seit Ende der 60er Jahre jedenfalls geht der Vorwurf durch die Lande, das Bildungssystem, vor allem das gegliederte Schulwesen, würde soziale Ungleichheiten reproduzieren, ja gar verstärken. Vor über 30 Jahren mag das der Fall gewesen sein: Die Bildungsreserven waren bei weitem nicht ausgeschöpft, damals erwarben aus einem Geburtsjahrgang in

Deutschland rund fünf Prozent das Abitur. Heute sind es je nach Bundesland zwischen knapp 20 und gut 40 Prozent, darunter Städte wie Darmstadt mit Abiturientenquoten von über 60 Prozent. Das sprichwörtliche katholische Mädchen vom Lande war früher selten unter den Abiturienten. Daran hat sich viel geändert. Wie es das Ziel der Bildungsreformer war, schnellten die Gymnasiastenzahlen in die Höhe: bezogen auf das alte Bundesgebiet von 850.000 im Jahr 1960 auf 2,2 Millionen im Jahr 1980, ehe danach die »Pille« ihre bildungsökonomische Wirkung zu entfalten begann und die Gymnasiastenzahl – hier bezogen auf das wiedervereinigte Deutschland – bei derzeit gut zwei Millionen einpendeln ließ. Zudem dominieren heute die jungen Frauen; sie stellen mit recht konstant 55 Prozent den größeren Teil der Abiturienten und erzielen zudem die besseren Abiturnoten.

Das Gymnasium ist heutzutage überhaupt die eigentliche »Hauptschule«, weil es unter den Siebtklässern bundesweit den Hauptteil eines Geburtsjahrgangs in den eigenen Reihen hat. Möglich war dies, weil das sogenannte flache Land flächendeckend mit Gymnasien – und mit Realschulen – versorgt wurde. Landwirte und Arbeiter auf diesem flachen Land mußten ihre Kinder, so sie ein Gymnasium oder eine Realschule besuchen sollten, ab Anfang/Mitte der 70er Jahre nicht mehr in Schülerheime stecken; heute sind deutschlandweit an jedem Wohnort ein Gymnasium oder eine Realschule innerhalb eines Zirkelschlags von 20 Kilometern Radius mit dem täglich verkehrenden Schulbus erreichbar.

Dennoch halten SPD, Bündnis 90/Die Grünen, Gewerkschaften und verschiedene Erziehungswissenschaftler unvermindert an ihrer Theorie von der »sozialen Disparität« des deutschen, vor allem des gegliederten Schulwesens fest. Innerdeutsche und internationale Vergleiche sagen zu den Bildungschancen des sogenannten Arbeiterkindes Differenzierteres aus.

Erstens: Die Kategorie »Arbeiterkind« und entsprechende Statistiken sind fragwürdig. Der Wandel der letzten Jahrzehnte auf dem Arbeitsmarkt hat dem Begriff »Arbeiterkind« die Gültigkeit genommen. Das »Arbeiterkind« ist außerdem ein Konstrukt, zumindest ist die Anwendung dieser Kategorie in der Statistik fragwürdig. Diesbezügliche Daten haben kaum eine verläßliche Basis, denn die Schulen dürfen die Berufe der Schülereltern aus datenschutzrechtlichen Gründen seit längerem nicht mehr erfassen. Der

Mikrozensus selbst unterscheidet – ohne Rücksicht auf Bildungsabschluß und Einkommen – nur vier Beschäftigungsverhältnisse: Beamte, Angestellte, Arbeiter, Selbständige. Das Beschäftigungsverhältnis sagt aber wenig aus über den Bildungsabschluß, das Einkommen und den Sozialstatus. So gibt es viele Beamte unterer Besoldungsgruppen, die ein erheblich geringeres Einkommen haben als sogenannte Arbeiter, zum Beispiel Facharbeiter. Die Statistiken sind außerdem oft sehr widersprüchlich: So wird der Anteil der Arbeiter an der deutschen Bevölkerung im Euro-Student-Report des Jahres 1997 mit 43 Prozent, vom Statistischen Bundesamt für das Jahr 2001 mit 32,5 Prozent beziffert; diese Differenz ist mit den nur knapp auseinanderliegenden Erhebungszeitpunkten nicht erklärbar.

Zweitens: Die sozioökonomischen Kennwerte der Schülereltern sind international nur bedingt vergleichbar. Die entsprechenden Kennwerte der Herkunftsfamilien der Schüler liefern im internationalen Vergleich ein verzerrtes Bild. Offenbar werden diese Kennwerte ebenso wie die bildungsökonomischen Kennwerte national sehr unterschiedlich definiert bzw. in der Statistik unterschiedlich angewendet. Die Rate der Hochschulberechtigungen von Schülervätern macht dies deutlich (vgl. dazu PISA 2000). Sie beträgt in Prozent angeblich: in Japan 92,7 Prozent, in der Russischen Föderation 83,2 Prozent, in Deutschland 30,2 Prozent und in Österreich 27,0 Prozent. Konkret heißt das: In Japan kann es de facto keine Disparitäten geben, weil ja dort formell nahezu alle Schülerväter ebenso wie ihre Kinder den höchsten Abschluß der Sekundarstufe II erreichen.

Drittens: Sofern die sozioökonomischen Kennwerte der familiären Herkunft der Schüler verglichen werden können, sind soziale Disparitäten im Bildungswesen kein deutsches, sondern ein internationales Phänomen. Für alle Länder gilt: Sind in einer Familie kulturelle Besitzgüter vorhanden, so ist die PISA-Leistung deutlich höher. Zwischen den Kindern des unteren Viertels der Bevölkerung, also des Viertels mit dem geringsten Grundstock an kulturellen Besitztümern, und den Kindern des obersten Viertels, also des Viertels mit dem meisten Besitz an solchem Eigentum, liegen im OECD-Durchschnitt 66 PISA-Punkte in der Mathematik-Leistung, in Deutschland sind es ebenfalls 66 Punkte, in Schweden, Dänemark oder Belgien jeweils um die 80 PISA-Punkte (siehe PISA 2003). Soziale Herkunft spiegelt sich also überall in puncto PISA-Leistung wider, wenngleich sich der Zusammenhang zwischen Schulleistung und sozialer Herkunft allmählich lockert: »Internationale Vergleichsstudien weisen auf eine hohe Stabilität des Grundmusters sozialkultureller Disparitäten hin ... Bei einer Analyse längerer Entwicklungszeiträume läßt sich für einzelne Länder gleichwohl eine Lockerung dieses Zusammenhanges nachweisen. In Schweden wurde dieser Prozeß zuerst und am deutlichsten sichtbar ... Auch für Deutschland konnte eine Reduktion des Zusammenhangs von Merkmalen der sozialen Herkunft und der Bildungsbeteiligung belegt werden« (PISA 2000).

Viertens: In mehreren Studien wird nachgewiesen, »daß es an Gymnasien selbst keine Benachteiligung von Arbeiterkindern gab« (PISA 2000). Am ausgeprägtesten ist die soziale Selektivität des Bildungswesens in Ländern mit flächendeckendem öffentlichem Einheitsschulsystem und kostspieligen Privatschulen. In Japan schicken zwei Drittel der Eltern ihr Kind auf eine private Nachhilfeschule, oder sie heuern parallel zur Schule einen Privatlehrer an. In England, Frankreich und in den USA geben Eltern ihre Kinder, falls sie sich dafür pro Nase jährlich 5000 bis 20.000 Euro bzw. Dollar leisten können, auf eine renommierte Privatschule. Laut 15. Sozialerhebung des Deutschen Studentenwerks DSW und des Hochschul-Informationssystems HIS ist der Arbeiterkinderanteil an der studentischen Bevölkerung oft nicht höher als in Deutschland. Gemäß Euro-Student-Report, zitiert in DSW/HIS, beträgt er in Deutschland 16, in Frankreich 18, in Italien 14, in Österreich neun Prozent.

Fünftens: Die Quoten an Studierenden und an Akademikern sind völlig unzureichende Kriterien für die Charakterisierung eines Bildungswesens, denn Studium ist international nicht gleich Studium, und Akademiker ist international nicht gleich Akademiker. Ein solches Quotendenken verwechselt Quantität mit Qualität. In Frankreich gelten 80 Prozent der Schulabsolventen als »Abiturienten«, ohne es nach deutschen Maßstäben zu sein. Dies hat Auswirkungen auf die Art, wie die »soziale Durchlässigkeit« des Bildungswesens gelesen und interpretiert wird. Vielfach ist die soziale Durchlässigkeit – gemessen an Standards in Deutschland – ein statistisches Artefakt: Wenn in Finnland die Tochter eines Industrie-

72

arbeiters Erzieherin wird, dann gilt sie als Aufsteigerin in akademische Ränge, in Deutschland trotz gleichwertiger Ausbildung nicht.

Sechstens: Die Studierquote von Arbeiterkindern in deutschen Bundesländern mit angeblich selektiven Schulsystemen ist kaum anders als in Bundesländern, die ihre Schulpolitik seit Jahren auf die »Produktion« sogenannter Chancengleichheit ausgerichtet haben. Von allen Studierenden in Deutschland sind insgesamt 17 Prozent Arbeiterkinder, in Bayern 15 Prozent, in Niedersachsen 17 Prozent, in NRW 18 Prozent (vgl. 15. Sozialerhebung des Deutschen Studentenwerks DSW und des Hochschul-Informationssystems HIS). Es ist bezeichnend, daß gerade Flächenländer, die seit Jahrzehnten (NRW) oder zumindest drei Legislaturperioden hindurch (Niedersachsen) von der SPD regiert wurden, trotz der programmatisch angesagten Herstellung von Chancengleichheit keine höheren Anteile von Arbeiterkindern in formal höheren Bildungsgängen haben als Länder mit gegliederter Schulstruktur. Im Gegenteil: Sie provozierten eine Absenkung der Leistungsansprüche (siehe PISA und TIMSS) und belasteten damit a priori die Chancen der jungen Generation. Eine Senkung der Abschlußstandards wiederum mindert die Chancengleichheit bei Bewerbungen.

Siebtens: Bei der Diskussion um »soziale Disparität« im Bildungsbereich wird die Bedeutung der unterschiedlich ausgeprägten kognitiven Grundfähigkeiten (früher: »Begabung«) vernachlässigt. Es sei deshalb in Erinnerung gerufen: »Der Löwenanteil der ungleichen Bildungsbeteiligung geht auf den gemeinsamen Einfluß von kognitiven Grundfähigkeiten, Lesekompetenz und Sozialschichtzugehörigkeit zurück« (PISA 2000 – Die Länder der Bundesrepublik Deutschland im Vergleich). Dementsprechend stellen sich die Wahrscheinlichkeiten, daß ein Kind einer bestimmten Sozialschicht das Gymnasium besucht, sehr unterschiedlich dar – je nachdem, ob man nur die Schichtherkunft berücksichtigt oder auch die kognitive Ausstattung. Unter Berücksichtigung der kognitiven Grundfähigkeiten ist die Wahrscheinlichkeit, daß ein Kind aus einer bestimmten Schicht das Gymnasium besucht, eine völlig andere, als wenn nur die soziale Herkunft zugrunde gelegt wird. Beispiel (vgl. dazu PISA 2000 – Die Länder der Bundesrepublik Deutschland im Vergleich): Die relative Wahrscheinlichkeit, daß ein Kind aus der sogenannten oberen Dienstleistungsklasse ein Gymnasium besucht, ist in den alten Bundesländern 7,26fach höher als bei einem Kind eines Fach- bzw. leitenden Arbeiters. Berücksichtigt man zudem die kognitiven Grundfertigkeiten, so ist die entsprechende Wahrscheinlichkeit nur noch 3,73fach höher.

Achtens: Ein größerer Anteil an formal höheren Schulabschlußzertifikaten sagt noch nichts über deren Wert und Gehalt. So mag Bayern niedrigere Studier- und Abiturquoten haben, unterm Strich aber fördert es die sozial schwächere Schülerklientel besser, als es andere Bundesländer vermögen: Der PISA-Lesewert der bayerischen Schüler aus der sogenannten Arbeiterschicht ist der höchste von allen Bundesländern (vgl. PISA 2000). Die Differenz der PISA-Lesewerte zwischen den Schülern aus den beiden oberen Sozialschichten und den Schülern aus der sogenannten Arbeiterschicht ist unter allen alten Bundesländern in Bayern und Baden-Württemberg am geringsten. Die PISA-Leistungsunterschiede zwischen den Gymnasien und den nicht-gymnasialen Schulformen sind in Bayern geringer als in vielen anderen Bundesländern. Die Differenz zwischen den fünf Prozent besten und den fünf Prozent schwächsten PISA-Schülern ist im Lesen in Bayern mit 339 Differenzpunkten erheblich geringer als in NRW (384). Bayern fördert also alle Schüler, nicht nur Gymnasiasten, besser als andere Bundesländer.

Neuntens: Die PISA-Ergebnisse der sogenannten reformorientierten Bundesländer sind trotz (oder wegen?) höherer Abiturientenquoten und trotz (oder wegen?) integrierter Schulformen schwächer als die PISA-Ergebnisse der süddeutschen Länder mit ihrer klaren Schulformgliederung. PISA-E hat dementsprechend schulartübergreifend ein erhebliches Süd-Nord-Gefälle in Sachen Bildungsniveau dokumentiert. Während also das Gefälle zwischen den Bundesländern – hier als Bandbreite zwischen dem besten und schwächsten Bundesland – bei PISA I am geringsten bei den Werten der Gymnasiasten (maximal 46 PISA-Punkte) ist, geht die Bandbreite bei den nichtgymnasialen Schulformen auf 74 PISA-Punkte auseinander. Ergo: Die Bayern sind auch am erfolgreichsten, wenn es um die PISA-Ergebnisse der Haupt- und Realschulen geht. Unter den Realschulen beispielsweise finden sich Schulen, die einen PISA-Wert von über 600 erzielten. In Bayern mit seiner sehr ausgeprägten gegliederten Schulstruktur kommen überhaupt die Schwächeren besser zum Zuge. Der Unterschied zwischen der PISA-2000-Leistung von Schülern mit deutschen Eltern und Schülern mit Migrationshintergrund liegt im Lesen in NRW bei 83 PISA-Punkten, in Bayern bei 59 Punkten – letzteres bei insgesamt höherem Niveau. Nichtgymnasiasten in NRW erreichen einen PISA-Wert im Lesen von 440, in Bayern von 480 – das ist eine Differenz von mehr als einem Schuljahr. Die zehn Prozent schwächsten Schüler erreichen im Lesen in NRW einen PISA-Wert von 317, in Bayern von 373 – das ist eine Differenz von sogar eineinhalb Schuljahren.

PISA und die Grundschule

Wer mit Blick auf die schulpolitischen Debatten der letzten Jahre auf einer Strichliste registrierte, wie oft welche Schulform bzw. welche Schulstufe in der öffentlichen Debatte »dran« war, könnte feststellen, daß ein Schulbereich völlig außerhalb jeder Kritik blieb: die Grundschule. Gymnasium, Hauptschule, Gesamtschule, etwas weniger Realschule – alle kriegen sie laufend »ihr Fett« ab. Grundschule erschien geradezu als sakrosankt, kritische Diskussion über Grundschule galt als Tabubruch.

Dieser Tabubruch ist nach PISA fällig. PISA hat zwar Fünfzehnjährige getestet. Dennoch hat PISA auch mit der Grundschule zu tun. Schließlich hat die Grundschule die Fundamente zu schaffen, auf denen die weiterführenden Schulen aufbauen. Daran hapert es offenbar.

Denn ohne große öffentliche Resonanz hat in den vergangenen 20 bis 30 Jahren in der Grundschule – im Norden der Republik sehr intensiv, im Süden zurückhaltender – der unter allen Schulformen wohl weitestreichende Wandel stattgefunden: von der ergebnis- zur erlebnisorientierten Schule; von der lernenden und einübenden Schule zur spielerischen Schule; von der Schule mit eindeutigen Fächerstrukturen zur Schule der Projekte und der Freiarbeit; von der benotenden Schule zur Schule ohne Noten; vom lehrergesteuerten Unterricht zur völligen Schülerzentrierung; von der Schule mit professionellem Urteil über die weitere Schullaufbahn zur Mißachtung dieses Urteils. Ob das günstige Voraussetzungen für gute Schulergebnisse in weiterführenden Schulen sind, darf bezweifelt werden.

Lehrer weiterführender Schulen registrieren dementsprechend zunehmende Defizite bei ihren Neuankömmlingen: Der Wortschatz ist zu eng, Grammatik und Syntax wackeln, die Orthographie ohnehin; der sogenannte Zehnerübergang sitzt nicht; mit der Ausdauer und Konzentrationsfähigkeit geht es dahin. Selbst Kultusminister, wie der parteilose Kultusminister von Sachsen-Anhalt, Jan-Hendrik Olbertz, vor seinem Ministeramt Pädagogikprofessor, kritisiert die moderne Art von Grundschule. In der FAZ vom 11. Juli 2002 wird er mit der Äußerung wiedergegeben: Das unverbindliche Spielen in der Grundschule, wie es in Kindergärten üblich sei, werde bruchlos in der Grundschule fortgesetzt und führe zu tiefen Enttäuschungen bei den Kindern.

Und die Folgen? Realschulen und Gymnasien mußten ihr Anspruchsniveau anpassen, und sie müssen bei der Vermittlung von Arbeitsmethoden und Kulturtechniken heute etwas leisten, das noch vor kurzem selbstverständliche Aufgabe der Grundschule war. Das Spielerische in der Grundschule begann zu dominieren. Die Kinder unterliegen damit der Täuschung, die Aneignung von Fertigkeiten und Kenntnissen könne stets ohne Anstrengung, Ausdauer und Enttäuschungen geschehen.

Die IGLU-Legende

Dessen ungeachtet gibt es Leute, die glauben, in der Grundschule in Deutschland sei alles in Ordnung. Sie stützen sich mit diesem Glauben auf die Internationale Grundschul-Lese-Untersuchung (IGLU; international: PERLS = Progress in International Reading Literacy Study) und argumentieren nach dem Strickmuster: In PISA sei de facto das gegliederte Schulwesen getestet worden; hier seien die Deutschen schlecht; in IGLU seien die Grundschulen getestet worden, und hier seien die Deutschen gut. Da Grundschule per se Gesamtschule sei, sei Gesamtschule gut und gegliedertes Schulwesen schlecht.

Eine solche Argumentation ist schon deshalb falsch, weil sich in PISA allen anderen Bundesländern voran die Süddeutschen international und national gerade eben mit einem gegliederten Schulwesen als konkurrenzfähig erwiesen haben und weil auch IGLU ein erhebliches Süd-Nord-Gefälle nachgewiesen hat: Danach betragen die »regionalen Disparitäten« zwischen den fünf besten und den fünf schwächsten Bundesländern eine Drittel-Standardabweichung. Mit anderen Worten: Mehrere deutsche Länder rangieren im fiktiven internationalen Vergleich im hinteren Teil

76

der IGLU-Tabelle. IGLU bestätigt damit die Ergebnisse der letzten größeren innerdeutschen Grundschulstudien von 1971 und 1991, nämlich daß es innerdeutsch – wie bei PISA – ein eindeutiges Süd-Nord-Gefälle gibt. Damals hatte Karlheinz Ingenkamp in der Studie »Schulleistungsvergleiche zwischen Bundesländern« festgestellt: »In den Deutschleistungen befand sich Bayern zu beiden Zeitpunkten auf dem ersten Rangplatz.«

Zurück zu IGLU: Hier liegen manche Interpreten – gelinde gesagt – schön daneben. »Ganz dicht dran« schreibt die ZEIT vom 10. April 2003 und meint damit, Deutschland sei in IGLU nahe an der internationalen Spitze. Daneben liegt auch der Bonner Generalanzeiger Bonn vom 11. April 2003, wenn er hofft: »IGLU weckt Wunsch nach neuer Schulstrukturdebatte«. Nein, Faktum ist vielmehr: Die IGLU- und die PISA-Werte bzw. die entsprechenden Tabellen sind überhaupt nicht miteinander vergleichbar – und zwar aus vier Gründen.

Erstens sind die Rangplätze der Länder bei PISA versus IGLU sehr unterschiedlich, weil die folgenden zehn Länder, die in PISA 2000 im Schwerpunktbereich Lesen vor Deutschland (PISA-Platz 21) rangierten, nicht an IGLU beteiligt waren. Da konnte und mußte Deutschland bei IGLU ja besser abschneiden!

Tab. 15: PISA-Ränge und PISA-Werte 2000 (Subtest Lesen) von Ländern, die nicht an IGLU beteiligt waren

	Rang	Wert
Finnland	1	546
Australien	4	528
Irland	5	527
Korea	6	525
Japan	8	522
Österreich	10	507
Belgien	10	507
Dänemark	16	497
Schweiz	17	494
Spanien	18	493

Ein Vergleich der Ranglisten von PISA und IGLU ist also allenfalls zulässig, wenn man aus IGLU und PISA alle Länder herausnimmt, die nicht an beiden Schulstudien beteiligt sind. Danach ergibt das ein Tabellenbild, demzufolge Deutschland bei PISA Rang 11 und bei IGLU Rang 8 erreichte.

Tab. 16: Vergleich der PISA-2000-Ergebnisse und der IGLU-Ergebnisse

PISA-Rang, PISA-Punkte 2000	IGLU-Rang, IGLU-Punkte 2003
1. Kanada 534	1. Schweden 561
2. Neuseeland 529	2. England 553
3. Vereinigtes Königreich 523	3. Lettland 545
4. Schweden 516	4. Kanada 544
5. Island 507	5. Ungarn 543
6. Norwegen 505	6. USA 542
6. Frankreich 505	7. Italien 541
8. USA 504	8. Deutschland 539
9. Tschechien 492	9. Tschechien 537
10. Italien 487	10. Neuseeland 529
11. Deutschland 484	11. Russische Föderation 528
12. Ungarn 480	12. Frankreich 525
13. Griechenland 474	13. Griechenland 524
14. Russische Föderation 462	14. Island 512
15. Lettland 458	15. Norwegen 499

Zweitens sind Zweifel an der Vergleichbarkeit der Stichproben angebracht. Die jeweiligen Rangplätze eines Landes in PISA bzw. in IGLU sind offenbar ein Zufallsprodukt; die Rangkorrelation ergibt für die beiden Tabellen einen Koeffizienten von R = 0.10. Bei einem R bei 0.00 besteht aber keinerlei Zusammenhang zwischen den Rangplätzen in verschiedenen Tabellen. (Zur Erläuterung: Der Rangkorrelationskoeffizient R ist ein Maß für den Zusammenhang zwischen Rangreihen. Er liegt zwischen – 1.00 und + 1.00. Ein Wert von + 1.00 besagt, daß zwischen zwei Rangreihen ein kompletter Zusammenhang besteht. Beispiel: Wenn die Bundesliga-abschlußtabelle des Jahres 2005 exakt dasselbe Aussehen hätte wie die Tabelle des Jahres 2004, wäre R = + 1.00. Wäre die Ligatabelle 2005 in den Rangplätzen der Einzelclubs exakt das Spiegelbild der Tabelle von 2004, wäre also der Tabellenerste 2005 der Tabellenletzte 2004, der Tabellenzweite 2005 der Tabellenvorletzte 2004 und so weiter, dann wäre R = −1.00.)

Drittens haben sich mehrere Länder bei IGLU gegenüber PISA angeblich drastisch »verbessert« oder drastisch »verschlechtert«. Die nachfolgende Gegenüberstellung aber zeigt, wie offenbar zusammenhanglos die verschiedenen Angaben über die angebliche Bildungsqualität eines Landes sind. Da es jedoch extrem unwahrscheinlich ist, daß eine Nation in einem Schulbereich sehr gut und in einem anderen sehr schlecht abschneidet, stellt sich die Frage nach der Vergleichbarkeit der Stichproben.

Tab. 17: Markante Veränderungen im Vergleich PISA/IGLU

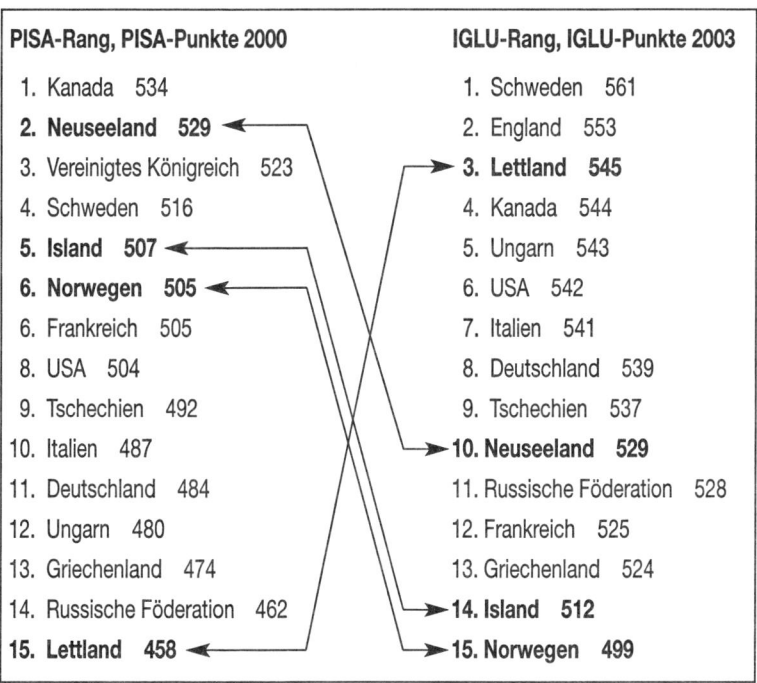

PISA-Rang, PISA-Punkte 2000	IGLU-Rang, IGLU-Punkte 2003
1. Kanada 534	1. Schweden 561
2. Neuseeland 529	2. England 553
3. Vereinigtes Königreich 523	**3. Lettland 545**
4. Schweden 516	4. Kanada 544
5. Island 507	5. Ungarn 543
6. Norwegen 505	6. USA 542
6. Frankreich 505	7. Italien 541
8. USA 504	8. Deutschland 539
9. Tschechien 492	9. Tschechien 537
10. Italien 487	**10. Neuseeland 529**
11. Deutschland 484	11. Russische Föderation 528
12. Ungarn 480	12. Frankreich 525
13. Griechenland 474	13. Griechenland 524
14. Russische Föderation 462	**14. Island 512**
15. Lettland 458	**15. Norwegen 499**

Viertens sind die untersuchten Kohorten nicht vergleichbar. Bei PISA wurden Fünfzehnjährige unabhängig von der besuchten Klasse getestet, bei IGLU Viertkläßler unabhängig vom Lebensalter. Da deutsche Schüler im internationalen Vergleich deutlich später eingeschult werden, hängen die bei PISA getesteten deutschen Schüler schulisch hinterher, während die bei IGLU getesteten älter sind als ihre Kameraden in anderen Ländern. Wäre bei PISA ebenfalls nach Klassen getestet worden, hätten die Deutschen besser, und wäre bei IGLU nach Alter getestet worden, hätten die Deutschen schlechter abgeschnitten. Wer dennoch Vergleiche zieht, errichtet statistische Artefakte.

Fazit zu IGLU: Aus den unterschiedlichen deutschen PISA- bzw. IGLU-Rängen Schlußfolgerungen zu ziehen, ist unwissenschaftlich und naiv. Deutschland schneidet in IGLU nicht besser ab als in PISA.

Vier Jahre Grundschule reichen!

Es gibt somit überhaupt keinen stichhaltigen Grund, PISA oder IGLU als »Argument« für eine Verlängerung der gemeinsamen Grundschulzeit zu nutzen, die Entscheidung der Eltern über die weiterführende Schullaufbahn eines Kindes also um zwei oder noch mehr Jahre nach hinten zu verlagern. Renommierte Institute liefern darüber hinaus gewichtige Gründe für eine nur vierjährige Grundschule. Auch die Entwicklungspsychologie spricht gegen eine verlängerte Grundschule, denn die Schere in der intellektuellen Entwicklung weitet sich ab der 4. Klasse noch mehr. Bereits im zehnten Lebensjahr hat sich in puncto Intelligenzentwicklung ein so großer Schereneffekt gebildet, daß eine fortgesetzte einheitliche Unterrichtung den Einzelschülern nicht gerecht würde.

Die prognostische Validität einer Eignungsempfehlung ist am Ende der 4. Klasse zudem höher als am Ende der 6. Klasse inmitten der Verwerfungen der Vorpubertät. Eine Verlängerung der Grundschule (als sechsjährige Grundschule oder als integrierte Orientierungs-, Beobachtungs- oder Förderstufe) kann aus entwicklungspsychologischen und pädagogischen Gründen nicht vertreten werden. Dergleichen provoziert massenhaft Unterforderung und Überforderung in der 5. und 6. Jahrgangsstufe. Eine solche Verlängerung läßt außerdem das vor Beginn der Vorpubertät sehr ausgeprägte Lernvermögen Elf- und Zwölfjähriger und deren ausgeprägte Lernbereitschaft brachliegen. Am Ende der 4. Klasse ist vor allem bei differenzierter Betrachtung des Leistungsvermögens der Kinder in Deutsch und Rechnen eine solide Bildungsempfehlung bzw. Eignungsaussage möglich. Eine hohe prognostische Validität haben die Grundschulnoten in Aufsatzschreiben, in Grammatik/Rechtschreiben sowie im Zahlenrechnen und im Textrechnen. Schüler, die am Ende der 4. Klasse hier einen Notendurchschnitt von 2,0 erreichen, kommen mit höchster Wahrscheinlichkeit zum Abitur; Grundschüler, die durchweg mit Note 3 in den genannten Bereichen ans Gymnasium übertreten, finden sich unter Abiturienten kaum wieder. Zugleich muß vermieden werden, daß Grundschüler in eine für sie ungeeignete Bildungslaufbahn gelenkt werden. Dies kann am sichersten dadurch geschehen, daß dem sogenannten Elternwillen bei der Wahl des weiterführenden Bildungsweges als Korrektiv gleichrangig der Eignungsgrundsatz zur Seite gestellt wird. Die Grundschulempfehlung ist insofern aufzuwerten, zumal es sich hier um ein professionelles Urteil von Lehrern handelt, die ein Kind in der Regel mehr als ein Jahr lang kennen.

Lernforscher wissen dies ebenfalls, bedauerlicherweise aber dringt ihr Expertenwissen nicht in alle Köpfe von Schulpolitikern. Prof. Dr. Kurt Heller von der Ludwig-Maximilians-Universität München etwa hat seine Erkenntnis wiederholt zu Papier gebracht und veröffentlicht. In seinem Beitrag »Wissenschaftliche Argumente für eine frühzeitige Schullaufbahnentscheidung« (»Schulreport«, Heft 3/1999) lautet sein Fazit: »Eine Verlängerung der vierjährigen Grundschule würde keine erkennbaren Vorteile, wohl aber mit Sicherheit Nachteile für viele Grundschüler mit sich bringen. Diese betreffen nicht nur Leistungsaspekte, sondern tangieren die gesamte Persönlichkeitsentwicklung und damit letztendlich die Zukunftschancen der Jugendlichen. Gegenteilige Behauptungen entbehren so lange jeder Grundlage, als hierfür keine empirisch gesicherten Belege vorweisbar sind. Daß gleiche schulische Behandlung ungleicher individueller Lern- und Leistungsvoraussetzungen nachweislich zur Vergrößerung von (unerwünschten oder auch ärgerlichen) Begabungs- und Leistungsunterschieden in der Schule führt, ist inzwischen eine psychologische Binsenweisheit. Die logische Konsequenz kann nur in die Forderung nach Verstärkung und nicht einer Reduzierung unterrichtlicher und schulischer Differenzierungsmaßnahmen münden.« In seiner Stel-

lungnahme zur Novellierung des Schulgesetzes von Sachsen-Anhalt vom
Dezember 2000 hält Heller fest, daß von einer Verlängerung der schulischen Arbeit mit heterogenen Lerngruppen, das heißt von einem Verzicht
auf eine Aufnahme der Kinder in differenzierte Bildungswege nach Klasse 4, »am ehesten noch das mittlere Leistungsdrittel einer Schulklasse pro-
fitiert, während in zunehmendem Maße die schwächeren Schüler überfordert und die leistungsstärkeren Schüler unterfordert werden. Beides
ist nachteilig für die individuelle Entwicklung der Schülerpersönlichkeit«.
In seinem Thesenpapier, vorgetragen bei der internen Anhörung »Bildungsqualität« der FDP-Landtagsfraktion in Hannover am 3. November
2004, bekräftigt Heller hinsichtlich Laufbahnempfehlungen für Grundschüler: »Bislang existieren keine Studien, die höhere Trefferquoten nach
einer fünf- oder sechsjährigen Grundschulzeit nachweisen konnten.«

Andere namhafte Wissenschaftler bzw. wissenschaftliche Institute argumentieren ebenso – zum Teil stammen ihre Erhebungen sogar aus
einer Zeit, als die Debatte um die Dauer einer gemeinsamen Schulzeit erstmals virulent wurde. So gibt es aus dem Schuljahr 1969/70 eine Studie
des Max-Planck-Instituts für Bildungsforschung (MPIB) zum Wis-
senstand von 12.600 Gymnasiasten aus 427 Gymnasien. Leider kamen die
Ergebnisse dieser Studie erst viel später in die öffentliche Diskussion, zum
Beispiel 1994 über den Bildungsbericht des MPIB. Das brisante Fazit darin lautet: Schüler einer sechsjährigen Grundschule haben nach sechs
Jahren einen deutlichen Rückstand gegenüber Schülern, die nach einer
vierjährigen Grundschulzeit bereits zwei Jahre eine weiterführende Schulform besuchten. Wären diese Ergebnisse früher bzw. rechtzeitig zur Verfügung gestanden – wer weiß, ob die Schulpolitik in Deutschland nicht
einen etwas anderen Verlauf genommen hätte, das heißt, ob nicht mancher Irrweg vermieden worden wäre. Zudem beweisen Untersuchungen
in den Fächern Mathematik, Englisch und Deutsch erhebliche Lei-
stungsrückstände bei Kindern, die in Berlin eine sechsjährige Grundschule bzw. eine Orientierungsstufe besucht haben. Deren Rückstand –
es geht um einen Rückstand von einem Lernjahr und mehr – hat sich im
Vergleich zu Kindern, die in die weiterführende Schule nach der 4. Grundschulklasse starten, selbst bis Ende der 7. Klasse nicht ausgeglichen. Das
heißt, die schulischen Leistungen von Schülern einer sechsjährigen
Grundschule bzw. einer integrierten, also einheitlichen Orientierungs-

stufe sind und bleiben durchwegs schwächer als die Leistungen von Schülern, die nach der 4. Klasse in differenzierte Schulformen und damit in leistungshomogenere Lerngruppen einmündeten. Der langjährige Direktor des MPIB, Prof. Dr. Peter M. Roeder, vertritt im Juli 1995 anläßlich des Vorhabens der damaligen SPD-Landesregierung von Sachsen-Anhalt, eine integrierte Förderstufe in den Klassen 5 und 6 einzuführen und damit de facto die Grundschule um zwei Jahre zu verlängern, die Auffassung: Die Hoffnung, mit dieser Förderstufe könne mehr Binnendifferenzierung und Individualisierung des Unterrichts geleistet werden, ist unbegründet. Wörtlich: »Die für die Bundesrepublik vorliegende empirische Unterrichtsforschung läßt in bezug auf die Realisierung dieses Gebots keinen Optimismus zu.« Und: »Die Fortsetzung der Grundschule um zwei Jahre könnte ... mit hoher Wahrscheinlichkeit diejenigen Schüler, die ab Klasse 7 das Gymnasium besuchen, gegenüber Schülern benachteiligen, die bereits die Klassen 5 und 6 im Gymnasium absolviert haben.«

Diese Orientierungsstufe zur gesetzlich einzig möglichen Organisationsform in dieser Jahrgangsstufe zu machen, »dürfte Frustration und Scheitern vorprogrammieren«. 1997 schreibt Roeder in seinem Beitrag »Entwicklung vor, während und nach der Grundschulzeit: Literaturüberblick über den Einfluß der Grundschulzeit auf die Entwicklung in der Sekundarschule« (in: Weinert, Franz E./Helmke, Andreas: Entwicklung im Grundschulalter): »Die Leistungen nach sechsjähriger Grundschule liegen erheblich unter denen von Schülern, die den Wechsel aufs Gymnasium bereits nach der 4. Grundschulklasse vollzogen haben. Für Englisch und Mathematik beträgt der Unterschied etwa eine Standardabweichung, für Deutsch knapp eine halbe.« Der Rückstand der Schüler mit sechs statt mit vier Schuljahren gemeinsamer Grundschule beträgt also eine Standardabweichung, das ist mehr als ein Schuljahr.

Irrweg Integration

Ähnlich sind die Befunde zur sogenannten Orientierungsstufe, die es bis zum Regierungswechsel im Frühjahr 2003 vor allem in Niedersachsen über Jahrzehnte hinweg in schulformübergreifender, das heißt integrativer und undifferenzierter Form, gab. Das Deutsche Institut für Internationale Pädagogische Forschung (DIPF) hat dazu im Oktober 2001 ein Gutachten veröffentlicht. Dieses 97seitige Gutachten mit dem Titel »Stand und Perspektiven der Orientierungsstufe in Niedersachsen« war im Auftrag des niedersächsischen Kultusministeriums (damals noch SPD-regiert) verfaßt worden. Das DIPF wörtlich: »Insgesamt zeichnen sich vor allem die folgenden Defizite ab: die unzureichende Förderung der Schüler, eine weiterhin ausgeprägte Selektivität nach sozialer Herkunft der Kinder, die eingeschränkte Prognosesicherheit der Schullaufbahnentscheidung am Ende der Orientierungsstufe sowie regionale Disparitäten.« Zwischenzeitlich hat die Regierung Wulff (CDU) die Orientierungsstufe abgeschafft.

Fazit: Für das, was Grundschule leisten soll, sind vier Grundschuljahre ausreichend. Am Ende der 4. Klasse ist – wenn man zudem die diagnostischen Möglichkeiten verbesserte – bei 90 Prozent der Grundschüler eine solide Empfehlung möglich, welcher der nachfolgenden Bildungswege der geeignete für einen Grundschüler ist. Damit aber die vierjährige Grundschule wieder den ihr gemäßen Auftrag als »grund«-legende Schule erfüllen kann, bedarf es der Veränderungen in anderen Bereichen. Dazu gehört die Besinnung auf die Kulturtechniken, auf die Förderung der Ausdauer und der Arbeits- und Lerntechniken, auf die Förderung der Neugier und der Lernfreude. Eine herausragende Bedeutung mit einem Anteil von der Hälfte der Stundentafel müßten in der Grundschule deshalb Deutsch und Rechnen haben. Diese beiden Fächer vermitteln in besonderer Weise das Beherrschen der Kulturtechniken: Lesen, Schreiben, Sprechen, Wortschatz, Orthographie, Grammatik, Syntax, Sprachbetrachtung; Umgang mit Zahlen und Größen, Grundrechenarten, Sachrechnen, geometrische Grunderfahrungen. Wichtig und richtig wäre es zudem, Grundschüler sukzessive an die Prinzipien Anstrengung und Leistung zu gewöhnen. Leistungsmessung gehört dazu. Die sogenannten Berichtszeugnisse haben sich zumindest in der 3. und 4. Klasse nicht bewährt. Ab Ende der 2. Klasse sollte deshalb in den Zeugnissen statt eines reinen Lernberichts eine Benotung mittels Ziffernnoten erfolgen. Und nachdem man endlich deutschlandweit bereit ist, bei Fünfzehnjährigen zu testen, was sie in Mathematik können, was sie in den Naturwissenschaften wissen und was sie an Lesefertigkeit aufbringen, wäre es an der Zeit, einmal genauer hinzusehen, was Viertkläßler in den Fächern Deutsch und Rechnen können.

PISA und die Ganztagsschule

Ganztagsangebote werden in Deutschland von 10,9 Prozent der Schüler genutzt (Stand: Schuljahr 2003/04). Gleichwohl scheint diese Form der Schulorganisation nach Jahrzehnten schulpolitischer Grabenkämpfe und nach PISA etwas zu sein, das unisono alle wollen: Parteien, Wirtschaftsverbände, Gewerkschaften, Eltern, Erziehungswissenschaftler und so weiter. Wenn alle, sonst sogar konkurrierende Gruppierungen dasselbe wollen (Schüler zu 90 Prozent übrigens nicht!), dann werden sie sich wenigstens in den damit verbundenen Versprechungen unterscheiden.

Das tun sie denn auch, indem sie sich gegenseitig mit ihren Optionen und Visionen übertreffen. Die SPD etwa dichtet mit Blick auf Ganztagsschulen: »Auf Dauer schlauer«. Die Arbeitgeber versprechen sich davon die Rekrutierung hochqualifizierter – weiblicher – Arbeitskräfte, die ohne schulischen Ganztagsbetrieb eine Familienpause einlegen würden. Schulforscher prophezeien eine Senkung der Abbrecher- und Versagerquoten. Wirtschaft und CDU/CSU sehen die Ganztagsschule als Chance zur Verkürzung der Schulzeit. Alle wiederum erwarten von der Ganztagsschule – völlig blauäugig und wider alle Realität – einen Beitrag zur Steigerung der Fertilitätsrate in Deutschland, ist die Kinderzahl pro Frau hier doch auf 1,3 abgestürzt.

Daß die Parteien von CSU über CDU bis hin zu SPD und PDS ihr Herz für Ganztagsschule entdeckt haben, hat vermutlich mit blanker Wahltaktik zu tun. Wer will schon am Rande stehen, wenn angeblich zwischen 60 und 80 Prozent der Eltern die Ganztagsschule wünschen? Bei soviel hoffnungsfroher Erwartung wundert es eher, warum das Thema Ganztagsschule erst jetzt so richtig zum Thema wurde.

Freilich dürften die Motive der Protagonisten unterschiedlich sein. Die ehemals Konservativen möchten modern sein; die ehemals Linken wollen progressiv bleiben und so ganz nebenbei auf dem Trittbrett Ganztagsschule uralte Schulvisionen realisiert haben. Immerhin fällt auf, wie intensiv sich ehemalige Gesamtschulverfechter jetzt für die Ganztagsschule ins Zeug legen: Sie überwinde den starren Vormittagsunterricht im 45-Minuten-Takt, rhythmisiere das Lernen und ermögliche alternative Lernformen wie das Prokjektlernen. Überhaupt, so eine Lehrergewerkschaft, sei die Gesamtschule der »Idealtypus einer Ganztagsschule«.

Ganztagsschule und Ganztagsbetreuung also als schulpolitischer »Quantensprung«, wie manche meinen, und als Allzweckwaffe gegen schwache PISA-Ergebnisse? Da tut etwas mehr Realismus not – in der nationalen wie auch in der internationalen Betrachtung. Der oft bemühte Vergleich mit den Ganztagsschulstrukturen des Auslands kann jedenfalls nur bedingt in die Diskussion einbezogen werden. Vor allem ist zu berücksichtigen, daß die in Deutschland seit 100 Jahren übliche Halbtagsschule außerschulisch einhergeht mit einem Spektrum an Vereins- und Jugendarbeit, wie es in anderen Staaten so breit nicht existiert. Außerdem zeigt PISA, daß es leistungsfähige Schulsysteme mit Ganztagsschule und ohne Ganztagsschule gibt.

Dazu liegt aus dem Jahr 2003 ein interessantes Gutachten von Prof. Dr. Eckhard Klieme vom Deutschen Institut für Internationale Pädagogische Forschung (DIPF) vor; das 48 Seiten umfassende Papier trägt den Titel »Wirkung ganztägiger Schulorganisation – Bilanzierung der Forschungslage«. Es handelt sich dabei um einen Literaturbericht, in den die einschlägigen Forschungsbefunde aus dem In- und Ausland einfließen. Der Autor der Studie leitet aus der Analyse der Forschungsliteratur unter anderem folgende Hypothesen ab: Erstens hat die Ganztagsorganisation als solche im allgemeinen keine Auswirkungen auf das Leistungsniveau der Schulen. Möglicherweise hat eine Verlängerung aktiver Lernzeit in der Schule einen gewissen positiven Effekt auf die kognitiven Fähigkeiten lernschwacher Schüler, während der Wegfall elterlicher Unterstützung bei sozial höhergestellten Familien negativ zu Buche schlägt; beides zusammen kann eine Nivellierung im Leistungsbereich bewirken. Zweitens sind die Auswirkungen teilweise von der Schulform abhängig. Für die Integrierte Gesamtschule beispielsweise ergeben sich im sozialen Bereich – basierend auf Lehrerbefragungen – eher ermutigende, im Leistungsbereich eher kritische Prognosen.

Resümee des Autors: »Die in die ganztägige Organisation gesetzten Hoffnungen … können mit Hilfe vorliegenden Datenmaterials bislang jedenfalls nicht begründet, aber auch nicht verworfen werden.«

Mit »IZBB« mischt sich der Bund ein

Davon unabhängig hat die Bundesregierung am 12. Mai 2003 das mit vier Milliarden Euro dotierte »Investitionsprogramm Zukunft, Bildung und

Betreuung« (IZBB) gestartet. 300 Millionen waren für 2003, je eine Milliarde sind für 2004 bis 2006 und 700 Millionen für 2007 vorgesehen, um in Deutschland Ganztagsschule zu errichten. Das Geld geht den Ländern je nach Schülerzahlen des Schuljahres 2000/01 zu. So entfallen beispielsweise auf die großen Bundesländer Nordrhein-Westfalen 913, auf Bayern 595 Millionen und auf die kleinen Bundesländer Saarland 49 Millionen und Bremen 28 Millionen Euro. Mit diesen Geldern sollen bis zu 90 Prozent der Kosten für ganztagsschulisch notwendige Neubau-, Ausbau-, Umbau- und Renovierungsmaßnahmen sowie Ausstattungsinvestitionen gefördert werden, zum Beispiel Investitionen für Klassenräume, Gruppenräume, Versorgungsküchen, Aufenthaltsräume, Speiseräume, Bibliotheken, PC- und Internetausstattungen, Pausenhöfe mit Spiel- und Sportgeräten, Experimentierräume, Räume für das praktische und das musische Gestalten, Cafeterien und so weiter.

So weit, so gut. Darum herum rankt sich viel Lyrik. So geht es laut Vorwort der Bundesbildungsministerin in der entsprechenden Broschüre zu Ganztagsschulen um nichts weniger als das: »Das deutsche Bildungssystem in zehn Jahren wieder an die Weltspitze bringen.« Auf die selbstgestellte Frage »Warum Ganztagsschulen?« antwortet man in einem Zug: »Gute Bildung braucht Zeit. An Ganztagsschulen ist Zeit – Zeit für mehr Qualität im Unterricht, individuelle Förderung, kreative Freizeitgestaltung und familienfreundliche Betreuung.« Und auch sonst sind die Versprechungen recht vollmundig. Die Überschriften der Einzelkapitel der Broschüre des Bundesbildungsministeriums etwa lauten: »zukunftsweisend«, »vielfältig und verlässlich«, »Erfolgserlebnisse aus erster Hand«, »eine neue Dimension des Unterrichts«, »Extrawünsche streng erlaubt«, »Abenteuer in der Schule«, »Freizeit ist Programm«, »Freiräume für Familienmenschen«, »Schule als Gemeinschaftswerk«.

Viel Geld also und viele Versprechungen. Zu klären wäre dabei noch, ob es sich wirklich um reales Geld des Bundes für die Kommunen handelt, denn immerhin hat man den Kommunen ja über eine neue Gewerbesteuer erst einmal eine Menge Geld aus den Taschen genommen.

Nicht unberechtigt ist die Sorge, daß das seit 2003 mit viel publizistischem Geräusch inszenierte und von teuren Zeitungsanzeigen flankierte Programm der Bundesregierung zur Förderung der Ganztagsschule ein weiterer Flop werden könnte. Viel Neues wurde damit zumindest im ersten Durchlauf nicht angefangen. Laut Antwort der Bundesregierung vom 30. Juni 2004 auf eine Anfrage der FDP-Bundestagsfraktion gab es bis zu diesem Zeitpunkt bundesweit 2808 entsprechende »Vorhabenplanungen« für 2004. Die CDU/CSU-Opposition spricht davon, daß es sich hierbei keineswegs um neue Ganztagsschulen handle, sondern in der Regel um die Erweiterung oder Sanierung bestehender Ganztagsschulen.

Gemessen daran sind vier Milliarden Euro eine Menge Steuergelder. Ob sich damit die PISA-Ergebnisse deutscher Schüler verbessern werden, bleibt höchst zweifelhaft. Und diese vier Milliarden sind aufzuteilen auf fünf Jahre und – so die Absicht – auf 10.000 Schulen. Somit bleiben rechnerisch pro Schule und Jahr 80.000 Euro. Wie man mit einem solchen Betrag Ganztagsschule machen und Lernergebnisse verbessern will, bleibt dahingestellt; schließlich reicht das nicht einmal aus, um eine Schulkantine einzurichten, geschweige denn Personal zu beschäftigen.

Bitte mehr Realismus!

Im Zusammenhang mit Ganztagsbetreuung und Ganztagsschule wäre vielmehr eine Grundsatzdebatte angebracht. So sehr Betreuung und Sozialerziehung implizit Charakteristikum von Schule sind, so wenig sind sie deren vorrangiger Zweck. Überhaupt wird schulischer Ganztagsbetrieb in seiner Wirksamkeit weit überschätzt. Schulischer Ganztagsbetrieb ist zum Beispiel nicht in der Lage, das erzieherische Bewußtsein der Eltern zu fördern; eher fördert er die Bereitschaft der Eltern, immer mehr originäre erzieherische Aufgaben an den Staat zu delegieren und damit eine bedenkliche Verstaatlichung der Erziehung anzutreiben.

Eher ins pädagogisch Grundsätzliche zielt die Frage nach den Entwicklungschancen der Kinder im schulischen Ganztagsbetrieb. Ein Elternhaus, das Verläßlichkeit und über die Familie hinaus Vielfalt in der Begegnung mit Mensch, Natur und Kultur bietet, ist gewiß die ideale Lösung. Ganztagsbetreuung und Ganztagsschule schränken das Spektrum kindlicher Erfahrungen ein. Damit geraten die sehr vielfältigen Möglichkeiten der Jugendarbeit an den Rand, nämlich die Angebote etwa der Sportvereine, der kirchlichen Jugendgruppen, der Musikschulen. Kurz: Es muß auch ein Leben außerhalb der Schule geben. Schule und staatlich gelenkte Freizeit dürfen nicht alleiniger Erfahrungsraum für Schüler sein. Schule hat die Vielfalt der Angebote der Vereine und Kirchen, auch den Reichtum der spontan gestalteten Freizeit zu achten. Eine Totalverplanung der Kinder und eine drohende Ghettoisierung bestimmter Sozial- und Schülergruppen wären höchst bedenklich.

Wir müssen uns in Deutschland also nicht als rückständig fühlen, weil die meisten anderen Länder ein Ganztagsschulsystem haben. Unser Halbtagsschulsystem hat sich bewährt. Es gibt den Kindern auch außerhalb der Schule Raum zur Entfaltung. Nur Schule oder gar Schule total – das wäre eine drastische Verarmung der Entwicklungschancen unserer Kinder. Und als Staatsbürger sollte man etwas gegen eine weitere Verstaatlichung der Erziehung haben. Man sollte sich hier nicht von der Bequemlichkeit mancher Eltern verleiten lassen, die nach dem Motto denken: Für die Schule zahle ich eine Menge Steuern, also möchte ich mein Kind um 7.30 Uhr dort abliefern und um 17 Uhr abholen können: vokabelabgefragt, gefälligst konfliktgelöst und erkennbar abiturtauglich.

Lassen wir uns nicht vom Ausland blenden: Wo es Ganztagsschule gibt, gibt es eben nicht das breite und vielfältige Spektrum der Jugendarbeit wie bei uns in Deutschland. Schulische Ganztagsangebote dürfen keinesfalls zu einem Funktionsverlust des elterlichen Erziehungssouveräns führen, sie sollten Eltern nicht dazu verführen, nur noch »außer Haus« erziehen zu lassen. Die deutsche Bischofskonferenz erhebt hier in einer Stellungnahme im März 2003 mahnend den Finger, wenn sie sagt, Schule müsse »von den Bedürfnissen und Erwartungen des Kindes und der Familie her konzipiert werden und weniger von den oft überlagernden politischen und wirtschaftlichen Interessen«, und wenn sie darauf besteht, Ganztagsschule nur als freiwillig von den Eltern zu wählende Ergänzung zur Halbtagsschule zu betrachten.

Es ist also etwas mehr Realismus bezüglich Ganztagsschule angesagt. Zu einem solchen Realismus gehört der Grundsatz, daß die Vereinbarkeit von Familie und Beruf nicht nur eine Frage der Schule, sondern einer jeden einzelnen Familie sowie der gesamten Gesellschaft, der Wirtschaft und der Nachbarschaftshilfe sei. Man vergesse auch nicht, daß Ganztagsbetreuung und Ganztagsschule gegenüber der familiären Betreuung der Kinder am Nachmittag und gegenüber außerschulischen Erfahrungsfeldern immer nur die zweitbeste Lösung sind und daß Schule kein Ersatz-Elternhaus sein kann. Zu einem Realismus in Fragen der Ganztagsschule gehört sodann ein realistisches Finanzierungskonzept, schließlich kostet Ganztagsschule um rund 30 Prozent mehr als reguläre Halbtagsschule. Es müßte hier gelten, daß die »Nutznießer« des Ganztagsbetriebs einen Beitrag aufzubringen haben: Die Eltern sollten entweder einen sozial angemessenen finanziellen Beitrag leisten oder sich als Betreuungspersonal selbst zur Verfügung stellen. Der Beitrag von Unternehmen kann darin bestehen, daß sie einen finanziellen Beitrag oder Infrastrukturhilfe leisten (zum Beispiel Fahrdienst, Kantine). Der mit einem Ganztagsbetrieb verbundene Betreuungs- und Finanzaufwand darf – zumal in Zeiten eines bevorstehenden Lehrermangels – in keinem Fall zu Lasten der Unterrichtsversorgung gehen.

Wenn dann Ganztagsschule errichtet werden soll, dann sollten dabei wegen des oft schwierigeren sozialen Hintergrunds ihrer Schüler Schulen in sozialen Brennpunktgegenden Vorrang haben. Was die Schulformen betrifft, so dürfte eine ganztägliche Schulorganisation aus sozialpädagogischen Gründen vor allem für die Hauptschulen relevant sein. Ansonsten muß jede Schulform die gleiche Chance zur Einrichtung einer Ganztagsbetreuung haben. Sie darf kein alleiniges Privileg der Gesamtschule sein. Insgesamt ist Behutsamkeit anzuraten, denn die Realität der Ganztagsschule könnte sonst einen ähnlich ernüchternden Verlauf nehmen wie die Realität der ursprünglich ebenfalls mit großen Hoffnungen ausgestatteten Gesamtschule.

PISA und die Alternativschulen

Privat- und Alternativschulen gelten gemeinhin als Modell- und Vorbildschulen. Dagegen ist nichts zu sagen, denn solchen Schulen kommt durchaus eine Ergänzungs- und Ersatzfunktion zu. Von ihnen können Impulse für das öffentliche Regelschulsystem ausgehen. Durch nichts gedeckt aber sind die Behauptungen, solche Schulen würden bei Leistungstests wie PISA besser abschneiden oder sogar an der Spitze stehen.

Unermüdlich wird über Privatschulen gesagt, sie würden bei PISA besser dastehen als öffentliche. Für manche Länder trifft dies zu, etwa für die Vereinigten Staaten, für Großbritannien oder für Frankreich. Dort

schneiden Privatschulen traditionell bei allen Leistungstests eindeutig
besser ab als staatliche. Von den 200 englischen Schulen beispielsweise,
die die Spitze im jährlich im Times Educational Supplement veröffentlichten Schul-»Ranking« bilden, kommen 90 Prozent aus dem privaten
Schulsektor. Verwundern muß dieses Leistungsgefälle nicht, findet an diesen Privatschulen doch eindeutig eine soziale Selektion der Schülerschaft
statt. Eltern, die sich eine solche Schule für ihr Kind leisten können, auch
Eltern, die bereit sind, sich dafür zu verschulden, bilden natürlich eine andere Klientel, nämlich eine äußerst bildungsbeflissene. Die öffentlichen Schulen dagegen müssen bei obendrein sparsamerer Personal- und
Sachausstattung mit der heterogeneren, schwierigeren Schülerschaft arbeiten.

Privatschulen nicht überlegen

Für Deutschland stellt sich dies anders dar. Zwar steigt auch in Deutschland die Zahl der Schüler, die private Gymnasien und Realschulen besuchen. Zuletzt erhöhte sich hier der Privatschüleranteil von 1992 bis 2000
an den Realschulen von 7,0 auf 7,5 und an den Gymnasien von 9,8 auf
10,5 Prozent. Manche Interpreten führen diese Steigerungsraten auf die
angeblich besseren Leistungsergebnisse, auch die angeblich besseren
PISA-Ergebnisse dieser Schulen zurück. Und ohne Rücksicht auf Fakten
betreiben Privatschulen Werbung für sich mit Hinweis auf PISA. Eine
»Schloßschule« etwa inseriert in Wochenzeitungen – unterlegt mit einem
Bild vom Schiefen Turm in PISA: »Mit uns kann Ihr Kind unbesorgt nach
PISA fahren!« Bewiesen wurde dies jedoch nie. Statt dessen gilt: Zwischen
privaten und staatlichen Gymnasien gibt es in Deutschland überhaupt
keine Leistungsunterschiede.

Manfred Weiß, Bildungsforscher am Deutschen Institut für Internationale Pädagogische Forschung (DIPF) in Frankfurt/Main, ist Mitglied
der deutschen Wissenschaftlergruppe, die die PISA-Studie konzipiert
hat; er ist zudem einer der besten Kenner des Privatschulwesens in
Deutschland. Weiß hat zum Thema »Privatschulen« einige, von der Öffentlichkeit leider weitgehend unbeachtete Richtigstellungen vorgenom-
men. (Vgl. dazu Manfred Weiß und Corinna Preuschoff: Schülerleistungen in staatlichen und privaten Schulen im Vergleich; in: Gundel
Schümer, Klaus-Jürgen Tillmann, Manfred Weiß (Hrsg.): Die Institution

Schule und die Lebenswelt der Schüler. Vertiefende Analysen der PISA-2000-Daten zum Kontext von Schülerleistungen, VS Verlag für Sozialwissenschaften, August 2004). Bereits mit Blick auf die wenigen vor PISA 2000 vorliegenden Studien zur Frage der Leistungsunterschiede zwischen öffentlichen und privaten Schulen stellen Weiß und Preuschoff fest: »Festzuhalten bleibt, daß die – in der Öffentlichkcit verbreitete – These einer generellen und bedeutsamen Leistungsüberlegenheit privater Schulen keine Bestätigung findet.« Für die USA gilt anderes, dort sind die privaten Schulen den öffentlichen deutlich überlegen; ebenso in 14 von 17 weiteren Ländern. Für Deutschland gilt dies nicht: Wenn PISA für die 36 an PISA 2000 beteiligten deutschen Privatschulen vereinzelt Leistungsvorteile ausweisen, dann ist dies ein statistisches Artefakt. Denn unter diesen 36 Schulen sind 14 Realschulen und 18 Gymnasien, aber nur je zwei Hauptschulen und Schulen mit mehreren Bildungsgängen. Das heißt: Die leistungsstärkeren Schulformen sind hier eindeutig überrepräsentiert. Es kommt hinzu: Unter den 14 einbezogenen privaten Realschulen sind fünf sehr leistungsstarke reine Mädchen-Realschulen. Da Mädchen in PISA 2000 mit Schwerpunkt Lesen insgesamt erheblich besser abgeschnitten haben als Jungen, ist dieser Vorsprung kein Vorsprung von Privatschulen, sondern ein geschlechtsspezifischer. Bei den privaten Gymnasien sind nicht einmal solche Vorsprünge beobachtbar, in einzelnen Leistungsbereichen (zum Beispiel Mathematik) liegen die Privatgymnasien sogar – wenngleich nicht signifikant – hinter den öffentlichen. Gesamtresümee: Die Privatschulen sind »weitgehend ein Spiegelbild der öffentlichen Schulen«. Das gilt ganz offenbar auch für deren Schülerleistungen. Alles andere ist Legendenbildung.

Wallfahren nach Wiesbaden und Bielefeld?

Um Legendenbildung handelt es sich auch bei den seit November 2002 in der Öffentlichkeit herumgereichten PISA-Ergebnissen der Laborschule Bielefeld und der Helene-Lange-Schule Wiesbaden (HLS). Was hier gelaufen ist, hat viel mit Verwirrung und Vernebelung zu tun. Weitergehende Recherchen nähren den Verdacht, daß die PISA-Daten dieser beiden »Modell«-Schulen schlicht und einfach falsch dargestellt und interpretiert sind und daß eine Nachrichtenagentur sowie einige Zeitungen sich zumindest für eine Art »Hofberichterstattung« zugunsten der bei-

den Schulen haben instrumentalisieren lassen. Der Bonner General-
anzeiger etwa titelt am 14. November 2002 aufgrund einer dpa-Meldung:
»PISA-Forscher geben Laborschule Traumnoten« (gemeint ist die Laborschule Bielefeld). Endlos machen die Etikettierungen dieser beiden
Schulen als »Musterschulen« und »Traumnoten« die Runde. Noch im Dezember 2004 verbreitet die Bayern-Ausgabe der Zeitschrift »Schulverwaltung«: »Bekanntlich haben die vier hessischen Versuchsschulen im
Rahmen der TIMSS- und PISA-Untersuchung erstaunlich – und zum Teil
wider Erwarten – gut abgeschnitten. Für die Bielefelder Laborschule …
gilt hinsichtlich der PISA-Daten der Befund gleichermaßen.« Mehr
Falsches kann man in diese wenigen Zeilen nicht hineinpacken. Denn erstens sind keine vier hessischen Versuchsschulen bekannt, die an TIMSS
und PISA beteiligt gewesen wären. Bekannt ist dies nur von der HLS Wiesbaden. Zweitens, was heißt hier wider Erwarten? Diese Schulen haben
durchschnittlich abgeschnitten. Haben sie sich nicht einmal dieses zuge-
traut?

Wie auch immer: Die Vermutung, daß es sich bei der öffentlichen Berichterstattung über die Ergebnisse dieser Schulen zumindest um äußerst
unkritischen Journalismus handelt, wird zusätzlich genährt durch die Tatsache, daß dieselben Agenturen und Zeitungen es unterlassen haben,
eine Presseerklärung des Max-Planck-Instituts für Bildungsforschung
(MPIB) vom 26. November 2002 zu verbreiten, in der sich das Institut
von den Inhalten und der Art der öffentlichen Darstellung der beiden
Schulergebnisse distanziert. In keinem Fall aber taugen die PISA-Ergebnisse der beiden Schulen in Bielefeld und in Wiesbaden als Beleg für die
angebliche Überlegenheit von Gesamtschulen. Wer solches behauptet,
betreibt in skandalöser Weise Propaganda oder zumindest Wahlkampf (vgl. die Landtagswahlen vom 2. Februar 2003 in Niedersachsen
und Hessen).

Konkret: Die Helene-Lange-Schule (HLS) als integrierte Gesamtschule der Jahrgangsstufen 5 bis 10 (ehemals war sie ein Gymnasium) war im
Rahmen von PISA 2000 getestet worden. In Teilen der Presse wurde Mit-
te/Ende November 2002 berichtet, daß die HLS eben als integrierte Gesamtschule im PISA-Subtest Lesen einen Wert von 579 erreicht habe, quasi Spitze national und international sei und Finnland wie auch Bayern
übertreffe. Dabei ist festzuhalten: Die HLS war an der PISA-Untersu-

chung – wie andere getestete Schulen – mit nur gut 20 Schülern beteiligt. Das ist keine repräsentative Stichprobe, um eine Schule mit einem ganzen Land vergleichen zu können. Es ist zudem nicht offengelegt worden, wie sich die getesteten HLS-Schüler nach Bildungsempfehlung (Gymnasium, Realschule, Hauptschule) zusammensetzen. Der berichtete Wert liegt – gemessen an einer Gymnasiastenpopulation – keineswegs an der Spitze. Im Vergleich mit süddeutschen Gymnasialergebnissen rangiert der HLS-Wert im hinteren Drittel. Zahlreiche deutsche Gymnasien haben einen Wert von mehr als 600 erreicht, ohne daß sie es für nötig gehalten hätten, sich öffentlich zu inszenieren. Die HLS hat sich nicht an die mit dem MPIB getroffene Vereinbarung gehalten, die eigenen Ergebnisse nur für den internen Gebrauch zu nutzen. Das MPIB spricht deshalb in einer Presseerklärung vom 26. November 2002 von einer »unzulässigen« und »irreführenden« Darstellung der beiden Schulen in Wiesbaden und Bielefeld. Die HLS-Schülerschaft insgesamt setzt sich zu 55 Prozent aus Gymnasialempfohlenen, zu 30 Prozent aus Realschulempfohlenen und zu 15 Prozent aus Hauptschulempfohlenen zusammen. Ob die HLS-Stichprobe an diesen Anteilen ausgerichtet war, wurde nicht offengelegt. (Zum Vergleich: Die deutsche PISA-Gesamtstichprobe hat einen Gymnasiastenanteil von 27,5 Prozent.) Die HLS hat außerdem das in die rot-grüne hessische Vorgängerregierung zurückreichende Vorrecht, die Schulanfänger vier Wochen vor den Nachbarschulen aufzunehmen. Aus der Elternschaft wird berichtet, daß dies vor allem zu einer Selektion der Hauptschulempfohlenen führt. Zudem ist die HLS nicht an die Klassenbildungsrichtlinien gebunden; das heißt, sie unterschreitet sie in erheblichem Maße. Die HLS hat auch in puncto Lehrerversorgung Vorrechte: Sie hat – gemessen an Schulen mit vergleichbaren Schülerzahlen – sieben Lehrer mehr als andere Schulen.

Nichtsdestotrotz will die Bundeszentrale für politische Bildung bei der Propaganda für die »HLS« nicht nachstehen. In ihrem Publikationsverzeichnis bietet sie für zwei Euro Bereitstellungsgebühr die HLS-»Bibel« der ehemaligen HLS-Schulleiterin an, nämlich: »Enja, Riegel: Schule kann gelingen«. Im Besprechungstext dazu heißt es: »Schule kann gelingen – Enja Riegel macht es vor. Sie war jahrelang Direktorin der Helene-Lange-Schule in Wiesbaden, einer Schule, die eine überdurchschnittliche Plazierung im internationalen Schulvergleich erreicht hat und heute als internationale Wallfahrtsstätte für Schulreformer gilt.«

Auch die Darstellung der Laborschule Bielefeld als Schule mit angeblich überragenden Werten ist falsch. Hierzu reicht als entscheidender Satz die folgende Passage aus der Presseerklärung des MPIB vom 26. November 2002: »Wie auch in der am 14.11.2002 veröffentlichten Dokumentation nachzulesen, erzielten die Schülerinnen und Schüler der Laborschule Bielefeld im Lesen und in Naturwissenschaften ähnliche Leistungen wie vergleichbare Schülerinnen und Schüler anderer Schulen. Diese Ergebnisse verweisen also weder auf besondere Stärken noch auf besondere Schwächen der Laborschule. In Mathematik liegen die Leistungen etwas unterhalb des Wertes, den man aufgrund der Zusammensetzung der Schülerschaft in der Laborschule erwarten würde.« Der Vollständigkeit halber sei hinzugefügt: Die Laborschule Bielefeld wurde auf eigenen Wunsch ein Jahr nach dem PISA-Hauptdurchlauf nachgetestet. Zu diesem Zeitpunkt war ein Teil der PISA-Aufgaben bereits bekannt. Und der Leiter der wissenschaftlichen Begleitkommission der Laborschule, Prof. Dr. Tillmann, ist zugleich Mitglied des nationalen PISA-Konsortiums. Es bleibt unter dem Strich: Viele Realschulen in Deutschland übertreffen den Wert der Bielefelder um 60 PISA-Punkte, von den Gymnasien ganz zu schweigen.

Ein kleiner Nachtrag: Als der Verfasser dieses Buches öffentlich dafür eintrat, die Legendenbildungen um die Bielefelder und Wiesbadener Schule zu beenden, erreichte ihn am 12. Februar 2003 folgende samt rund 30 Fehlern originalgetreu wiedergegebene E-Mail: »Liebe Damen und Herren, ich meine wissen zu können das ihre veröffentlichte Darstellung über den PISA Test in der Helene-Lange-Schule in Wiesbaden eine Lüge ist. Es ist falsch, daß die HLS einen Vortel dadurch hat, daß sie mehr Lehrer beschäfftigt, weil diese Lehrer ständig Vorbildungen besuchen und Vorträge halten. Außerdem ist dies eine Versuchsschuhle und hat damit das Recht sich ihre schüler frei auszusuchen. Weiterhin muß das Hreausragende Ergebniss dieser Schule im PISA Test gewürdigt werden, da es wirklich eine herausragende Leistung ist. Es ist auch anzumerken das die Schülerzahl der Schule nicht aufgestockt werden solle, da dadurch das gesammte Vorteilhafte Konzept der Schle zerstört wird. Diese demontage wird hauptsächlich duch die CDU Regigierung betrieben.« Kommentar überflüssig!

PISA und der Schulcomputer

Seit PISA 2000 erschallt ein Alarmruf durch Deutschland: »Die besten PISA-Länder nutzen den Computer in der Schule viel intensiver als die Deutschen.« Die Schlußfolgerung liegt für monokausal Denkende auf der Hand: Wir brauchen angeblich mehr Computer in unseren Schulen. Dabei war dieser Wunderglaube schon in den 90er Jahren maßlos überhitzt, als damalige Zukunftsminister meinten, die Schulprobleme mit »Vernetzung« lösen zu können. Und so wurde »IT« (IT für Informationstechnologie) in kürzester Zeit zum Götzen, dem Schule ausgeliefert wurde. Die neue Vision von angeblich mühelosem Lernen hieß plötzlich: Laptop statt Schulranzen! Damit war – quasi in Anlehnung an den »Poetischen Trichter« der Barockliteratur – ein neues Trichterstadium angesagt: das Stadium des elektronischen Nürnberger Trichters. Die Rezepte haben entsprechend »klangvolle« Namen: Edutainment, didaktische Hyperlinks, knowledge-machines, Online-Learning, Download-Wissen und so weiter. Es ist schier ein pädagogisches Füllhorn an Educ@tion über die Schule ausgeschüttet worden.

Der Computer ist wichtig für das Lernen, aber er ist auch hier nicht alles. Er wird zum Fetisch, wenn man meint, er sei mit übernatürlichen didaktischen Potenzen ausgestattet. Vermutlich ist der Hintergrund für solch technizistisches IT-Verständnis von »Bildung« – wieder einmal – ein Machbarkeitswahn, der bereits in den 70er Jahren Einzug in die Pädagogik hielt. »Der neue Mensch wird gemacht«, so glaubt man zu hören.

Somit könnte man diese Schwärmerei abtun als die ewige Wiederkehr des Gleichen, nämlich die Wiederkehr eines technizistischen Bildungsverständnisses: In den 20er Jahren meinte man, Radios könnten Lehrer ersetzen. In den 50ern traute man selbiges den Fernsehern zu. Dann kam in den 60ern der Glaube an das programmierte Lernen und an das Sprachlabor. Selbsternannte Lern- und Bildungsexperten assistieren. Der US-Amerikaner Lewis Perelman (Buchtitel: »School's out«) reklamierte, in Deutschland wohlwollend herumgereicht, die Abschaffung der Schule und an deren Stelle das Lernen mit dem Computer, das »Hyperlearning«. Lehrer und Schüler müßten sich laut Perelman, wenn überhaupt, nur noch zum Erlernen von Sozialkompetenz treffen. Auch mit schönen Bildern hält er sich nicht zurück. Im Magazin »Focus« vom 24. Januar 1994 wird er mit der Aussage zitiert: »Klassenzimmer und Lehrer haben im Lernprozeß von morgen soviel Platz wie Pferd und Wagen im modernen Transportsystem.« Andere, einschlägige Stiftungen etwa, greifen flankierend ein. Natürlich völlig uneigennützig wird eine mediale Rundumversorgung der Schule von der Bertelsmann-Stiftung befürwortet. 1998 forderte sie in einer Studie, »jedem Schüler von der Grundschule bis zum Abitur auf Staatskosten einen Laptop in den Ranzen zu packen«. Dafür seien, so die Stiftung, Investitionen von 81 Milliarden Mark (also heute rund 40 Milliarden Euro) erforderlich.

Neuen Honig meinen die schulpädagogischen und schulpolitischen Learntec-Europhoriker aus PISA saugen zu können. Genüßlich verweisen sie auf das PISA-2003-Resultat, demzufolge der Schüleranteil bezüglich regelmäßiger schulischer Computernutzung im OECD-Durchschnitt 39 Prozent, in Deutschland »nur« 21 Prozent betrage. Den Spitzenwert hat hier übrigens Ungarn mit 77, und deutlich höhere Werte als Deutschland haben auch die Italiener mit 46 und die Mexikaner mit 42 Prozent. Gleichzeitig liegen Länder wie Korea mit 25, Belgien mit 24 und Japan mit 21 Prozent in der Nähe von Deutschland. Allein diese Daten müßten schon genügen, um zu sehen, daß es zwischen nationalem PISA-Rang und schulischer Computernutzung keinen Zusammenhang gibt, haben doch die Italiener und die Mexikaner zwar gute Computerwerte, aber nicht eben berauschende PISA-Werte, und haben die Koreaner und Japaner nicht eben hohe Computer-, aber keine schlechten PISA-Werte. Übrigens verhält es sich innerdeutsch nicht anders. Mindestens einmal wöchentlich (Angaben in Prozent) kommt der Computer schulisch in Deutschland bei insgesamt 20,2 Prozent der Schüler zum Einsatz, in Bayern bei 30,3 Prozent, in Mecklenburg-Vorpommern bei 26,8 Prozent, in Brandenburg bei 25,2 Prozent, in Nordrhein-Westfalen bei 22,7 Prozent, in Baden-Württemberg bei 15,7 Prozent, in Bremen bei 13,2 und in Thüringen bei 14,2 Prozent. Auch hier gilt: Es besteht keinerlei Zusammenhang zwischen Computernutzung und PISA-Ergebnis.

Die Computereuphorie ist dahin

Dennoch geben beim Thema »Schule und Computer« die Enthusiasten und die Schulcomputerausstattungsplanwirtschaftler den Ton an. Die

Schar der Skeptiker indes wird größer. Bezeichnenderweise gesellen sich zu ihr mehr und mehr ausgewiesene IT-Spezialisten und ehemalige Euphoriker. Ein Joseph Weizenbaum befürchtet, daß die Rundumcomputerisierung von Schule zu einer Stagnation mittels Innovation führt; er spricht von einer drohenden »Stagnovation« und fügt an: »Soweit ich weiß, gibt es keine Beweise, daß Programmieren für den Verstand besser ist als Latein.« 1999 meldete sich mit Clifford Stoll ein Pionier der Internettechnik kritisch zu Wort. Sein 2001 im Fischer-Verlag auf deutsch erschienenes Buch »LogOut« ist bereits im Untertitel Programm: »Warum Computer nichts im Klassenzimmer zu suchen haben und andere High-Tech-Ketzereien« (Original 1999: »High-Tech Heretic. Why Computers Don't Belong in the Classroom and Other Reflections by a Computer Contrarian«). In diesem Buch und in einem Interview mit dem Nachrichtenmagazin »Der Spiegel« (18. Oktober 1999) formuliert er folgende Thesen: »Das Internet verwandelt unsere Kinder in Leute, die glauben, daß mit dem Zugang zu Informationen automatisch das Verstehen der Dinge einhergeht ... Ich bestreite, daß Lernen überhaupt Spaß machen kann. Damit belügen wir unsere Kinder ... Ein Volk von Idioten wäre das Ergebnis ... Lernen ohne Mühe, brillante Graphiken, Fakten aus dem Internet, Lernen als Videospiel: Es gibt damit nur ein Problem – alles ist Lüge! Meistens macht Lernen keinen Spaß. Lernen bedeutet Arbeit und Disziplin ... Computer sind Geräte, die den Eltern gefallen und sie beruhigen: Sie erwecken den Anschein, die Kinder würden lernen, seien aktiv.« Zusätzlich warnt er vor einer computergestylten »Mickey-Maus-Mathematik«. Unterstützung bekommt er von dem Bonner Erziehungswissenschaftler, Volker Ladenthin, der in der Financial Times Deutschland vom 4. September 2003 wie folgt zitiert wird: »Computer und Internet sind die letzte Hoffnung darauf, das Lernen zu vermeiden.« Ebenfalls im Jahr 2003 schreibt Max Goldt im Verlag Reinbek ein Buch mit dem etwas sperrigen Titel »Schulen nicht unbedingt ans Netz«. In dem Kapitel »Für Nächte am offenen Fenster« bezeichnet er die Behauptung, daß der Umgang mit dem Internet eine Kulturtechnik sei, als Unsinn. Die Schwierigkeit, ins Internet einzusteigen, liege irgendwo zwischen dem Binden eines Windsorknotens und dem Erlernen eines Standardtanzes. Die Schüler sollten vielmehr die klassischen Bildungsinhalte beigebracht bekommen.

Selbst aus den Bildungsmessen, die spätestens ab Beginn der 90er Jahre große Plattform für Lern-»Software« waren, dringen erstmals kritische Töne. Die Bildungsmesse »Didacta« etwa vermeldet im März 2005 in Stuttgart eine verstärkte Hinwendung zum klassischen Schulbuch. Schulpraktiker kritisieren den Schulcomputer samt seinen Präsentationsprogrammen mehr und mehr als »Zeitschlucker«; im Softwareangebot erkennen sie »viel Schrott«. Verleger räumen ein, daß der erwartete Boom bei Lern- und Lehrprogrammen ausgeblieben sei und die entsprechenden Multimediaangebote nur etwa fünf Prozent der Schüler erreicht hätten.

Beim Einsatz des Schulcomputers ist also etwas mehr Realismus angesagt. Weder wird der Computer den herkömmlichen Unterricht ersetzen, noch wird der Unterricht ganz am Computer vorbeikommen. Daß es immer noch große deutsche Tageszeitungen gibt, die einer voll computerisierten Modellschule einen begeisterten Vierspalter widmen, bloß weil man dort im Biologieunterricht die neuesten Schadstoffstatistiken per Internet abrufen kann, ist freilich amüsant und obsolet zugleich. Denn vieles in der Nutzung neuer Informationstechniken ist – bei je nach Schulfach und Schulform unterschiedlicher Reichweite – selbstverständlich und Alltag an deutschen Schulen: die Einspielung aktueller Satellitenaufnahmen in den Erdkundeunterricht, die Internetsuche zu literarischen oder historischen Themen, das Hereinholen der aktuellen Titelseite der New York Times in den Englischunterricht, die Simulation eines Experiments im Physikunterricht, das Recherchieren im Internet zur Vorbereitung einer Exkursion und so weiter. In den berufsbildenden Schulen ist die Computerisierung berufsnah ohnehin sehr weit fortgeschritten.

Diesbezüglich haben die Schulen in Deutschland in den vergangenen Jahren erhebliche Fortschritte gemacht. Hier kommt ein Computer auf neun Schüler, und nahezu 100 Prozent der berufsbildenden Schulen haben Internetzugang. In allgemeinbildenden Schulen ab Klasse 5 ist die Relation Computer zu Schüler 1:13; dort sind über 90 Prozent der Schulen »online«. Die Computerausstattung ist also vorangekommen – freilich je nach Schulform und je nach Finanzkraft der schulischen Kostenträger sehr unterschiedlich.

Eine Komplettversorgung der Schulen, das heißt eines jeden einzelnen Schülers mit einem schulischen Computerarbeitsplatz, ist weder notwendig noch erstrebenswert. Die Schulpolitik sollte sich hier nicht erneut auf ein Quotendenken (früher Abiturientenquote; heute Computer-Schüler-Relation) einlassen. In einer hochtechnisierten berufsbildenden Schule mag es sinnvoll sein, daß jeder Schüler »seinen« Computer hat. An allgemeinbildenden Schulen ist es aber kein Problem, wenn auf je 20 Schüler ein Rechner kommt. Auch in einem solchen Fall hieße das, daß jeder Schüler pro Woche mindestens drei Stunden an einem Schulcomputer arbeiten kann. Das reicht, das sind zehn Prozent des Wochenunterrichts.

Kollateralschäden

Oft freilich drängt sich der Verdacht auf, Computer und Internet seien das Problem, als dessen didaktische Lösung sie ausgegeben werden. Tatsächlich provoziert ein unkritischer, überdimensionierter Einsatz neuer Informationstechniken in großem Maße Kollateralschäden, die bislang unterschätzt wurden und die um so gravierender ausfallen, je früher dieser Einsatz in der Entwicklung der Kinder beginnt: *Erstens* können junge Menschen durch Multimedia in der Fähigkeit eingeschränkt werden, zwischen faktischer Realität und virtueller »Realität« zu unterscheiden. Die Welt kann in den Augen der Kinder zur bloßen Bildschirmsimulation werden. Schließlich ist alles auf dem Bildschirm immateriell. Neue Medien mit ihrer Mickey-Maus-Pädagogik und Power-Point-Ikonisierung aller Inhalte können zudem die Haltung fördern, Verpackung und Präsentation seien wichtiger als Inhalte. Lehrer erleben hier zunehmend, daß Schüler für ein Referat zwar einen gigantischen Aufwand in dessen Power-Point-Präsentation investieren, daß inhaltlich aber oft kein Satz logisch zum anderen steht. *Zweitens* fördern neue Medien, vor allem das Internet, eine sprunghafte Wahrnehmung und die Haltung, Lernen habe immer mit Spaß und Animation zu tun. Die Folgen sind Mängel im Konzentrationsvermögen und in der Ausdauerbereitschaft. Und selbst am Bildschirm können die Aufmerksamkeit und die Ausdauer rasch erschöpft sein, wenn der Reiz des Neuen verflogen ist. *Drittens* droht das am Bildschirm übliche selektive Wahrnehmen bzw. Lesen gerade bei Kindern auf das Wahrnehmen und Lesen insgesamt übertragen zu werden. Das leistet einer Art Legasthenisierung Vorschub, denn es hemmt die Fähigkeit zum differenzierten und ganzheitlichen Textverständnis. *Vier-*

tens wird der Computeralltag an den Schulen permanent durch einen Virenimport und durch das Aufrufen von Schmuddelseiten durch Schüler belastet. Die Schulen brauchen deshalb ein von der Öffentlichkeit und der Schuladministration mitgetragenes Repertoire an Sanktionen, mit denen sie Verstöße gegen die Nutzerordnung ahnden können. Technische Vorkehrungen, zum Beispiel Filtersysteme, können einen Mißbrauch nur bedingt verhindern. Notwendig ist vor allem ein Konsens dahingehend, daß Schüler, die sich einschlägig danebenbenommen haben, aus der Internetnutzung ausgeschlossen, gegebenenfalls disziplinarrechtlich und strafrechtlich verfolgt und für Schäden haftbar gemacht werden.

Schulcomputer hin, Schulcomputer her: Es geht um die Fähigkeiten, sinnentnehmend zu lesen, verständlich zu schreiben, Wichtiges und Unwichtiges voneinander zu unterscheiden sowie Informationen zu sortieren und zu bewerten. Das heißt auch: Wer sich in einem Buch und in einer Bibliothek nicht auskennt, der kennt sich auch auf dem Computerbildschirm und im Internet nicht aus. Auf das Lesenkönnen und Lesenwollen kommt es beim Computer an. Überhaupt ist es schwer nachvollziehbar, worin der Vorzug einer »vernetzten« Schule mit ihrer Häppchenkultur liegen soll, wenn man das meiste, was das Internet an Sinnvollem bietet, auch in einem Brockhaus oder in einer Encyclopaedia Britannica nachschlagen kann. Das Buch wird zentrales Medium bleiben, weil es Wissen permanent verfügbar anbietet. Der Computer und das Internet werden das Buch nicht ersetzen, sondern nur ergänzen. Deshalb dürfen die finanziellen Mittel der Schulen zur Anschaffung von Büchern nicht beschnitten werden. Und deshalb ist es mit Skepsis zu sehen, wenn die Ausgaben für Schulbücher im Jahr 2000 mit rund 500 Millionen DM die niedrigsten seit 1991 (780 Millionen) waren und im Jahr 2000 gerade soviel ausmachten wie die Aufwendungen der alten Bundesländer im Jahr 1989 (520 Millionen).

Ein elektronisches Klassenzimmer wäre zudem ein verarmtes Klassenzimmer ohne Er-Leben und ohne Reflexion. In ihm gingen – wie vorexerziert in den privaten Sendehäusern – Information und Unterhaltung eine pädagogisch unheilige Allianz ein. Und ein elektronisches Klassenzimmer liefe auf eine Schule der fortschreitenden Anonymisierung und Entpersonalisierung von Lernprozessen hinaus. Trivial ausgedrückt: Es hat schon Sinn, wenn ein Schüler – grimmig oder ungläubig – in das Gesicht eines Lehrers und nicht in einen Bildschirm schaut. Der Lehrer weiß darauf zu reagieren, der Computer nicht. Das ist unendlich wichtig für beide, auch was Lernfortschritte betrifft. Und das ist ebenso wichtig wie PISA. Und schließlich sei die ketzerische Frage erlaubt, ob nach dem Motto »Laptop statt Schulranzen« nicht vielleicht einmal das Motto »Musikinstrument statt Laptop« diskutabel wäre. Dafür gibt es vermutlich noch viel mehr kognitionspsychologische und didaktische Gründe als für die Rundumcomputerisierung von Schule.

Im Windschatten von PISA

Schulpolitische Hochstapeleien

Mit PISA bekamen schulpolitische Hochstapeleien einen neuerlichen Konjunkturschub. Aber warum sollte es beim Thema Schulbildung und Schulpolitik keine Hochstapeleien geben, Hochstapelei ist schließlich so alt wie die Menschheit! Im 1. Buch Samuel schon sehen wir einen Goliath, das Großmaul der Philister; und es gibt den Prahlhans in Äsops Fabel, der Sprüche über seine Weitsprungleistung reißt und deshalb sein Können hier und jetzt – Hic Rhodos! Hic salta! – unter Beweis stellen soll. Im deutschen Sprachraum taucht der »Hochstapler« als vornehm auftretender Bettler namentlich über die rotwelsche Gaunersprache des 18. Jahrhunderts in Erscheinung. Andere Sprachen kennen ihn etwa ab dem 16. Jahrhundert. Im Italienischen ist er der »escroguerie«, der Schnorrer, bzw. der »cavaliere d'industria«, also der Ritter vom großen Eifer; im Französischen ebenfalls der »chevalier d'industrie« bzw. der »flibustier« oder »imposteur«, der Täuscher; »impostor« heißt er auch im Englischen, außerdem »highflyer« und »confidence trickser« (kurz: »conman«).

An diese weise Semantik fühlt sich erinnert, wer aktuelle Schulpolitik mit ihrer permanenten Ankündigung »radikaler Reformen« betrachtet – eine Politik zumeist von der Verfallszeit einer Tageszeitung. Ja mehr noch: Schulpolitik scheint, nachdem die angeblichen Segnungen der Gesamtschule nicht mehr glaubhaft sind, einen Nachholbedarf an Hochstapelei zu haben. Deshalb fühlt man sich nachgerade an eine Bosheit von Peter Sloterdijk erinnert, der in seiner »Kritik der zynischen Vernunft« 1983 schrieb: »Aus den ungelernten Hochstaplern von einst sind die Fach-Hochstapler von heute geworden. Was heute zieht, das sind nicht die spektakulären Effekte, sondern die gediegenen Fassaden, Seriosität. Was früher Hochstapelei hieß, nennt man heute Expertentum.«

Dicke pädagogische Versandhauskataloge

Und so greift denn ein gigantisches »Expertentum« um sich. Tagtäglich werden die Schulen bombardiert von allen möglichen Institutionen und »Experten«, die ihren pädagogischen Helferkomplex entdecken und der Schule »Highlights« anbieten, wie »Cinema goes School«, »IT works«, »Girls go Tec«. Viele kochen ihr Süppchen und meinen, sich hier profilieren zu müssen. Ein Erziehungswissenschaftler, dessen Bücher sich fast halbjährlich klonen, will die Lehrer künftig als »Gemeinwesenarbeiter« und »Interaktionsanwälte«. Ein Filmemacher, der eine nordische Schule von innen gefilmt hat, läßt sich als Schulexperte durch Presse, Gewerkschaften und Stiftungen reichen und verkündet »Schule am Wendekreis«. Ein »Innovationsberater« zieht durch die Lande und wirbt für sein »Methodentraining« als Basis aller »Schulentwicklung«; es besteht darin, daß Schüler den Umgang mit dem Textmarker und das flüchtige Lesen lernen. Sogar die gegenüber progressiver Pädagogik sonst nicht abgeneigte Frankfurter Rundschau weiß zu berichten: Das sei Scharlatanerie, denn dieses Training entlaste die Schüler von der Mühe des Verstehens. Amtlicherseits werden ständig neue schulisch omnipotente Kulturen propagiert: Eine neue Aufgabenkultur, eine neue Lernkultur, eine neue Gesprächskultur, eine neue Anstrengungskultur und vieles andere mehr müßten her. Und außerdem habe Schule Freizeit-, Konsum-, Verkehrs-, Gesundheits-, Umwelt-, Medien-, Ernährungs- und Friedenserziehung zu leisten.

So entstehen dicke pädagogische Versandhauskataloge mit einem inflationär angewachsenen Spektrum an schulischen Komposita-, Segment- und Bindestricherziehungen. Kaum eine Woche vergeht, in der man nicht konkrete Forderungen nach »neuen Schulfächern« vernimmt. Schule solle vermitteln: das Zähneputzen, die Körperpflege, das Auto- und Mofafahren, Kurse in Selbstverteidigung für Mädchen, Verbraucherkunde, Arbeitsplatzkunde, eine Sicherheitslehre. Laut Hamburger Markt- und Meinungsforschungsinstitut GFM-GETAS/WBA möchten, so eine Meldung des Instituts vom 21. Juli 1997, außerdem zwei Drittel der Deutschen »Kapitalanlage und Altersvorsorge« als Schulfach. Die Bundesministerin für Verbraucherschutz, Renate Künast, fordert, daß die Schulen den Kindern beibringen müßten, wie man sich fettfrei ernährt. Wörtlich: »In den Schulen sollen Essen und Kochen als Kulturtechniken wiederentdeckt werden.« Bundesfamilienministerin Renate Schmidt will

104

Ende 2002 ein Schulfach Familienkunde, denn viele wüßten nicht, was Liebe sei. Messerscharf folgert sie: »Da kann der Staat helfen.« Außerdem lasse sich dann die Scheidungsrate senken. Fehlt nur noch das Fach »Liebeskunde«, das sich die holländischen Grünen für die Wahlen im Frühjahr 1998 als Schulfach – »möglichst vom ersten Schuljahr an« – in ihr Wahlkampfprogramm geschrieben haben.

Nicht hoch genug ist vielen schulpolitischen Vor- und Andenkern die Abiturientenquote. Deshalb fordern sie in planwirtschaftlicher Verwechslung von Quantität und Qualität eine drastische Erhöhung des Abiturientenoutputs. Bundesbildungsministerin Bulmahn und ihr Vorgänger, der vergangene Zukunftsminister Rüttgers, marschieren hier parteiübergreifend Arm in Arm. Und schlußendlich soll Schule Unterrichts-, Personal- und Organisationsentwicklung managen, ja, sie soll eine lernende Organisation sein, die Metakompetenzen vermittelt. Ach ja: Und »nachhaltig« muß alles sein.

Selbst am innerdeutschen PISA-Sieger Bayern geht die schulpolitische Hochstapelei nicht spurlos vorüber. Die permanenten »Initialzündungen« sind auch hier Legion: Nachdem in Nordrhein-Westfalen 1995 das Konzept der teilautonomen Schule »Zukunft der Bildung – Schule der Zukunft« ausgerufen worden war, hat die bayerische Regierungspartei nun das Konzept »Zukunft der Schule – Schule der Zukunft« entdeckt. »Lernfeste« sind angesagt, und ein »Schulentwicklungsportal« gewährt einen Blick ins pädagogische Paradies. Das mathematisch-naturwissenschaftliche Gymnasium wird zum naturwissenschaftlich-technologischen befördert, ohne daß jemand erklären könnte, was denn nun das Technologische an diesem vermeintlich neuen Typ ist. Auch sonst missionieren beflissene Beamte beiderlei Geschlechts quer durch Bayern; sie werben für MODUS-21-Schulen, weil das offenbar die Methode ist, mit der man das 21. Jahrhundert bewältigt. Eine Bildungsinitiative Gymnasium nennt sich BIG, und ein Schulpreis ISI. Man fragt sich unwillkürlich: Kein Superlativ? Is big big enough? Is easy easy enough?

Während sich die Grundschule in höchste Höhen aufzuschwingen hat, »Methodenkompetenzen« samt »Primärstrategien« sowie spielerisch Früh-Englisch vermitteln soll, reduziert man den Pflichtwortschatz eines Zehnjährigen auf ganze 700 deutsche Wörter – und das, obwohl man wissen müßte, daß sich bereits Fünfjährige täglich (!) bis zu 30 neue Wörter

einprägen! Dazu kommen endlos die erlebnis- und erleichterungspädagogischen Versprechungen: Bessere Noten durch weniger Druck,
heißt es. Und: Die neue Schreib- und Leselernmethode samt »verein-
fachter« Schreibschrift und samt unterrichtlicher »Materialtheke« mache
alles leichter. Die Erfahrungen versierter Grundschulpädagogen und die
Gesetze der Schreibmotorik sagen etwas anderes.

Pädagogische Wortfladen

Abgesehen von der ins Auge springenden sprachlichen Barbarei, besteht
»moderne« Schulpolitik (»modo« heißt übrigens »für soeben«) oft also
nur noch aus Platitüden; sie sind platt, flach, ja Fladen – Wortfladen im
wortgeschichtlichen Sinn. Betrüblich ist, daß manch progressive Pädagogen in ihrem avantgardistischen Sendungsbewußtsein offenbar glauben,
Bildung wie Marketing »handhaben« zu können.

Nein, von den Visionen des »neuen« Menschen, der mittels »Bildung«
gemacht wird, von dieser »schönen neuen Welt« sollten wir uns verabschiedet haben. Die größenwahnsinnige Vorstellung einer Machbarkeit
aller menschlichen Möglichkeiten und sozialen Umstände durch »Bildung« sollte überwunden sein, kommt sie doch aus einem Behaviorismus,
der seine Erkenntnis aus Experimenten mit der Dressur von Ratten, Kat-
zen und Tauben gewann. Bildung ist etwas anderes.

Daß sich die schulpolitischen Pyrotechniker gerne das Image der Macher umhängen, ist ja wahlkampfstrategisch verständlich. Aber die ständige Suche nach immer neuen Mitteln mutet an wie eine Neomanie (so
würde es die Psychologie formulieren). Die Lateiner haben gesagt: Re-
rum novarum cupido barbarorum est. (Die Sucht nach Neuem ist Merkmal der Barbaren.) Wahrscheinlich ist sogar Hypochondrie im Spiel:
Jedes Mittel muß her, und sei es nur ein Placebo! Damit wird Schulpolitik zum Problem, als dessen Therapeutikum sie sich ausgibt. Sogar
Wohlwollende sehen mehr und mehr die Gefahr, selbst die innerdeutschen PISA-Sieger könnten dabei ihr schulpolitisches Tafelsilber ver-
scherbeln.

Anthropologisch freilich ist die aktuelle schulpolitische Windmaschine höchst bedenklich. Die Dialektik von Sein und Schein ist damit aufgehoben zugunsten des Scheins und einer Politik des »als ob«. Und die
Dialektik von Zweck und Mittel ist aufgehoben zugunsten des Primats

des Mittels. Was auf der Strecke bleibt, sind die Bildung der Persönlichkeit sowie die Vermittlung individueller und kultureller Identität.

Was sind die Folgen all der Hochstapeleien, all der Visionen von einer hypertrophen Schule? Nun, die Erwartungen an Schule und Lehrer steigen ins Überdimensionale. In vielen Schulen geht ob der auf Hochtouren laufenden pädagogischen Popcornmaschinen der Frust um, in anderen ein ausgeprägter Sarkasmus. Die Lehrerkollegien fühlen sich nicht unbedingt vom Mantel der Bildungs- und Kulturgeschichte gestreift. Auf Fortbildungen resignieren selbst Schulräte, indem sie kritische Fragen und konträre Erfahrungen ihrer Grundschullehrer mit der Empfehlung quittieren: »Dann machen Sie es eben so, wie es sich bewährt hat!« In Lehrerkollegien blickt man nach oft zehnjähriger ergebnisloser Debatte um die Reform irgendeiner Schulstufe mißmutig auf die nächsten Großtaten: auf die Ankündigung einer neuen Kommission oder auf den Besuch von Schulpolitikern in irgendeinem nördlichen Land. Oder man tröstet sich bei dem Gedanken, daß auch die heutige Schule oft genug mehr leistet, als es moderne Schulpolitik und Schulpädagogik zusammen überhaupt zulassen.

Gefragt: Selbstironie

Angesagt wären für Schulpolitik und Pädagogik ein Schuß Selbstironie und ein Schuß Humor. Vor allem durch seine Fähigkeit zum Humor lebt und erlebt der Mensch ja ein gütiges, lebensbejahendes Hinsehen auf die Unvollkommenheit der Welt und seiner selbst. Sogar Thomas Manns Hochstapler Felix Krull verfügt über mehr Selbstironie als manch politischer Hochstapler; Krull ist sich beispielsweise sehr bewußt, daß er vor allem deshalb als Wehrpflichtiger ausgemustert wird, weil es dem Musterungsarzt imponiert, wie der junge Mann »einige ausschweifende und träumerische Ausdrücke« aus einer »Druckschrift klinischen Charakters« auf sich anwendet.

Für die Debatte, die wir für die Schule eigentlich bräuchten, nämlich die Debatte um Inhalte, hat Schulpolitik indes nach wie vor wenig übrig. Debatten um Inhalte erfordern geistigen Unterbau. Über diesen verfügt Schulpolitik kaum noch, weil sie sich – frei nach Nietzsche – vom Augenblick blenden läßt und weil sie zum Warten nicht Inhalt genug in sich hat. Eine intellektuelle Herausforderung ist solche Schulpolitik keine, allenfalls eine Banalität. Ob das typisch deutsch ist? Wahrscheinlich schon, allerdings nicht im Sinne des Faustischen, denn Faust will alles wissen, der Hochstapler aber gibt vor, all dieses Wissen bereits zu haben.

Wir brauchen keine Ritter von großem pädagogischem Eifer. Seriosität und Skeptizismus sind vonnöten. Helfen könnten dabei Friedrich Nietzsches fünf Baseler Reden »Über die Zukunft unserer Bildungsanstalten« von 1872. Darin wettert er gegen die »Bildungsphilister«, die über Dinge schwätzen, die sie nicht durchdringen. Vielleicht hilft ein Märchen von Hans Christian Andersen. Dieser würde heute den Titel wählen: »Der SchulkaiserInnen innovative Schulen«. Warum? Nun, es waren einmal einige SchulkaiserInnen, die es über die Maßen liebten, daß ihre Schulen so recht geputzt dastanden. Eines Tages kamen innovative Pädagogen und meinten, sie hätten ein ganz neues Modell von Schule. Nur die Gescheiten würden das merken, die Dummen aber würden sich outen, weil sie die Schönheit neuer Pädagogik nicht sähen. Die Kaiser schickten Fachleute aus, um das neue Haus des Lernens zu besichtigen. Zurückgekehrt, mochte aber kein Experte sagen, daß sich nichts geändert habe. Und so gab es einen Kongreß, um aller Welt zu zeigen, was die neuen Schulen draufhätten. »Aber das bringt doch nichts!« rief der kleine Fritz. Die KaiserInnen schauderte es, denn sie fanden, Fritzchen hätte recht. Aber sie hielten sich aufrecht, und die InnovationsberaterInnen trugen die kaiserlichen Schleppen, die gar nicht da waren, noch stolzer.

PISA und die »autonome« Schule

Nach der PISA-Schulleistungsstudie gibt es in der Schulpolitik nichts, was es als vermeintliches Patentrezept nicht schon vor Jahren oder Jahrzehnten gab. So muß PISA bekanntermaßen immer wieder herhalten für die Forderungen nach flächendeckender Einführung von Gesamtschulen und/oder Ganztagsschulen, nach einer drastischen Steigerung der Abiturientenquote, nach Abschaffung des Bildungsföderalismus und so weiter. Jetzt wird PISA auch noch genutzt als Argument für eine »autonome« Schule.

Die wissenschaftliche Fachliteratur gibt das nicht her, sie bestätigt keineswegs die Überlegenheit »autonomer« Schulen. Helmut Fend schreibt dazu: Das Merkmal »Schulautonomie« korreliere in einigen Ländern (so in Deutschland) negativ mit dem Leistungsniveau. (Vgl. Helmut Fend: Was stimmt mit den deutschen Schulsystemen nicht? Wege zur Erklärung von Leistungsunterschieden zwischen Bildungssystemen; in: Gundel Schümer, Klaus-Jürgen Tillmann, Manfred Weiß: Die Institution Schule und die Lebenswelt der Schüler. Vertiefende Analysen der PISA-2000-Daten zum Kontext von Schülerleistungen, VS Verlag für Sozialwissenschaften, August 2004.)

Also dürfte und sollte man die »autonome« Schule etwas gemächlicher angehen. Hinter dieser »autonomen« bzw. »selbständigen« Schule verbirgt sich nämlich blankes Wunschdenken – gepaart mit viel wohlfeiler Metaphorik. Von Befreiung der Schule ist die Rede, gar von ihrer Entfesselung. Kreative wollen die reale »Hundeschule« der Belehrung durch eine »Katzenschule« der Individualität ersetzt wissen. Ob die Schüler einer solchen Schule wirklich eine einzige Vokabel oder Formel mehr beherrschen?

Im Sinne autonomer Schule taten sich ab Anfang/Mitte der 90er Jahre insbesondere Bremen und Hamburg hervor. Angetan sind aber mittlerweile fast alle davon. Geht es nach den idealtypischen Vorstellungen, dann wird den Schulen ein Bündel an »autonomen« Zielen verordnet: »individuelle« Profilbildung durch ein eigenes »Schulprogramm«; »offene« bzw. »Stadtteil«-Schule; Freigabe der Stundentafeln, des 45-Minuten-Takts und der Lehrpläne; globale Mittelzuweisung; Anwerben und Einstellen von Lehr- und Verwaltungspersonal durch die Schule selbst; Akquisition von Drittmitteln durch die Schulen; paritätisch und teilweise »extern« besetzte Schulgremien und so weiter.

Die »Autonomisierung« von Schule schwappte auf dem Papier bald nach NRW hinüber. Dort wurde 1995 von einer gleichnamigen Kommission des damaligen NRW-Ministerpräsidenten Johannes Rau die Denkschrift »Zukunft der Bildung – Schule der Zukunft« aufgelegt. Die »teilautonome Schule« war damit auf den Plan gerufen. Als Ghostwriter und millionenschwerer Sponsor agierte die Bertelsmann-Stiftung. Sie war es auch, die sich an der massenhaften Verbreitung dieser Denkschrift beteiligte. Seitdem ist man bei Bertelmann nicht müde geworden, in immer neuen Schriften die schulischen Visionen ihres Stifters Reinhard Mohn unters Volk zu bringen. Manche halten dem Medienkonzern vor, daß er mit diesem Engagement und einem beachtlichen Millioneninput sehr handfeste Eigeninteressen verfolge. Nicht ganz zu Unrecht bekommt der Konzern gesagt, er habe sich mit seiner Stiftung zu einem heimlichen Schulministerium entwickelt; Hochschulministerium sei er über sein Gütersloher »Centrum für Hochschulentwicklung« (CHE) in Personalunion ohnehin schon.

Autonomie als Ablenkungsmanöver

Autonomie hin – Bertelsmann her: Wer selbständige Schule mit ihren guten Seiten, aber auch Problemen begutachten möchte, der schaue in den Gymnasien in Bayern nach, das hinsichtlich »Autonomie« weiter ist als andere Länder. Dort sind die Gymnasialdirektoren – ohne eine Mittelbehörde über sich zu haben – Dienstvorgesetzte, die für ihre Lehrer alle vier Jahre eine beförderungsrelevante Beurteilung erstellen; die Leistungsprämien, Leistungszulagen und Leistungsstufen vergeben; die zumindest Vorverträge zur Gewinnung von Personal abschließen und im Rahmen von zwei Gesamtbudgets (Verwaltungs- und Vermögenshaushalt) frei über Sachmittel entscheiden. Dies die Positivliste! Seit 2000/01 haben die Chefs der Gymnasien im Rahmen der Budgetierung der Unterrichtsstunden auch die freie Entscheidung bei der Klassen- und Kursbildung. Damit beginnt das Problem zumindest in Schulen, die bereits ein vielfältiges Profil haben – etwa bestehend aus verschiedenen Gymnasialzweigen und Sprachenfolgen. Ein solches Profil »kostet« Stunden, die vielleicht der eine Vater oder die andere Mutter gerne in die Verkleinerung von Klassen gesteckt haben möchte, während die eine Mutter oder der andere Vater es gerne sähe, wenn verschiedene Sprachenfolgen geboten würden. Politisch aber stellt es sich bestens dar, wenn man sagen kann, die Schulen können in eigener Verantwortung entscheiden, sie hätten pro Schüler schließlich 1,2 Lehrerstunden zur freien Verfügung. Freilich vermag kaum einer nachzuvollziehen, daß Freiräume erst ab 1,3 Stunden entstehen.

Wie auch immer: In Zeiten allgemeinen öffentlichen Sparens ist Mißtrauen angebracht, wenn der Staat den Schulen mehr Personal- und Finanzhoheit zugestehen will. Eine Budgetierung von Unterrichtsstunden kann der schulischen Profilbildung dienen; in der Praxis erweist sie sich jedoch als problematisch. Beispiele praktizierter Budgetierung zeigen, daß es sich dabei um Ablenkungsmanöver handelt, durch die die

Mängelverwaltung den Schulen überantwortet wird, durch die zugleich Politik und Staat selbst aus der Kritik kommen (wollen). Ist die Grundversorgung aber zu eng bemessen, führt eine Personal- bzw. Finanzhoheit der Schulen zu Konflikten bei der Verwendung der verfügbaren, eingeschränkten Mittel für Personal und Sachausstattung. Nullsummenspiele sind das Ergebnis. Es würden schließlich vor allem bei Eltern Hoffnungen geweckt, daß die Einzelschule jetzt alles »machen« und jedes mögliche Bildungsangebot einrichten könne, wenn sie nur wolle. Das provoziert Enttäuschungen. Im Extremfall würden Schulen einer Selbstausbeutung ausgeliefert, wenn sie dennoch versuchten, zusätzliche Bildungsangebote aus einem ohnehin überlasteten Lehrkörper »herauszupressen«.

»Autonome« Schule wirft zudem grundsätzliche rechtliche Fragen auf. Denn: Freiheit von oder zu etwas impliziert ein Verpflichtetsein gegenüber demokratisch vorgegebenen Rahmenbestimmungen, insbesondere gegenüber der Fundamentalnorm des Artikels 7 Absatz 1 Grundgesetz (»Das gesamte Schulwesen steht unter der Aufsicht des Staates«) sowie gegenüber den Bildungszielen der Landesverfassungen. Nach dem Wesentlichkeitsprinzip stehen die maßgeblichen strukturellen und inhaltlichen Vorgaben der Schule unter dem Parlaments- und Gesetzesvorbehalt. Die Freiheit der Lehre (Artikel 5 Absatz 3 Grundgesetz) gilt nur für den Hochschul-, nicht aber für den Schulbereich. Und Schule fällt nicht unter die Selbstverwaltungsgarantie des Artikels 28 Absatz 2 Grundgesetz; diese Garantie gilt nur für Gemeinden. Insofern ist schulischer Freiraum immer nur relative Freiheit. Dieses Prinzip hat seinen Grund: Schule muß dem Grundsatz der Gleichbehandlung vor dem Gesetz und dem Grundsatz der Einheitlichkeit der Lebensverhältnisse gerecht werden.

Rätesystem Schule?

Eine »autonome« Schule mit einer weitreichenden Kompetenzausstattung gemischter bzw. paritätisch besetzter Schulgremien oder gar von Aufsichtsräten bedeutete, daß sich Schule außerhalb geltenden Rechts entwickelte. Eine Verlagerung von schulischen Kompetenzen auf Nichtlehrer führt gar zu einer Entprofessionalisierung schulischer Entscheidungen. Denn in einer »autonomen« Schule mit einem »Räte«-System würde über Hoheitsakte von Nichtbeamten (Eltern, minderjährigen

Schülern, Schulfremden) mitverfügt. Bezüglich der dem Staat obliegenden Bildungsaufgabe tragen Legislative und Exekutive gegenüber dem Souverän Verantwortung; diese darf nicht durch Zuständigkeiten von Selbstverwaltungsorganen der Schulen gemindert werden.

Konkret provoziert eine »Autonomie« individueller Schulprofile eine Atomisierung der Schullandschaft und damit ein hohes Maß an Ungleichheit, denn »Autonomie« führt zu einem Wildwuchs an »individuellen« Profilen und zu schulischem Provinzialismus. Bei Realisierung einer mittlerweile diskutierten Freigabe der Stundentafeln und der Lehrpläne würde der Übergang eines Schülers von einer Schule zur anderen selbst innerhalb ein und derselben Kommune erheblich erschwert. Schließlich haben Schüler je nach Zugehörigkeit zu einer Schule dann eine sehr unterschiedliche Vorbildung, weil sie sehr Unterschiedliches gelernt haben.

Demgegenüber müssen Schüler und Eltern Gewißheit über die schulischen Inhalte und Anforderungen haben. Das schulische »Endprodukt« muß verläßlich einschätzbar sein – auch für die Abnehmerseite (weiterführende Schule, Hochschule, Wirtschaft). Bei ausgeprägter Uneinheitlichkeit der vermittelten Lerninhalte und der Leistungsbewertung besteht die Gefahr, daß die Abnehmer der Schulabgänger deren schulische Qualifikation kaum noch einschätzen können. Folge davon wäre, daß sich zur Bewerberauswahl eigene Eignungs- und Eingangstests etablierten. Ein solcher Wandel vom Abitur- zum Aditurprinzip entwertet die schulischen Zeugnisse. Deshalb müssen Schulzeugnisse auch zukünftig der transparente Nachweis dafür sein, inwieweit Schüler allgemein anerkannte Qualifikationen erworben haben.

Der für »Autonomie« bemühte Vergleich mit Schulsystemen anderer Staaten ist untauglich. Auch England kann kein Vorbild sein, selbst wenn es das klassische Land der Schulautonomie ist bzw. war. Bis zum »Education Reform Act«, der am 29. Juli 1988 vom Parlament verabschiedet wurde, gab es für Lehrpläne etc. überhaupt keine staatliche Zuständigkeit. Die 163 Local Education Authorities' (LEA) waren die eigentlichen Schulbehörden, die dem »Headmaster« in vielerlei Hinsicht Zuständigkeiten überließen. Er suchte sich die Lehrer aus und konnte diese entlassen; er konnte festlegen, welche Fächer in welchen Klassen mit wieviel Stunden unterrichtet werden. 1988 beschloß dann die Regierung Thatcher, die 30.000 öffentlichen Schulen mit Hilfe eines »national curriculum« und standardisierter Tests an die Kandare zu nehmen, um das Niveau der Schulen zu heben. Zuvor hatte man noch geklagt, »daß viele unserer Schüler weniger erreichen als ihresgleichen in anderen europäischen Ländern«. Die seit 1. Mai 1997 amtierende Labour-Regierung von Tony Blair setzt diese Thatcher-Politik fort. Dies und nicht schulische »Autonomie« dürfte der Grund dafür sein, daß England – ausweislich PISA – zu den Bildungsaufsteigern in Europa zählt.

Freiraum statt Autonomie

Zurück zur Vision von einer »autonomen« Schule in Deutschland. Brauchen wir sie? Nein, aber Bildung und Erziehung in der Schule brauchen Freiräume, vor allem im pädagogisch-didaktischen und methodischen Bereich. Es gehört zu den Selbstverständlichkeiten von Schule, daß Lehrer im Rahmen curricularer inhaltlicher Vorgaben Schwerpunkte setzen können und frei sind bei unterrichtsmethodischen Entscheidungen. Im Rahmen der Grundsätze der Transparenz und Gleichbehandlung brauchen Lehrer im Interesse ihrer Schüler zudem Freiräume in der Wertung von Schulleistungen. Die aktuelle Diskussion über eine erweiterte Eigenverantwortung und eine eigenständige Profilbildung der Einzelschulen wird insofern zu Recht geführt.

Darüber hinaus bedarf die Schule administrativer Freiräume. Dazu gehören unter anderem eine Entlastung des pädagogischen Schulpersonals durch zusätzliche Verwaltungsfachkräfte; eine Erweiterung der schulischen Kompetenz bei der Wahrnehmung der äußeren Schulverwaltung, zum Beispiel in Fragen der schulischen Ausstattung; eine Erweiterung der schulischen Kompetenz bei der Wahrnehmung der inneren Schulverwaltung, zum Beispiel bezüglich Lehr- und Lernmittelhaushalt oder Reisemittelhaushalt.

Die Haushaltspolitik des Staates ist aufgefordert, Schule hinsichtlich Personalversorgung, Klassenstärken, Lehrerarbeitszeit, Lehr- und Lernmitteln, Reisemitteln und so weiter so mit Personal und Mitteln auszustatten, daß Freiräume entstehen und Profilbildung möglich ist. Eine solide, Freiräume ermöglichende Grundversorgung der Schulen mit Personal und Sachmitteln ist unerläßlich. Die Grundversorgung muß das schulische Grundangebot abdecken und darüber hinaus die Einrichtung von Zusatzangeboten (weitere Schulzweige und Ausbildungsrichtungen, Wahl- und Förderkurse und so weiter) ermöglichen. Dann wäre eine sinnvolle Profilierung jeder Einzelschule realisierbar.

PISA und die Testeritis

So wie in allen wirtschaftlichen und wissenschaftlichen Bereichen Qualitätskontrolle stattfindet, muß sich auch das Schulwesen einer kontinuierlichen Überprüfung öffnen. Eine regelmäßige Evaluation des Wirkungsgrads von Schule und Unterricht hilft, Qualität zu sichern und auf der Basis verläßlicher Daten diese weiter zu erhöhen. Das gebietet nicht PISA, sondern das gebieten die Grundsätze der Einheitlichkeit der Lebensverhältnisse und der Gleichheit vor dem Gesetz. Die gleiche Behandlung vor dem Gesetz (Artikel 2 Grundgesetz) ist aber eingeschränkt, wenn die schulischen Anforderungen uneinheitlich sind oder gar zu nicht vergleichbaren Abschlußnoten führen. Ein Verzicht auf Qualitätskontrolle im Bildungsbereich unterminierte damit das Recht auf Freizügigkeit, weil Übergänge von Schule zu Schule oder vom Schulsystem des einen in das Schulsystem eines anderen Bundeslandes dann wie bisher mit erheblichen Problemen verbunden blieben.

Das wesentliche Kriterium für die Qualität von Schule ist der Unterricht. Je konkreter dessen Inhalte, desto exakter meßbar sind die Lernabläufe und die Lernerfolge. Das setzt Verbindlichkeit in den Bildungszielen und in den zentralen Bildungsinhalten voraus. Der Verzicht auf fachliche Kompetenz und damit auf konkrete Inhalte zugunsten der Förderung von sogenannten Schlüsselqualifikationen oder allgemeinen Kompetenzen ist ein Irrweg, denn diese extrafunktionalen Qualifikationen sind nur auf der Basis konkreter Fächer und konkreter curricularer Inhalte vermittelbar. Der Erwerb von Schlüsselqualifikationen und allgemeinen Kompetenzen ist zudem kaum evaluierbar.

Evaluation ist permanente Aufgabe einer jeden Einzelschule. Das heißt: Jede Lehrkraft, jede Fachschaft, jedes Lehrerkollegium und jede Schulleitung sind aufgefordert, die Wirksamkeit und den Erfolg des eigenen Handelns kontinuierlich zu reflektieren. Große Aussagekraft im Sinne einer Standortbestimmung einer Schule, einer Klasse oder eines Kurses hat darüber hinaus das Ergebnis einer zentralen Abschlußprüfung. Deshalb sollten in allen Schulformen und allen Bundesländern zentrale Abschlußprüfungen in den zentralen Fächern bzw. in den maßgeblichen Profilfächern durchgeführt werden.

Irrweg Ranking

Wie in bestimmten Ländern (zum Beispiel Großbritannien) üblich, führen einzelne deutsche Bundesländer ein Schulranking ein (aktuelles Beispiel: Sachsen im Herbst 2000). Diese Praxis ist mit großer Skepsis zu betrachten: Die öffentliche Darstellung der Leistungsergebnisse wird einer Schule nicht gerecht, weil diese Leistungsergebnisse von vielen Faktoren abhängen, die sich nicht auf die pädagogische Arbeit beziehen. Vor allem aber können in einem Ranking nur wenige Kriterien erfaßt werden. Das »Image« einer Schule erleidet damit in vielen Fällen eine Verzerrung. Von sehr begrenztem Aussagewert als Evaluationsinstrument sind außerdem Erhebungen zu den Bildungswünschen von Eltern und Schülern und zur subjektiven Akzeptanz von Schule bei Schülern und Eltern.

In typisch deutscher Manier schießt man freilich beim Thema Messung und Diagnose weit über das Ziel hinaus. Jedenfalls scheint seit PISA fast nur noch Controlling und nochmals Controlling, Evaluation und nochmals Evaluation, Testung auf Testung angesagt. Grundsätzlich ist gegen solche Testungen nichts einzuwenden. Aber allein vom Pulsmessen wird man nicht gesund, außer man ist ein eingebildeter Kranker. Oder veterinärmedizinisch ausgedrückt: Allein vom Wiegen wird das Vieh nicht fett. Karl Kraus würde es vornehmer und zugleich vernichtender beurteilen. Er sagte einmal: »Eine der verbreitetsten Krankheiten ist die Diagnose.«

Dem Erfindungsreichtum der Schuldiagnostiker sind hier offenbar keine Grenzen gesetzt, zumindest nicht der Kreativität bei der Benennung entsprechender Tests und Evaluationsinstrumente. Mal heißen sie Vergleichsarbeiten, mal Orientierungsarbeiten, mal Jahrgangstests, mal zentrale Leistungstests, mal Lernstandserhebungen, mal Evaluationsstudie. Und so ziemlich alle Bundesländer sind daran beteiligt. Nachfolgend ohne Anspruch auf Vollständigkeit eine Auswahl in alphabetischer Reihenfolge – soweit auf einzelne Bundesländer bezogen, mit deren Nennung.

115

Testinflation

Der BMT (Bayerischer Mathematik-Test) testet Schüler der 6. und 8. Klassen der Hauptschulen und Realschulen sowie der 8. und 10. Klassen der Gymnasien. Geradezu namenlos sind der Deutschtest, den Bayern für seine Schüler der 6. und 8. Klassen aller Schulformen, sowie der Englischtest, den es für seine Schüler der 6. und 8. Klassen der Gymnasien sowie der 7. Klasse der Hauptschulen verpflichtend eingeführt hat.

DESI (Deutsch-Englisch-Schülerleistungen-International) ist eine Schulleistungsstudie in der 9. Klassenstufe; sie soll PISA als bundesweite Erhebung sprachlicher Leistungen im Deutschen als Muttersprache und im Englischen als Fremdsprache ergänzen.

ELEMENT (Erhebung zum Lese- und Mathematikverständnis) testet Schüler der 4. bis 6. Klassen in Berlin.

KESS (Kompetenzen und Einstellungen von Schülerinnen und Schülern) testet das Können der Schüler landesunabhängig in Deutsch, Mathematik, Sachunterricht und Englisch am Ende der Grundschulzeit.

LUST (Leseuntersuchung mit dem Stolperwörtertest) testet Grundschüler hinsichtlich Satzlesen und Textverstehen in Baden-Württemberg und Nordrhein-Westfalen.

MARKUS (Mathematik-Gesamterhebung Rheinland-Pfalz: Kompetenzen, Unterrichtsmerkmale, Schulkontext) testet in der Grundschule sowie in den beiden Sekundarstufen neben der Mathematikleistung die Art der unterrichtlichen Vermittlung, ferner Voraussetzungen seitens der Schüler und Aspekte der Schulqualität.

PALMA (Projekt zur Analyse der Leistungsentwicklungen in Mathematik) testet landesunabhängig die Entwicklung von Mathematikleistungen in der Sekundarstufe über einen Zeitraum von sechs Jahren hinweg.

PISAAR (vermutlich PISA an der Saar) testet die Leistungen von Schülern der 3. Klassen in Deutsch und Mathematik im Saarland.

QUASUM (Qualitätsuntersuchung an Schulen zum Unterricht in Mathematik) testet Schüler der Klassen 5 und 9 in Brandenburg.

116

SALVE (Systematische Analyse des Lernverhaltens und des Verständnisses für Mathematik) untersucht in 5. und 6. Klassen die Entwicklung mathematischen Verständnisses und lernbezogener Motivation.

TOSCA (Transformation des Sekundarschulsystems und akademische Karrieren) untersucht Leistungen von Oberstufenschülern in Mathematik und Englisch und unterwirft die Getesteten jeweils alle zwei Jahre einer Nachbefragung.

USUS (Untersuchung der Leistungen von Schülerinnen und Schülern) testet die Lernleistungen von Schülern der Klassenstufen 6 und 10 in den Fächern Deutsch, Mathematik und Fremdsprache in Bremen.

VERA (Vergleichs-Arbeiten) testet die Leistungen der Schüler zum Beginn der 4. Klasse im Lesen, Schreiben, in der Orthographie, in der Arithmetik, in der Geometrie und im Sachrechnen in Berlin, Brandenburg, Bremen, Mecklenburg-Vorpommern, Nordrhein-Westfalen, Rheinland-Pfalz und Schleswig-Holstein. (Am Rande: Es handelt sich hier um die im Herbst 2004 sieben SPD-regierten Bundesländer. Warum kein unionsregiertes Land dabei ist? Zufall? Oder ein Schelm, wer Schlechtes dabei denkt!?)

WALZER (Wirkungsanalyse der Leistungsevaluation: Zielerreichung, Ertrag für die Bildungsqualität der Schule und die Rückmeldung von Evaluationsergebnissen) untersucht, inwieweit die Ergebnisse von Evaluationsstudien verstanden, genutzt und im Unterricht umgesetzt werden.

Zahllose Lernstandserhebungen, Vergleichsarbeiten, Orientierungsarbeiten, standardisierte Leistungstests und so weiter finden ebenfalls und darüber hinaus statt, haben aber (noch) keinen klingenden Namen. Wie dürftig so manche dieser »Tests« konstruiert sind, zeigt allein die Tatsache, daß sie meistens so richtig PISA-mäßig und multiple-choice-tauglich durchgestylt sind. Und oft genug haben sie mit Schulunterricht nichts zu tun. Eine Befragung etwa von NRW-Lehrern durch den NRW-Lehrerverband zu den im Herbst 2004 erstmals in den 9. Klassen in Deutsch, Englisch und Mathematik durchgeführten »Lernstandserhebungen« ergab, daß in einzelnen Testbereichen bis zu 88 Prozent der Lehrer meinten, die Testaufgaben seien realitätsfern, also fern der Schulwirklichkeit. Ja, selbst die Bewertung solcher Tests ist oft genug reine Will-kür. Beispiele lieferte Bayern; der Freistaat hat mit Tests dieser Art zwar am längsten Erfahrungen, nämlich seit 1998. Dennoch schwanken die Test-Durchschnittsnoten von Jahr zu Jahr um bis zu 0,6 Notenpunkte, in der Erprobungsphase um bis zu 2,5 Notenpunkte! Angesichts von durch-schnittlichen Probelauf-Testergebnissen im Notenbereich jenseits der Note 5,0 fragt man sich zudem: Wie weit sind die Konstrukteure dieser Tests eigentlich von der Schulwirklichkeit weg? Damit man aber über die Zeit hinweg doch vorzeigbare Ergebnisse bekommt, werden die Beno-tungsvorgaben schon auch einmal hinmanipuliert. Jeder Lehrer weiß, daß er Punkte äquidistant in Noten umzurechnen hat, daß es also willkürlich wäre, bei einzelnen Noten erheblich größere, bei anderen Noten erheb-lich engere Punkteintervalle zugrunde zu legen. Beim Bayerischen Ma-thematiktest 2004 war das anders. Weil die Durchschnittsnoten früherer Jahre jenseits 4,0 lagen und diese Ergebnisse nicht gut aussahen, gestal-tete man die Punkteintervalle kreativ: Das Punkteintervall für die Note »Eins« war schließlich mit sechs Punkten doppelt so groß wie für die anderen fünf Noten. Ganz simpel ausgedrückt, hatte das zur Folge: Alle Leistungen wurden um eine Note »geliftet«.

Wie auch immer: Wir wissen, daß in der Medizin die Termini für ent-zündliche Prozesse mit leichter Überhitzung auf »-itis« enden – siehe Bronchitis, Gastritis, Enzephalitis. In Analogie dazu scheint Schulpolitik von einer hypochondrischen Testeritis und Evaluationitis befallen. Die schulpolitischen Fachkliniken für einen solchen Schul-TÜV heißen mitt-lerweile übrigens Qualitätsagenturen (QA), wie wenn nicht jedes Kul-tusministerium immer schon per se eine QA hätte sein müssen. Aber jetzt gibt es kein Halten und kein Maß und keine Mitte mehr. Angesichts sol-cher Inflation sollte man jedoch darauf acht geben, daß die Tests nicht zu dem Problem werden, als dessen Lösung sie sich ausgeben.

PISA, Politik, Propaganda und Presse

PISA und die Angst vor der Wahrheit

In der deutschen Schulpolitik geht seit eh und je die Angst vor der Wahrheit um. Deshalb werden vor allem schulische Leistungsvergleiche, die nach Bundesländern und Schulformen spezifiziert sind, mit sehr spitzen Fingern angefaßt. Man hat Angst vor Ent-Täuschungen, vor allem vor der Zerstörung der Lebenslüge, daß alle 16 Bundesländer gleiche Bildungsqualität produzierten und daß »autonome«, »offene«, »integrierte« Schulen ohne Stundenplan, ohne Fächertafel und ohne Ziffernzeugnis das Rezept für die Zukunft seien. Gerade »Reform«-Länder wie Bremen oder NRW blieben gerne resistent gegen Erfahrung; sie weigerten sich lange, empirische Daten zur Kenntnis zu nehmen. Siehe Beispiel Gesamtschule! Es wäre sonst ja sehr früh zu einem bösen Erwachen gekommen! Bezeichnenderweise – oder deshalb? – ist in Deutschland auch noch kaum ein Schulversuch für gescheitert erklärt worden.

Dieser Widerstand gegen Leistungsmessung hat Tradition in Deutschland. Helmut Schelsky schrieb bereits 1961: »Daß der Bericht des Ausschusses (gemeint ist der von 1953 bis 1965 existierende Deutsche Ausschuß für das Erziehungs- und Bildungswesen) … den Versuch unterläßt, seine Ausgangspunkte wissenschaftlich auch quantitativ beweiskräftig zu belegen, spiegelt leider den Schrecken speziell der deutschen Pädagogik vor Zahlen wider« (in Schlesky: Anpassung und Widerstand – Zwischenbemerkungen zu den Denkweisen des Rahmenplans). Karlheinz Ingenkamp klagt 1989 in der Streitschrift »Die Test-Aversion des deutschen Intellektuellen«: »Es gibt keine westliche Industrienation mit einem so niedrigen Standard der pädagogischen Diagnostik wie in der Bundesrepublik, wie die internationale Literatur belegt … Ein Bildungswesen, das nur zufallsabhängige, vereinzelte, subjektive Informationen über die Bewährung seiner Maßnahmen erhält, ist unfähig, seine Reformen gediegen und gründlich zu planen. Es wird Planung durch wortgewaltige Absichtserklärungen ersetzen, für die die politische Akzeptanz wichtiger ist als pädagogische Qualität. Unsere Test-Aversion hat dadurch zum Niedergang der bildungspolitischen Diskussion beigetragen, die sich immer weniger an nachprüfbaren Fakten orientieren muß und kann und immer stärker auf Emotionen und medienwirksame Klischees zurückgreift.«

Ungeliebte Bilanzen

Konkrete Bilanzen werden in deutscher Schulpolitik also nicht geschätzt. Lieber schmückte man sich mit Theorie. NRW tat dies mit seiner hunderttausendfach vertriebenen Denkschrift »Zukunft der Bildung – Schule der Zukunft« (1995). Und wo sich deutsche Schulforschung einmal nicht mit Utopien befaßte, da war sie damit beschäftigt, Wünsche von Eltern und Schülern auszuzählen, die subjektive Akzeptanz von Schule zu erfragen oder Abiturientenquoten miteinander zu vergleichen.

Diese Test-Aversion war Mitte/Ende der 90er Jahre nicht überwunden. Im Dezember 1996 und im Februar 1997 wurden die Ergebnisse der Third International Mathematics and Science Study (TIMSS II) auf den Markt gebracht. Als offizielles Ergebnis wurde für die 7. und 8. Klassen festgestellt: Deutschland befinde sich nur auf mittleren Rangplätzen. Aber: Die Studie enthielt drei Ergebnisse, die zunächst nur den Kultusministerien, nicht jedoch der Öffentlichkeit zugänglich gemacht werden sollten, nämlich daß es erstens innerhalb Deutschlands Differenzen zwischen den Bundesländern von eineinhalb Jahren gebe (dem Vernehmen nach handelt es sich bei den beiden verglichenen Bundesländern um Bayern und Nordrhein-Westfalen) und daß zweitens die Ergebnisse der Gesamtschule deutlich hinter der Realschule und weit hinter dem Gymnasium rangierten. Und drittens wurde ständig und gezielt übersehen, daß das Gymnasium in Deutschland auf der internationalen Skala auf Platz 2 steht: mit einem Wert von 589 hinter Singapur mit 607. Da stellt sich schon die Frage, ob in der Veröffentlichungspraxis nicht Opportunitätsgesichtspunkte eine Rolle spielen.

Auch nach TIMSS, oder vielleicht gerade wegen TIMSS, tut man sich in Deutschland schwer mit der schulpolitischen Wahrheit. Immer noch! Weil die PISA-Ergebnisse brisant werden könnten, intervenierten die Gegner eines innerdeutschen PISA-Schulleistungsvergleichs im August

1999, also rund ein dreiviertel Jahr vor der PISA-Testung, schon mal prophylaktisch. In einem Protestbrief an die SPD-Schulminister wetterte die SPD-Arbeitsgemeinschaft für Bildung gegen PISA und gegen die SPD-regierten Länder, die es zuließen, mit einem innerdeutschen PISA-Vergleich »für ihre Schulpolitik an den Pranger gestellt zu werden«. Man fürchte in der Folge, so wörtlich, »daß die SPD-Bildungspolitik der letzten 30 Jahre zum Scheitern verurteilt werden soll«. Und weiter: »Es ist ohne Test vorher zu sagen, daß Länder mit selektiven Schulsystemen, die den Schulstrukturreformen der letzten 30 Jahre widerstanden haben, bessere Schülerleistungen in allen Schulformen haben werden.« Die Gewerkschaft Erziehung und Wissenschaft (GEW) glaubte damals in einem Brief an dieselben Adressaten zu wissen: Solche innerdeutschen Vergleiche seien »unseriös und tendenziös«, weil »Bundesländer mit hochselektiven Schulsystemen auf der Basis eines Schulformvergleichs besser abschneiden müssen«; die GEW wußte, daß dann den »reformorientierten Bundesländern die Revision ihrer bisherigen Schulpolitik nahegelegt würde« und daß »alles andere eine Sensation wäre«. Reife Einsichten! Aber der Schock von 1996/97 mit TIMSS und seinem innerdeutschen Vergleich saß noch tief, schließlich hatten bei TIMSS Schüler aus Bayern und Baden-Württemberg einen Lernvorsprung von eineinhalb bzw. zwei Jahren gegenüber Nordrhein-Westfalen.

Diese Boykottpolitik trug denn auch Früchte. Die Beteiligungsquoten bei PISA-E 2000 waren in den Bundesländern sehr unterschiedlich. An der Spitze lagen Thüringen mit 92,0 und Bayern mit 89,6 Prozent Schülerbeteiligung, am anderen Ende Hamburg mit 70,1 und Berlin mit 69,3 Prozent. Letztere fielen gar ganz aus der Wertung, weil sie das Quorum für den Vergleich aller Schulformen nicht erreicht hatten. Verwertbar waren für Hamburg und Berlin nur die Daten der Gymnasien, weil nur sie das Beteiligungsquorum von 85 Prozent Schulbeteiligung bzw. 80 Prozent Schülerbeteiligung überschritten hatten. Interessant: Je niedriger die Beteiligungsquote in den Einzelschulen, etwa in Bremen, desto besser deren Ergebnis. Die PISA-Autoren vermuten dann auch, daß bei niedrigeren Beteiligungsquoten vor allem die schwächeren Schüler bzw. Schulen mit schwächeren Schülern testabstinent blieben; sie formulieren gar die »Annahme, daß in Bremen eher leistungsschwächere Gymnasiasten nicht an der Untersuchung teilgenommen haben«. Das heißt: Bremen hätte bei breiterer Ausschöpfung noch schwächer abgeschnitten. An den für den Test vorgesehenen Hamburger Gesamtschulen übrigens beteiligten sich nur 61 Prozent der Schüler.

Zurückgehaltene PISA-Daten

Zurück zu den Anfängen von PISA: Im Jahr 2000 wurden in Deutschland über 48.000 Schüler aus 1479 Schulen getestet. Aber selbst Anfang 2005 sind nach mittlerweile drei PISA-2000-Bänden immer noch nicht alle relevanten Daten veröffentlicht. Gewiß war es Ende 2001 interessant zu erfahren, daß die Deutschen international nur zwischen dem mittleren und dem hinteren PISA-Drittel rangieren; noch aufschlußreicher – für manche zu aufschlußreich – war es, am 25. Juni 2002 davon Kenntnis zu erhalten, daß es innerhalb Deutschlands schulformübergreifend und gymnasial ein erhebliches Süd-Nord-Gefälle in der Schulleistung gibt. Verräterisch war zudem, daß die Veröffentlichung dieser innerdeutschen Leistungsvergleiche auf einen Zeitpunkt nach der Bundestagswahl vom 22. September 2002 verschoben werden sollte. Anfang 2003 spätestens hätte man erwarten können, daß nach dreijähriger Auswertung und nach Offenlegung der Daten der an PISA 2000 beteiligten 400 Gymnasien auch die Daten der mehr als 1000 nichtgymnasialen Schulen veröffentlicht würden. Aber nichts davon: Man sucht immer noch vergeblich nach den bundeslandspezifischen Ergebnissen der an PISA 2000 beteiligten 293 Hauptschulen, 339 Realschulen, 178 Integrierten Gesamtschulen und der 246 Schulen mit mehreren Bildungsgängen.

PISA, statistische Analphabeten und Deutungskartelle

Wenn in Deutschland PISA ansteht, bricht wie auf Knopfdruck kollektive Dyskalkulie (vulgo: pathologisch mangelndes Verständnis für Zahlen) aus. Das war so im Dezember 2001, als PISA 2000 mit seinen internationalen Werten veröffentlicht wurde; es war so, als im Juni 2002 die Vergleichswerte der Bundesländer folgten, und es wiederholte sich, als im März 2003 eine vertiefende PISA-Auswertung folgte. Im November 2004 hat Deutschland erneut gefiebert, hingefiebert auf das Ergebnis der PISA-Studie 2003. Obwohl vereinbart war, daß deren Resultate erst am 7. Dezember 2004 veröffentlicht werden, fanden sich wieder einige besonders Interessierte, die Deutschland bereits Wochen zuvor in einen erneuten PISA-Dyskalkuliewahn versetzen wollten. Teilweise ist ihnen dies gelungen, denn was ab Mitte November 2004 in die Öffentlichkeit lanciert wurde, war einmal mehr typisch deutsch: Wir sind mal wieder die Schlechtesten, sollten eigentlich in Sack und Asche gehen.

PISA und der statistische Analphabetismus

Daß im Zuge der OECD- und PISA-Studien oft genug Äpfel mit Birnen verglichen werden und daß Deutschland angeblich immer ganz hinten liegt, daran haben wir uns schon gewöhnt. Was uns darüber hinaus manche PISA-Interpreten sonst noch auftischen wollen, grenzt oft an statistischen Analphabetismus. »Deutschland zurückgefallen« und »Deutschland weiter abgerutscht«, so tönte es etwa Anfang Juli 2003 anläßlich einer angeblich neuen PISA-Auswertung. Faktum war: Zwölf weitere Staaten bzw. Regionen wurden 2002 nachgetestet, darunter Hongkong. Ergebnis: Hongkong setzte sich in der Tabelle vor Deutschland, die elf anderen Nachgetesteten landeten hinter Deutschland. Dennoch titelten mehrere Zeitungen und Magazine: »Schüler bei Pisa weiter zurückgefallen«. Zurückgefallen hieß schlicht und einfach: im Lesen von 21 auf Platz 22. Tatsache ist jedoch: Jetzt war dies für Deutschland nicht mehr Platz 21 unter 31, sondern Platz 22 unter 43. Am deutschen PISA-Wert selbst hatte sich nichts, rein gar nichts geändert. Frage also: Wenn es denn nur um den Rang ginge, was ist dann besser – ein Platz zwischen dem mittleren und dem hinteren Drittel oder ein Platz exakt in der Mitte der Tabelle?

Ein anderes Beispiel vom 5. März 2003: An diesem Tag meldeten Zeitungen: »Neuer PISA-Bericht zeigt: Lehrer bewerten dieselbe Leistung unterschiedlich – Noten wenig aussagekräftig«; »Nicht einmal die Mathenoten sind objektiv«; »Neue PISA-Studie: Viele Zensuren werden beliebig vergeben«. Solche Interpretationen liegen völlig daneben. Die Korrelation zwischen PISA-Wert und Mathematiknote liegt innerhalb eines Bildungsganges deutschlandweit schließlich bei – 0,43 (minus 0,43); das heißt, mit nur 18 Prozent gemeinsamer Varianz messen PISA und Mathematiknote dasselbe. Die Korrelation zwischen PISA-Wert und Deutschnote liegt innerhalb eines Bildungsganges deutschlandweit sogar nur bei – 0,25 (minus 0,25); das heißt, mit nur sechs Prozent gemeinsamer Varianz messen PISA und Deutschnote dasselbe. Die Behauptung, PISA zeige, daß die Notengebung in den Schulen willkürlich sei, ist also völlig abwegig. Wenn Schüler mit ein und derselben PISA-Testleistung in den Schulzeugnissen in Mathematik unterschiedliche Noten haben, so ist dies zunächst völlig erwartungsgemäß, denn in PISA wurden nicht konkrete Schulleistungen gemessen, sondern Basisqualifikationen. Im Grunde entspricht das der Tatsache, daß Schüler mit vergleichbarem Intelligenzquotienten sehr unterschiedliche Noten haben können. Näher zu analysieren ist hier allenfalls die Frage, inwieweit die Notengebung von Bundesland zu Bundesland differiert. Aus der TIMS-Studie und aus der Erfahrung mit Schülern, die während ihrer Schullaufbahn das Bundesland wechseln, weiß man hinreichend, daß dies der Fall ist. Zudem ist die Variabilität in der Notengebung vor allem in Bundesländern mit relativ unverbindlichen Lehrplänen und ohne zentrale Abschlußprüfung besonders ausgeprägt.

Noch ein Beispiel: Anläßlich der Veröffentlichung von PISA 2003 im Dezember 2004 wurde Deutschland publizistisch auf einen Rangplatz in der »hinteren Hälfte« verfrachtet. Tatsache ist: Ein erreichter Rangplatz 15 unter 29 PISA-Ländern ist nicht hintere Hälfte. Aber warum sollten nicht auch Deutschlands Politiker und Journalisten PISA-untauglich sein! 15 ist nämlich exakt die Mitte von 29, weil 14 davor und 14 dahinter liegen!

Die Wahrheit: Bremen ist PISA-Sieger!

Und ein letztes Beispiel zum grimmigen Schmunzeln: Aufgetischt wurde uns von »Wissenschaftlern« sogar die totale Umkehr (lateinisch: Perversion) der PISA-Ergebnisse. Wir waren nur einfach zu doof zu merken, daß die PISA-Skala biblisch rückwärts zu lesen ist: Die Letzten sind die Ersten! Finnland ist gar nicht der internationale PISA-Sieger. Bremen ist es! Wie? Ganz einfach: Bremen liegt innerdeutsch auf dem letzten Platz mit 448 Lesepunkten; das sind 62 Punkte weniger, als der innerdeutsche PISA-Spitzenreiter Bayern hat. Weil jedoch die Bremer – so die »Wissenschaft« – extrem widrige Umstände haben, sind sie eigentlich Deutschlands PISA-Sieger. Gescheite Statistiker im Professorenrang haben dies durch »Adjustierungen« vorgerechnet. Aber die Damen und Herren Rechenkünstler haben ihre Hausaufgaben nicht zu Ende gebracht. Sie hätten weiterrechnen sollen. Also noch mal: Wenn erstens Bayern mit 510 Punkten hinter Bremen mit seinen 448 Punkten rangiert; wenn zweitens Bayern in etwa den Wert der bewunderten Schweden (516) erreicht; wenn Finnland drittens mit einem Prozent einen viel niedrigeren Migrantenanteil als Bremen hat, dann liegt Bremen sicherlich vor Finnland. Alles klar! Dann macht mal eure Terminkalender frei, ihr Schulsenatoren, Ex-Fußballmanager und Werder-Aufsichtsräte, euer geliebtes Bremen wird jetzt schulpolitische Wallfahrtsstätte. Und dann könnt ihr euren Gästen gleich noch erklären, daß der eigentliche Fußballweltmeister 2002 nicht Brasilien ist, sondern Werder Bremen. Zum Deutschen Fußballmeister hat es 2004 ja immerhin schon gereicht.

Deutungskartelle

Wahrscheinlich ist auch Bosheit im Spiel – schön verkleidet mit Hilfe einer ritualisierten Empörungs- und Betroffenheitsrhetorik. Tatsächlich geht es im absurden PISA-Theater mit seinen marionettenhaft agierenden Gouvernanten um die Deutungshoheit und um die Lufthoheit an vermeintlichen Bildungsstammtischen. Und obwohl PISA nur Deskriptives liefert, tun manche so, als biete sie verbindlich Normatives. Da kommen eben alte Träume zu neuer Blüte. PISA wird somit vielfach ideologisch instrumentalisiert – und zwar kartellmäßig. Ein Kartell ist ja bekanntermaßen ein Zusammenschluß zum Zweck der Erlangung einer Monopolstellung. An diese Definition von »Kartell« fühlt sich erinnert, wer sich so manche öffentliche PISA-Deutungen ansieht: Da wird selektiert, akzentuiert, interpretiert, manipuliert, daß sich die Balken biegen – nicht von den Wissenschaftlern, sondern von einem Kartell, bestehend aus wenigen Politikern, sogenannten OECD-Koordinatoren, Publizisten und Gewerkschaftlern. Diese sind ständig am Werk, das deutsche Bildungswesen mit säuerlicher Miene in Grund und Boden zu reden und zu rechnen. In der Absicht, die Einheitsschule für Deutschland herbeizuschreiben, giert das PISA-Deutungskartell geradezu nach schlechten PISA-Nachrichten für Deutschland. Verwendet werden dabei alle möglichen Marginaldaten, die sich irgendwie aus dem Zusammenhang reißen lassen. In alberner Weise betätigt man sich dabei selbstreferenziell, das heißt, man zitiert sich fortlaufend selbst. Bildungsideologische Uralt-Kalauer aus den 70er und 80er Jahren müssen herhalten, und zwar ohne

Rücksicht darauf, daß die damaligen Bildungsvisionen eine Verfallszeit von minus dreißig Jahren hatten, das heißt, sie bereits 30 Jahre vor ihrer Neuauflage schon überholt waren. Eigentlich wäre das alles zum Gähnen, denn hier jagt ein Déjà-vu-Erlebnis das andere.

Ein Vergleich mit dem Fußball drängt sich auf: Wird Deutschland einmal nicht Welt- oder zumindest Europameister, sondern nur Dritter oder gar nur Achter, dann ist der ganze deutsche Fußball Mist. Ein paar wenige Sportjournalisten wissen dann, wie es besser hätte laufen können; ja mehr noch, sie vermitteln Millionen von Zuschauern die Einbildung, letztere könnten es besser als Vogts, Völler, Klinsmann und Co.

Wie Hiob, nur weniger geduldig, müssen die PISA-Interpreten offenbar leiden, und von Amts wegen scheinen sie zur üblen Laune verdonnert. Positive Meldungen sind dem Kartell zu trivial, wahrscheinlich sogar zuwider. Deshalb faßt man Meldungen über das gute PISA-Abschneiden der Süddeutschen ungern an. Was müssen die Damen und Herren gelitten haben, diese Meldung denn doch bringen zu müssen. Ansonsten steht ein großer Teil der öffentlichen PISA-Darstellung kurz davor, zur simplen Reklame für Gesamt-, Gemeinschafts- und Einheitsschule zu werden. Denn selektiver und tendenziöser kann öffentliche Debatte kaum noch sein. Am allerliebsten aber stochern die PISA-Bewegten im Nebel herum. Am liebsten halten sie sich mit Vorab-Teil-Veröffentlichungen und Spekulationen auf – wahrscheinlich um für die eigentliche Veröffentlichung gleich Pflöcke eingerammt zu haben. Was davon zu halten ist, sagt der deutsche Koordinator der PISA-2003-Studie, Manfred Prenzel: Er kritisiert die permanenten Vorabmeldungen als nicht korrekt sowie als methodisch problematisch und unverantwortlich. Vor allem tadelt er solche Veröffentlichungen, weil sie bereits in der Grundanlage falsch und mit ihren Rangplatzvergleichen keineswegs aussagekräftig seien.

Die Gefräßigkeit der OECD

Eine besonders seltsame Rolle dabei spielt die OECD. Mit einer Gefräßigkeit ohnegleichen mischt sich diese »Organisation für wirtschaftliche Zusammenarbeit und Entwicklung« wie ein Belehrungs- und Bekehrungsinstitut in deutsche Bildungsdebatten ein und bemächtigt sich stets neuer Themen. Jährlich wartet sie auf mit dem jeweils neuen 500-Seiten-Band »Bildung auf einen Blick – OECD-Indikatoren« und mit den darin enthaltenen Endlostabellen. Jedesmal präsentieren sich die OECD und ihr deutscher Oberrepräsentant als Verkäufer bildungspolitischer Ladenhüter – als da sind Einheitsschule, Verlängerung der Grundschule und so weiter. Dazwischen – so beispielsweise im Herbst 2004 – schmückt sich die OECD mit einer sogenannten Lehrerstudie. Auch diese enthält neben ein paar Binsenweisheiten viel alten Quatsch. Was hier öffentlich kaum zur Darstellung kam, ist die Tatsache, daß diese Studie eine indiskutable Basis hat: Ganze zehn Tage hat sich eine Handvoll sogenannter OECD-Experten bei einer Rundreise durch vier Bundesländer und beim Besuch von acht Schulen mit dem Lehrerberuf in Deutschland befaßt. Damit meint sie, sich ein Urteil über die Tätigkeit von fast 800.000 Lehrern an Deutschlands 42.000 Schulen erlauben zu können. Wie tendenziös die Studie bzw. deren Publikation angelegt ist, zeigt allein schon die Art der Darstellung der Lehrergehälter und des Dienststatus deutscher Lehrer. So wird dann behauptet, deutsche Lehrer verdienten weit überdurchschnittlich, und sie seien durch den Beamtenstatus gehandikapt. Faktum ist: Wie überall sind auch die Lehrergehälter in Deutschland im wesentlichen Abbild des Lohngefüges im gesamten Beschäftigungssystem. Alle Berufsgruppen und Leistungsempfänger in Deutschland gehören im weltweiten Vergleich zu den jeweiligen Spitzengruppen; das gilt für den Industriearbeiter ebenso wie für den Sozialhilfeempfänger. Außerdem liegt die Arbeitszeit der deutschen Lehrer international im oberen Bereich. Auch das Herumnölen der OECD am Beamtenstatus der Lehrer ist höchst einseitig. Verdrängt wird dabei, daß der Beamtenstatus für Unterrichtsgarantie sowie für pädagogische und politische Unabhängigkeit der Lehrer steht. In anderen Ländern ist dies nicht der Fall. Dort sind angestellte Lehrer streikberechtigt. In vielen Ländern der OECD entfällt deshalb jedes Jahr an vielen Tagen der Unterricht.

Damit nicht genug. Im November 2004 schmückte sich die OECD mit einer »Baby«-PISA, zu der die Nachrichtenagentur dpa zu berichten weiß: »OECD-Studie mahnt radikale Reformen für deutsche Kindergärten an«, »OECD-Studie fordert Anspruch auf Kindergartenplatz ab zwölf Monaten«. Für 2010 will die OECD mit Unterstützung der Bundesbildungsministerin Bulmahn eine »PISA für Erwachsene« in Szene setzen. Wann folgt endlich eine »Embryonen-PISA« und eine »Rentner-PISA«, ist man versucht zu fragen.

Frontmann der OECD in Deutschland und angeblich Koordinator der deutschen PISA-Studie ist ein gewisser Andreas Schleicher. Er hetzt von Interview zu Interview und produziert dabei gern Griffiges, am liebsten die Schlagzeile: »Deutschland fällt weiter zurück« oder »Deutschland hat 20 Jahre Entwicklung verschlafen«. Der eine oder andere Journalist macht ihm den Hof und geriert sich wie ein Pressesprecher der OECD. Im Frühjahr 2003 bekommt Schleicher für all dies auch noch den Theodor-Heuss-Preis 2003. Festrednerin ist – wie könnte es anders sein – Bundesbildungsministerin Bulmahn. Die Deutsche Presseagentur bringt dieses denkwürdige Ereignis natürlich per Meldung am 12. April 2003 unters Volk. Schade nur, daß der Jury nicht wenigstens beim Namen »Heuss«, dieses hochkultivierten ersten deutschen Bundespräsidenten, die Frage eingefallen ist, was die OECD eigentlich mit Bildung zu tun hat. Die Gesamtschulgemeinde ist von diesem Ereignis jedenfalls begeistert. Auf der Website der GGG Hamburg (GGG = Gemeinnützige Gesellschaft Gesamtschule) schreibt ein Jürgen Riekmann einen Jubelbericht über die Preisverleihung. Riekmann ist ehemaliger, mittlerweile pensionierter Leiter der Abteilung Gesamtschulen der Schulbehörde Hamburg. Sein Bericht endet mit dem überschwenglichen Passus: »Wir können die Theodor-Heuss-Stiftung und Andreas Schleicher zu unseren Verbündeten zählen in der Auseinandersetzung, aus einer Minderheitenmeinung schrittweise eine Mehrheitsmeinung werden zu lassen.« Das sagt alles.

Gottlob gibt es zur OECD öffentlich auch andere Töne. Die FAZ überschreibt am 15. September 2004 zu Schleicher eine Porträtspalte mit »Miesmacher«, nennt ihn darin den »selbsternannten Superminister« und qualifiziert ihn in der Ausgabe vom 8. Dezember 2004 als »Andreas Schleicher aus dem Statistikbüro«. Zugleich läßt die »Zeitung für Deutschland« im Porträt anklingen, daß es Schleicher mit seinen Attacken gegen das gegliederte Schulwesen darum gehen könnte, ein Trauma zu bearbeiten, das er erlebte, als er im Grundschulzeugnis 1974 »ungeeignet fürs Gymnasium« attestiert bekam. Ein bißchen etwas von seiner Motivation läßt Schleicher sogar höchstpersönlich durchblitzen: In der Süddeutschen Zeitung vom 29. November 2004 wird er mit der Aussage zitiert, er wolle »der Diskussion voraus sein«; seine Taktik nennt er eine U-Boot-Taktik: »Unter der Oberfläche bleiben und ungesehen vorausfahren, um dann unverhofft aufzutauchen.«

128

Da platzt denn erfreulicherweise renommierten Bildungspolitikern schon mal der Kragen. Gabriele Behler (SPD) etwa, von 1995 bis 2002 NRW-Schulministerin, fordert in einem Gastbeitrag in der FAZ vom 9. Dezember 2004 »mehr Redlichkeit« im Umgang mit PISA. Sie kritisiert die schulpolitischen Heilsbringer mit ihrem »festen Glauben«, eine »Schule für alle Kinder, Gesamtschule, Gemeinschaftsschule oder Einheitsschule« ließe die Leistungsergebnisse nach oben schnellen. Im Zuge der Novellierung eines neuen NRW-Schulgesetzes im Januar 2005 legt sie übrigens wenige Monate vor der NRW-Landtagswahl vom 22. Mai 2005 sogar ihr Mandat als Landtagsabgeordnete nieder; sie prognostiziert, daß dieses neue Schulgesetz die Qualitätsentwicklung an den Schulen einschränke. Den OECD-Statistiker Schleicher kritisiert sie, weil bei ihm die »Grenze zwischen dem konzeptionellen Gestalter eines wichtigen internationalen Leistungsvergleichs und dem missionarisch agierenden Politiker überschritten« sei.

Was schließlich die OECD-Studien generell betrifft, so ist ernsthaft zu fragen, ob die Deutschen dieses Agi(ti)eren zukünftig überhaupt noch mitmachen und mitfinanzieren sollen. Hessens Kultusministerin Karin Wolff (CDU) wird hier sehr deutlich. Am 14. September 2004 läßt sie per Presseerklärung über OECD-Mann Schleicher verbreiten: »Wer unsere Bildungsreformen nicht zur Kenntnis nehmen will, der muß sich fragen, für welche Fachkompetenz er eigentlich bezahlt wird.« Im März 2005 wird bekannt, daß sich Baden-Württembergs damaliger Ministerpräsident Erwin Teufel (CDU) bei der Spitze der OECD über Schleicher beschwert hat. Teufel fordert von der OECD im Zusammenhang mit PISA »mehr Zurückhaltung bei politischen Bewertungen«. Hoffentlich ist das ein Hinweis darauf, daß Deutschland nicht bereit ist, Schleicher ein weiteres Mal, nämlich für PISA 2006, als OECD-Koordinator zu tolerieren.

PISA-Lautsprecher

Der Lautsprecher aller PISA-Bewegten ist ansonsten die Deutsche Presseagentur (dpa). Natürlich muß der Marktführer unter den in Deutschland tätigen Presseagenturen tagtäglich vorne dran sein. Das gelingt dieser Agentur in den meisten Nachrichtenressorts in überzeugender Weise. In der Schulpolitik scheint dpa aber mit seriöser Berichterstattung auf Kriegsfuß zu stehen. Nehmen wir als Belege schlicht und einfach Schlagzeilen, die dpa in ihrem »Dienst für Kulturpolitik« seit Dezember 2001 zu PISA produzierte:

3. Dezember 2001: PISA – Ohrfeige für deutsche Schulen
10. Dezember 2001: PISA löst Debatte über grundlegende Bildungsreform aus
17. Dezember 2001: Bulmahn setzt nach PISA-Debakel auf mehr Ganztagsschulen
11. März 2002: Grüne sehen in PISA-Schock auch eine Chance
25. März 2002: Bulmahn: Deutsches Schulsystem ungerechter als andere
24. Juni 2002: Schröder hält Bayern niedrige Abiturientenquote vor
8. Dezember 2003: Vernichtende Kritik an deutschen Schulen – OECD-Forscher: veraltet
2. Februar 2004: Soziale Herkunft entscheidet schon in Grundschule über Chancen
20. September 2004: Neue OECD-Studie facht Streit um Bildungsreform an; wieder schlechtes OECD-Zeugnis – was nun?
22. November 2004: Deutschland bei PISA wieder nur Mittelmaß – Förderung versagt
29. November 2004: Die Schlacht um die PISA-Interpretation hat begonnen
6. Dezember 2004: Schleicher: Grundlegende Bildungsreform in Deutschland nötig
13. Dezember 2004: PISA-Studie heizt Schulstrukturdebatte an

Dazu bedarf es kaum weiterer Kommentare. Den Vogel abgeschossen hat wohl die letztgenannte Schlagzeile: »PISA-Studie heizt Schulstrukturdebatte an«. Diese Schlagzeile hätte auch heißen können: »dpa heizt die Schulstrukturdebatte an«. Im Schlepptau folgen manche Zeitungen und Magazine. Und so metastasieren die übellaunigen PISA-Kommentare und PISA-Schlagzeilen: »Lesen und Rechnen mangelhaft« (Süddeutsche Zeitung vom 3. Dezember 2001); »Schlechte Noten für deutsche Schüler bei internationalem Vergleich« (Handelsblatt vom 3. Dezember 2001); Katastrophales Zeugnis für deutsche Schüler (Kieler Nachrichten vom 3. Dezember 2001); »Note ›Sechs‹ für Deutschlands Schüler« (WirtschaftsWoche vom 4. Dezember 2001); »Die Schule brännt« und »Ein lehrreiches Desaster« (ZEIT vom 6. Dezember 2001); »Erneut schlechte Noten« (WELT vom 27. Februar 2004); »Deutschland schon wieder Verlierer beim Bildungstest« (WELT vom 22. November 2004); »Neue Pisa-Studie: Ohrfeige für Deutschland« (Focus-online vom 21. November 2004); »Deutschland bei PISA wieder nur Mittelmaß« (General-Anzeiger vom 22. November 2004); »Ausreichend ist nicht gut genug« (Süddeutsche Zeitung vom 23. November 2004); »Maues Mittelmaß und keine Chance für die Armen« (STERN-online vom 4. Dezember 2004); »Deutschland bei PISA eineinhalb Schuljahre hinter Finnland« (Aachener Zeitung vom 4. Dezember 2004); »Aufgerückt ins Mittelmaß« (Süddeutsche Zeitung vom 6. Dezember 2004); »Heillos überfordert« (Focus vom 6. Dezember 2004); »Deutschland im PISA-Schock« (Spiegel vom 6. Dezember 2004). Reichlich dilettantisch hatte SPIEGEL-online am 22. Juni 2002 geschrieben: »Bayern bei Wissenschaften nur Pisa-Dritter« und übersetzt dabei »sciences« anstatt mit »Naturwissenschaften« mit »Wissenschaften«.

Es muß nicht so sein. Was seriöse und was tendenziöse Berichterstattung ist, signalisieren andere Schlagzeilen: »Unterforderte Schüler« (FAZ vom 4. Dezember 2001); »Der Süden ist einfach besser« (Rheinischer Merkur vom 6. März 2003); »Pisa: Deutsche Schüler nicht besser, nicht schlechter« (FAZ vom 6. Dezember 2004); »Leichter Fortschritt beim Pisa-Mathematiktest« (WELT vom 6. Dezember 2004); »Deutschlands Schulsystem im Aufwind« (WELT vom 7. Dezember 2004); »Deutschlands Schulsystem ist besser als sein Ruf« (WELT vom 7. Dezember 2004).

Zwischen all dem – zwischen OECD und dpa – irrlichtert Bundesbildungsministerin Edelgard Bulmahn (SPD) quer durch den bildungspolitischen Gemüsegarten. Zur Veröffentlichung der Daten von PISA 2003 versteift sie sich monomanisch auf die Botschaft: »Bulmahn will die Hauptschule abschaffen« (8. Dezember 2004). Wie wäre es, wenn sie die Abschaffung der OECD oder ihres eigenen Ministeriums forderte? Oder – weil sie wegen ihrer schlechten Leseergebnisse ja die personifizierten Sorgenkinder sind – die Abschaffung des männlichen Geschlechts? Denn: Hätten wir die Jungen mit ihren miserablen PISA-Werten im Lesen nicht, dann lägen wir ziemlich vorne, zumindest gleichauf mit den Niederlanden. Peer Steinbrück (SPD), NRW-Ministerpräsident, kritisiert denn seine Parteifreundin heftig wegen ihrer Forderung nach Abschaffung der Hauptschule. Unmißverständlich verlangt Steinbrück in der Süddeutschen Zeitung vom 20. Dezember 2004 vom Bund »äußerste Sensibilität« in der Bildungspolitik. Vor allem irritiert ihn, daß sich der Bund in Person der Bundesbildungsministerin mit dem Vorstoß zur Abschaffung der Hauptschule schulpolitisch in einer heiklen Phase der Debatte um eine Föderalismusreform und obendrein kurz vor einem ersten Scheitern der Föderalismuskommission eingemischt hat. Wörtlich: »Zumindest der jüngste Vorstoß der Ministerin zur Hauptschule war für die Arbeit der Föderalismuskommission alles andere als förderlich.« Der Chef der SPD-Fraktion im Bayerischen Landtag, Franz Maget, wird im Dezember 2004 noch deutlicher. Er quittiert den Vorstoß Bulmahns, die Hauptschule abzuschaffen, mit den Worten, das gehe die Bundesbildungsministerin einen »feuchten Kehricht« an.

Das eine oder andere unerwartet vernünftige Wort aus bestimmten parteipolitischen Ecken wird aber durch zahlreiche Quasseleien und Katastrophenszenarien sofort wieder in den Schatten gestellt. So wird das deutsche PISA-Ergebnis im Gutachten des Wissenschaftlichen Beirates für Familienfragen des Bundesministeriums für Familie, Senioren, Frauen und Jugend (Titel: Die bildungspolitische Bedeutung der Familie – Folgerungen aus der PISA-Studie; 2002) gar in den Rang – offenbar willkommener – gigantischer Katastrophen erhoben: »Die Erfahrung einer Katastrophe kann ... paradoxerweise ihr Gutes haben, indem sie Kräfte zu einem Neubeginn mobilisiert ... Als Beispiele dafür werden der Kernreaktorunfall in Tschernobyl (1986) und die Ölkrise (1973) angeführt.«

Womit wir fast schon bei den Grünen wären. Diese sind immer gerne mit von der Partie beim Krisengeschwätz um PISA. Wenn es freilich als opportun erscheint, weil man gerade ein anderes Publikum vor sich hat, dann heuchelt man und schmückt sich gerne mit einem Referatsthema wie »Weg vom Krisengeschwätz: Wir können besser als PISA« – so jedenfalls lautet am 6. Februar 2005 das Thema der bildungspolitischen Sprecherin der bayerischen Landtags-Grünen, Margarete Bause, bei dem Forum für junge Erwachsene mit dem Titel »Abitur – und dann?« in der evangelischen Akademie Tutzing.

Und wenn denn gar kein Argument mehr hilft, dann muß schon mal die DDR-Nostalgie herhalten. Grundtenor: Seit es die DDR nicht mehr gibt, muß die BRD nicht mehr beweisen, daß sie besser ist. Und weil sie das nicht mehr beweisen muß, fällt sie zurück. So zumindest ein Kommentator der Süddeutschen Zeitung vom 8. Dezember 2001, der seinen Beitrag »Mittelmaß in Europas Mitte« mit folgenden Sätzen beginnt: »Schade, daß es die DDR nicht mehr gibt. Im Schultest der OECD-Länder, der sogenannten PISA-Studie, hätte sie wohl besser abgeschnitten als die Bundesrepublik. Als bei der Fußballweltmeisterschaft 1974 Jürgen Sparwasser die DDR zum Vorrundensieg über die BRD schoß, spornte diese nationale Schmach die Beckenbauer-Elf besonders an. Anschließend würden ›wir‹ Weltmeister.« Recht hat er, der Kommentator, zumindest in einer Hinsicht: Die DDR hätte besser abgeschnitten als die BRD. Im Sport schaffte sie dies dank Doping, und für PISA wäre ihr schon irgendein Bildungsanabolikum eingefallen.

PISA und der Fernsehtalk

Kann man all das noch toppen? Ja, mit einem hochkarätigen Fernsehtalk. Diese Talkrunden sind zwar beliebig austauschbar, und jeder dieser »Talks« könnte ein Jahr früher oder später stattfinden. Aber für nach wie vor drei bis fünf Millionen Zuschauer gehört es zum sonntagabendlichen Ritual: Man schaltet auf ARD »Sabine« ein, die Worterteilerin nicht nur der ARD, sondern der ganzen Nation. Keinem Parlamentspräsidenten in Deutschland wird so intensiv gelauscht, wenn er Redner aufruft, wie ihr. Die Rede ist von Sabine Christiansen. An die 50mal pro Jahr will sie Problembewußtsein schaffen und »Themen aufgreifen«, um sie keine 24 Stunden später – »andiskutiert« statt durchdiskutiert – wieder fallenzulassen. Drei bis fünf Millionen Zuschauer lauschen ihr und ihren Gästen (besonders beliebt Leute wie Gysi) dann für eine Stunde, um solchermaßen gut gestärkt in die nächste Arbeitswoche zu starten.

Am 27. Januar 2002 versuchte Sabine es mit »Bildung«. Bekannt reißerisch das Thema und der Vorspann: »Wieso sind wir Deutschen dümmer als andere?« Und erst die Gäste! Sieben an der Zahl – gerade mal so viel, daß jeder in der Summe so an die vier bis fünf Minuten zu Wort kommt. Da läßt sich das PISA-Desaster hochdifferenziert diskutieren! Und was für Gäste. Mit der damaligen Präsidentin der Kultusministerkonferenz, Dagmar Schipanski (CDU), und Kurt Beck, dem SPD-Ministerpräsi-

133

denten von Rheinland-Pfalz, waren die Politikerquote und der Parteienproporz erfüllt. Mit dem bei »Christiansen« ebenfalls unvermeidlichen Hans-Olaf Henkel war die Industrie bedient, mit dem Gründungspräsidenten der Privatuniversität Witten, Konrad Schily, kam »die« Universität zu Wort. Der Autor dieses Buches war der einzige Schulmann in der Runde, komplettiert wurde die Runde von zwei Popstars: von der »praktizierenden« Mutter Vicky Leandros (die das erste Wort erteilt bekam) und von der Inszenierung deutscher Schlagerverdummung, dem »Entertainer« Guildo Horn (letzterer im Safari-Look, der das Schlußwort sprechen durfte). Da läßt sich trefflich diskutieren.

In Erinnerung bleiben gewiß Sentenzen wie folgende. Vicky Leandros: »Kinder sind doch wirklich unsere Zukunft.« Oder Guildo Horn: »Ich kriege zum Beispiel hier in der Sendung immer mit, hier sitzen ganz schlaue Köpfe, die unser Land regieren, und es wird sich nur gestritten, man kräht sich ins Wort herein, und ich möchte einfach mal über die Emotionalität sprechen, die ja eigentlich eine Voraussetzung für ein Lernen bildet.«

Ob Sabine Christiansen tatsächlich vorhatte, Deutschlands Bildungsdebakel leibhaftig vorzuführen? Am Rande: Die Sendung begann mit einiger Verspätung, weil die vorausgehende TV-Übertragung der Verleihung des »Ordens wider den tierischen Ernst« durch den Aachener Karnevalsverein an den »Ritter 2001«, den FDP-Vorsitzenden und Mister »18 Prozent« Guido Westerwelle, länger als geplant in Anspruch genommen hatte. Aber das Zusammentreffen von Ordensverleihung und PISA-Talk war reiner Zufall.

Und so irrlichtern sie denn weiter, die »Der Geist ist doch unser einziger Rohstoff«-Phrasendrescher und die PISA-bewegten Möchtegern-Kassandras. Borniert gehen sie mit der Heillehre hausieren, daß jenseits des gegliederten deutschen Schulsystems doch alles viel besser sein könnte, und sehen sich in der Rolle der einsamen Rufer, deren vermeintlich brisante Warnungen nicht gehört werden. Der Unterschied zur Kassandra Homers ist allerdings, daß deren Warnungen – damals vor dem Trojanischen Pferd – berechtigt waren.

PISA und die Psychologie

Fast alle anderen PISA-Nationen reagierten auf PISA 2000 und auf PISA 2003 anders als die Deutschen, nämlich gelassen und unaufgeregt. Fragt man US-amerikanische Lehrer nach PISA, wissen sie zumeist gar nicht, worum es geht. Spricht man mit Lehrern aus Italien, so gewinnt man den Eindruck, daß Pisa dort nach wie vor ausschließlich die Stadt in der Toskana mit dem berühmten schiefen Turm ist. Und begegnet man Finnen, dann herrschen hier neben einem kleinen Schuß Stolz durchaus Zweifel vor, ob man die finnischen PISA-Ränge denn zu Recht erreicht habe. Durchaus mischt sich dann die Sorge hinein, ob die Politik sich denn jetzt, wo man in Finnland ja schon so gut sei, im Bildungsbereich nicht ein wenig zum Sparen gedrängt sehe. Wieder andere, Japaner und Kanadier, sind sich nicht so ganz sicher, ob ihr Land denn wirklich eine repräsentative Stichprobe zur Testung angeboten habe. Es wird die Vermutung gestreut, daß die Japaner schon mal schwächere Schulen aus solchen Untersuchungen ausblenden wollen und die Kanadier durchaus keinen gesteigerten Wert darauf legen, in Schulen zu testen, die von Indianern dominiert werden. Jeder eben, wie er es gerade braucht!

Die Schweiz vermeldet – so die Neue Zürcher Zeitung (NZZ) vom 8. Dezember 2004 – »verhaltene Freude über gute Noten« bei PISA 2003. Gleichzeitig sieht man selbst angesichts von Rängen zwischen Platz 7 und 11 (bei PISA 2000 zwischen 7 und 18) keinen »Grund zur Euphorie im Lande Pestalozzis« – so ebenfalls die NZZ. Recht nüchtern und rational wartet man den offenbar für die Schweiz viel wichtigeren nationalen Vergleich ab, der womöglich kantonale Unterschiede zutage fördert. Für das erneut nur mittelprächtige Abschneiden der Schweizer beim Lesetest macht Hans Ulrich Stöckling, der Präsident der Eidgenössischen Direktorenkonferenz (vergleichbar der deutschen KMK), vor allem die Einwanderungspolitik verantwortlich. In diesem Punkt stoße die Schule an ihre Grenzen; sie sei hier auf eine sinnvolle Migrations- und Integrationspolitik sowie auf eine außerschulisch unterstützende Familienpolitik angewiesen. Im Gegensatz nämlich zu klassischen Immigrationsländern wie Kanada und Australien habe die Schweiz mit dem Zuzug wenig gebildeter Einwanderer ihr Bildungsniveau gesenkt. Ein NZZ-Kommentator fügt hinzu: Alle Reformen nützten letztlich wenig, wenn die Schule immer mehr zum Problemlöser gesellschaftlicher Defizite degradiert werde und die Lehrkräfte ihr pädagogisches Kerngeschäft vor lauter Gewalt- und Drogenprävention kaum mehr erfüllen könnten.

PISA und der deutsche Nationalcharakter

Die Deutschen reagieren anders, denn sie sind ein eigenartiges Volk, womöglich sogar ein neurotisches. Ob das mit ihrem Status als »verspätete Nation« (Helmuth Plessner), mit ihrer von 1933 bis 1945 aufgeladenen Schuld oder mit der nachfolgenden »reeducation« zu tun hat, müssen Historiker beantworten. Tatsache bleibt, daß die Deutschen, wenn es um sie selbst geht, nicht normal sind. Anormal ist vor allem, daß sie sich nicht für normal halten und nicht normal geben können. Deshalb leiden sie an sich selbst, an der eigenen Nation – allen voran die Progressiven. Kritische Publizisten halten den Deutschen dementsprechend gern einen Spiegel vor. »Sie scheinen fest entschlossen, auf keinen Fall glücklich oder wenigstens zufrieden zu sein«, schreiben Hugo Müller-Vogg, Oswald Neuberger und Peter Dittmar 1990 in ihrem Buch »Nichts zu lachen? Des Wohlstands süßsaure Gemütslage«. Für Johannes Gross ist Deutschland 1989 »ein übelgelauntes Land« (Buchtitel: »Phönix in Asche«). Und bereits 1988 hatte Erich Wiedemann das deutsche Volk als ein »Volk in Moll« bezeichnet (Buchtitel: »Die deutschen Ängste«). All dies ist wahrscheinlich der Grund, warum die Deutschen von ihren Nachbarn nicht immer gemocht werden. Denn wer mag schon einen Nachbarn, der sich griesgrämig selbst zuwider ist?

Mit Bildungsdeutschland ist es kaum anders. Das offizielle Bildungsdeutschland hat sich als PISA-Deutschland wie Narziß in sein masochistisch verzerrtes Selbstbild zu verlieben. Mit klammheimlicher Freude, also verklemmt, schaut es auf seine »schlechten« Rangplätze in der PISA-Tabelle. Die bildungspolitische Lage der Nation wird mehr und mehr flagellantenhaft zu einer permanenten weinerlichen Klage.

Und wieder einmal liegt Deutschland mit Wonne darnieder. Diesmal wegen PISA. Nun gut, wir waren nicht Spitze, sondern mittelprächtig. Aber bei einem solchen Ergebnis ist es für einen Deutschen Pflicht, dies als ein Ergebnis in der hinteren Hälfte zu sehen – ebenso wie ein Deutscher ein zur Hälfte gefülltes Glas immer als halb leeres Glas zu sehen hat. Wenn es nach dem Urteil progressiver Bildungspolitiker und ihrer pseudoerziehungswissenschaftlichen Souffleure geht, liegt Deutschland als Bildungsland sogar schon auf der Intensivstation. Und am liebsten würden die progressiven Bildungspolitiker aktive Sterbehilfe für die bestehenden deutschen Bildungsstrukturen und Bildungsgrundsätze leisten. Allerdings gehören nicht Deutschlands Schulen, Schüler und Lehrer aufs Krankenlager. Nein, es gehören die Architekten deutscher Schulpolitik sowie ihre oberschlauen Chronisten auf die Couch – und zwar auf die Couch der Psychoanalyse.

Vermutlich steckt auch hinter der permanent masochistischen Nörgelei um Deutschlands PISA-Ränge eine Hybris, nämlich die Hybris im Negativen als Fortsetzung des Größenwahns. Wenn es um Ränge im internationalen Vergleich geht, dann brauchen die Deutschen offenbar immer exponierte Ränge. Und wenn es denn keine oberen Ränge sind, dann sollen es gefälligst doch Ränge ganz unten sein. Selbstquälerisch ergötzt man sich dann, wenn die deutsche Fußballnationalmannschaft verliert, wenn Deutschland beim europäischen Song-Contest ganz hinten liegt, wenn Deutschland laut Europäischem Amt für Betrugsbekämpfung (OLAF) an zweiter Stelle auf der Liste der besonders bestechlichen Länder steht, wenn sich Deutschland im internationalen Umweltranking auf Platz 31 wiederfindet. Und mit schierer Wollust genießt man Entsprechendes bei PISA.

Und gleich wird dann das Kind mit dem Bade ausgeschüttet. Man simuliert bildungspolitisch Entschlossenheit mittels »progressiver« Abbruchlaune, oder man lenkt ab ins Internationale. Psychoanalytiker würden das eine, die Abbruchlaune, Autoaggression und das andere, das Ablenken, Projektion oder halluzinatorische Wunscherfüllung nennen. Letztere geschieht seit bald 30 Jahren, weil man glaubte, an skandinavischer, französischer, englischer, amerikanischer und japanischer Gesamtschule »nachweisen« zu können, wie »rückständig« und »restaurativ« deutsches gegliedertes Schulsystem sei.

Das Ausweichen ins Internationale wurde somit oft zum Quell pädagogischer Poesie. Alles, was man sich an Horrorbildern von gegliedertem

Schulwesen, von »Frontalunterricht« sowie an Sehnsüchten nach »Kind-
gemäßheit« und »Schülerzentrierung« zusammengereimt hatte, wird international unterfüttert. Aber wie es bei Mythen eben so ist: Zumeist fehlt
es ihnen an der Grenzscheide zwischen Vorgestelltem und »Wahr«-Neh-
mung, zwischen Wunsch und Erfüllung, zwischen Träumen und Wachen,
zwischen Bild und Sache. Damit ist das typisch deutsche Schlechtreden
zum Teil des deutschen Bildungsdilemmas geworden.

PISA-Glühen auch in der Alpenrepublik

Nach PISA 2000 waren die Österreicher sehr stolz auf ihr Abschneiden.
Damals hatten sie in diesem internationalen Schulleistungstest unter 31 teil-
nehmenden Ländern mit PISA-Werten zwischen 507 und 519 international Plätze zwischen 8 und 11 erreicht. Vor allem war unser südöstlicher
Nachbar damals stolz darauf, deutlich vor den Deutschen zu liegen. Ein solches Nationalbewußtsein hatte die Alpenrepublik seit dem 21. Juni 1978
wohl nur selten erfüllt: Damals hatte die österreichische Fußballnationalmannschaft die deutsche bei der Weltmeisterschaft im River-Plate-Stadi-
on in Córdoba/Argentinien in der zweiten Finalrunde in der 88. Minute
mit einem Tor von Hans Krankl, dem »Helden von Córdoba«, 3:2 besiegt.

Um diese PISA-2000-Ränge zu halten, sie womöglich noch zu verbessern, brachten die Österreicher so manches auf den Weg. Die Aktion »Le-
sefit« wurde gestartet, das Projekt »IMST« (Innovations in Mathematics,
Science and Technology Teaching) ausgeweitet, und im Rahmen der Initiative »klasse:zukunft« gab es Bildungsstandards. Außerdem sollte über
innere Schulreformen die Qualität des Unterrichts verbessert werden. Im
Frühjahr 2003 richtete Elisabeth Gehrer, Bundesministerin für Bildung,
Wissenschaft und Kultur, die nationale »Zukunftskommission« ein; deren Aufgabe ist es, die Stärken und Schwächen des österreichischen Schulsystems zu analysieren. Zum Leiter der Kommission wurde DDr. Günter
Haider von der Universität Salzburg berufen; Haider ist zugleich Öster-
reichs wissenschaftlicher PISA-Chef und entschiedener Befürworter einer
verlängerten Grundschule sowie eines Gesamtschulsystems

Nach Bekanntwerden der Ergebnisse von PISA 2003 im Dezember 2004
sah alles anders aus als bei PISA 2000. Vom Vorarlberg bis ins Burgenland
verfiel die Alpenrepublik in die gleiche erhitzte Stimmungslage wie der
Nachbar Deutschland drei Jahre zuvor. Der Grund: Österreich war um bis

zu elf Rangplätze »abgestürzt«. Jetzt war mit Rängen zwischen Platz 15 und 19 fast schon typisch deutsche Depression angesagt. Der Córdoba-Effekt jedenfalls war dahin: Zurückgefallen, so manche Kommentatoren, sei man hinter »deutsches Niveau«. Und obendrein haben die Südtiroler mit 544 Lesepunkten sogar noch besser abgeschnitten als die Finnen.

Tab. 18: Vergleich der österreichischen und der deutschen Ergebnisse bei PISA 2000 und bei PISA 2003

A = Österreich D = Deutschland	Mathematik Werte/Rang	Lesen Werte/Rang	Naturwissen- schaften Werte/Rang	Problem- lösen Werte/Rang
PISA 2000 A	515/11	507/10	519/8	nicht getestet
PISA 2000 D	490/20	484/21	487/20	nicht getestet
PISA 2003 A	506/15	491/18	491/19	506/15
PISA 2003 D	503/16	491/18	502/15	513/13

Wie in Deutschland unterscheiden sich die verschiedenen Schulformen (in Österreich heißen sie »Schulsparten«) in ihren PISA-2003-Ergebnissen erheblich:

Tab. 19: Österreichische PISA-2003-Ergebnisse gesondert nach »Schulsparten«

	Mathematik	Lesen	Naturwissen- schaften	Problem- lösen
Allgemeinbildende höhere Schule AHS	571	572	566	572
Berufsbildende höhere Schule BHS	552	544	539	549
Berufsbildende mittlere Schule BMS	471	462	453	472
Berufsschule BS	456	426	435	459
Polytechnische Schule als BS-Vorlauf PTS	438	397	416	436
Durchschnitt	**506**	**491**	**491**	**506**

Um die Hintergründe der heftig entbrannten Diskussion einschätzen zu können, braucht man ein paar Informationen über das österreichische Schulsystem. Es ist ein nach »Schulsparten« differenziertes, gegliedertes Schulwesen. Auf eine vierjährige Volksschule (= Primarstufe) folgen vier Jahre Sekundarstufe I – entweder als Unterstufe der Allgemeinbildenden Höheren Schule (mit 29,8 Prozent der Schüler) oder als Hauptschule (mit 68,8 Prozent der Schüler). (Die Sonderschule besuchen 1,4 Prozent der Schüler). Auf diese Sekundarstufe folgen alternativ AHS-Oberstufe oder BHS + LHS oder BMS + LMS oder PTS + BS. Die Abschlußquoten sind sehr unterschiedlich:

Tab. 20: Struktur des österreichischen Bildungswesens und Abschlußquoten im Sekundarbereich

Schulsparte	Beschreibung	Absolventenanteile in Prozent und Abschluß
AHS	Allgemeinbildende Höhere Schule (Gymnasium)	19 Prozent (Reifeprüfung nach Schulstufe 12)
BHS + LHS	Berufsbildende Höhere Schule und Lehrerbildende Höhere Schule	23 Prozent (Reife- und Diplomprüfung nach Schulstufe 13)
BMS + LMS	Berufsbildende Mittlere Schule und Lehrerbildende Mittlere Schule	15 Prozent (Abschlußprüfung nach Schulstufe 10 oder 11 oder 12)
BS	Berufsschule inkl. PTS = Polytechnische Schule als einjähriger Vorlauf zur BS	43 Prozent (Lehrabschluß nach Schulstufe 11 oder 12 oder 13)

Diese Schulstruktur hat Auswirkungen auf die PISA-Ergebnisse. Bei PISA wurden nämlich Fünfzehnjährige getestet. Diese sind in Österreich zu erheblichen Anteilen nicht mehr im allgemeinbildenden Schulwesen untergebracht, sondern bereits in der beruflichen Bildung.

Für die österreichische Stichprobe bedeutet dies bei PISA 2003 konkret: Von den insgesamt getesteten 4575 Schüler kommen aus den allgemeinbildenden Pflichtschulen APS (das heißt vor allem aus der polytechnischen Schule PTS) 549 Schüler, aus den Allgemeinbildenden Höheren

Schulen AHS 984, aus den Berufsschulen 813, aus den berufsbildenden mittleren Schulen 768 und aus den berufsbildenden höheren Schulen 1461 Schüler. Viele PISA-Testanden hatten die allgemeinbildende Schule bei der Testung bereits seit einem dreiviertel Jahr verlassen. Das bedeutet: Die auf Österreich bezogenen Vergleiche sind international schief. Und auch sonst scheint nicht alles koscher. So streitet man sich beispielsweise vehement um die Frage, ob denn wirklich alle Daten veröffentlicht oder ob nicht welche zurückgehalten worden sind. Zumindest fällt auf, daß man differenzierte Vergleiche zu PISA 2000 nicht haben wollte; letztere seien nicht möglich gewesen, so das österreichische PISA-Team, weil das internationale Zentrum diese Daten zu PISA 2000 »aus skalierungstechnischen Gründen« nicht gesondert nach Subgruppen zur Verfügung gestellt habe. Man munkelt, was der Grund sein könnte: Die AHS hat gegenüber PISA 2000 deutlich zugelegt.

Wie dem auch sei: Österreichische Politiker und Kommentatoren holen seit Ende 2004 eine Diskussion nach, die sich die Deutschen ab 2001 einbrocken ließen – eine Diskussion nämlich um das ach so inhumane gegliederte Schulsystem und die doch so vorteilhafte Gesamtschule. Krisengipfel auf Krisengipfel wird ebenso gefordert wie der Rücktritt der Bildungsministerin Elisabeth Gehrer. Sie hatte die Mitschuld am schwachen PISA-Abschneiden ihres Landes unter anderem darin gesehen, daß sich Eltern »immer weniger Zeit für die Kinder nehmen«. Und es wird geholzt. DDr. Haider, von seinen Landsleuten als Günter-Günter apostrophiert, verrennt sich in die gar nicht so wissenschaftliche Aussage, die Vertreter des österreichischen Gymnasiums (AHS) – allesamt entschiedene Gegner der Gesamtschule – seien »Steinzeitpädagogen«, und deren ganze PISA-Diskussion erinnere ihn an »Biertischatmosphäre«. Umgekehrt werfen ihm seine Gegner höchste schulpolitische Wendigkeit vor und kolportieren, daß er bei Auftritten vor ÖVP-Gremien unter dem Jackett schwarze Pullover, bei Auftritten vor SPÖ-Gremien rote Pullover trage. Auch die unvermeidliche Elfriede Jelinek sieht erneut einen Grund, sich über ihr Land auszulassen. Den »Standard« läßt sie wissen: »Österreich vergötzt den Sport und verachtet jede Art geistiger Leistung … Kinder werden noch in der Volksschule buchstäblich sortiert, nur damit diese katholisch geprägte feudalistische Klassengesellschaft ihre Existenzlüge der auserwählten Elite und des ungebildeten Fußvolkes aufrechterhalten

kann.« Die Parteien und die Presse teilen sich auf in Gesamtschulbefür-
worter und Gesamtschulgegner. SPÖ, »Standard« und »ORF« stehen für
Gesamtschule – und damit gegen die ÖVP und den Rest der Republik.

Ab Februar 2005 ist aus der PISA-Diskussion eine verfassungspolitische
Diskussion geworden. Hintergrund: Die österreichische Verfassung (»Bun-
des-Verfassungsgesetz«) schreibt in Artikel 14 Absatz 10 vor: »In Angele-
genheiten der … Schulorganisation und des Verhältnisses von Schule und
Kirchen … können Bundesgesetze vom Nationalrat nur mit einer Mehrheit von zwei Dritteln beschlossen werden.« Die ÖVP/FPÖ-Bundesregie-
rung hatte zunächst signalisiert, daß sie eine entsprechende Verfassungs-
änderung samt Abschaffung dieses Zwei-Drittel-Quorums im Verein mit
der SPÖ mittragen werde. Dann kam Gegenwind nicht nur von den
großen Lehrer- und Elternorganisationen, sondern auch von den ÖVP-
regierten Bundesländern und – wegen des Konkordats und des Religions-
unterrichts – vor allem von den Kirchen. Tatsächlich wäre die Alpenrepublik gut beraten, an diesem hohen Gut der Zwei-Drittel-Mehrheit in Sachen Bildung festzuhalten. Eine so schmale statistische Basis wie die PISA-
Basis kann und darf kein Anlaß sein, eine Landesverfassung über Bord zu
werfen. Es ist von Vorteil, wenn eine Verfassung für eine Änderung des
grundlegenden Schulrechts eine Zwei-Drittel-Mehrheit vorsieht. Das
schützt vor politischen Schnellschüssen, und es schützt die Kinder, die ja nur
eine Bildungsbiographie haben, davor, zu Versuchskaninchen zu werden.

Auch wenn die PISA-Diskussion in Österreich an typisch deutsche
PISA-Diskussionen erinnert, darf man gespannt sein, wie es dort weiter-
geht. Eines jedoch bleibt jetzt schon festzuhalten: Österreich fühlte sich
in den vergangenen Jahren – nicht zu Unrecht – vor allem wirtschaftlich
als das kleine, bessere Deutschland. Aber wenigstens bei PISA möchte
Felix Austria halt doch »a bisserl« deutsch sein.

PISA und die Freizeitweltmeister

Die PISA-Schüler in Deutschland sind Kinder einer Gesellschaft, die in
weiten Bereichen nicht mehr die Gesellschaft des weltweit sprichwörtlich
fleißigen deutschen Michels ist. Dieser Michel ist »out«. Folglich kann der
Nachwuchs-Michel nicht plötzlich wieder der personifizierte Fleiß sein.

142

Daß immer weniger Schüler den Dingen auf den Grund gehen und sich immer mehr Schüler lieber unterhalten lassen wollen, muß uns freilich nicht wundern: Die Deutschen arbeiten mit knapp über 1600 Stunden pro Jahr weniger als alle anderen – 200 Stunden weniger als die Amerikaner, 600 Stunden weniger als die Japaner. Wie können die jungen Deutschen da plötzlich die Inkarnation von Fleiß und Gründlichkeit sein? Diese Klage führt natürlich nicht weiter. Sie beleuchtet jedoch, woran es eben auch krankt. Deshalb sind die PISA-Ergebnisse nicht nur ein Attest für die Schulen, sondern ein Attest für die ganze Nation und deren Bildungsgesellschaft.

Tatsächlich nämlich hat sich das Verhältnis von Ernst und Spaß, von Arbeit und Freizeit zunächst in der Erwachsenenwelt drastisch gewandelt. Wir hatten noch vor eineinhalb Generationen die 48/50-Stunden-Woche, jetzt haben wir die 35/38-Stunden-Woche. Die Wochenarbeitszeit hat sich in dieser Zeit also um rund 30 Prozent reduziert. Nur rund sieben Prozent der Lebenszeit (650.000 Stunden; ca. 75 Jahre) sind heute Arbeit (ca. 45.000 Stunden). Seit den 90er Jahren haben die Menschen in Deutschland erstmals (auf das Jahr bezogen) mehr Stunden zur freien Verfügung, als sie für den Erwerb ihres Unterhalts aufwenden müssen. Folge: Bei den Begriffen »Fleiß« und »Arbeit« denkt man heute oft eher an die Japaner und die »vier kleinen Tiger« Singapur, Hongkong, Taiwan und Südkorea als an die Deutschen. Ein böses Wort sagt: Die Deutschen – die sind in der Freizeit Hedonisten, in der Arbeitszeit Spartaner. Da ist es mehr als logisch, daß eine solche Spaßgesellschaft eine Spaßpädagogik erzeugt.

Außerdem erleben wir seit ca. 30 Jahren einen dramatischen Wandel der Werteprioritäten. Helmut Klages hat dazu eine Theorie entwickelt, der zufolge ab Ende der 60er Jahre Pflicht- und Akzeptanzwerte (zum Beispiel Disziplin, Gehorsam, Pflichterfüllung, Treue, Unterordnung) durch Selbstentfaltungswerte (zum Beispiel Emanzipation, Partizipation, Individualismus, Autonomie) zurückgedrängt worden seien. Klages konstatiert unter anderem einen zunehmenden Verfall von Arbeitsdisziplin und Leistungsbereitschaft.

Es mag kulturpessimistisch klingen: Wir sind vielleicht überhaupt dabei, nicht nur unsere natürlichen Ressourcen aufzubrauchen, sondern auch unsere ideellen: » … und dabei ist das Eis, das uns noch trägt, so dünn geworden: Wir fühlen alle den warmen unheimlichen Atem des Tauwindes – wo wir noch gehen, da wird bald niemand mehr gehen können!« (Friedrich Nietzsche) Solche Aussagen betreffen auch die Bereitschaft dieser Bildungsnation, ihren Nachwuchs zu erziehen. Der namhafte Pädagoge Eduard Spranger stellte vor vier Jahrzehnten fest, daß die hauptsächliche Ursache negativer Prägungen unserer Kinder und Jugendlichen »die innere Unwahrhaftigkeit der Gesellschaft ist, da erziehen zu wollen, wo echte Erziehungsresultate eigentlich nicht gewollt, zumindest nicht geschätzt werden«. Das gilt auch heute. Man denke nur an den Schrott, den uns diese Gesellschaft zumutet, den wir zugleich als Ausdruck von Informationsvielfalt, Meinungsfreiheit und Kunstfreiheit akzeptieren sollen, gegen den wir zugleich erziehen sollen.

Freude statt Spaß!

Vielleicht aber sollte man statt Spaß mehr Freude haben wollen – zum Beispiel an Bildung. Spaß ist nämlich nur augenblicksorientiert, er bedarf der steten Reizerneuerung. Spaß ist das Vertreiben von Zeit. So jedenfalls erschließt er sich sprachgeschichtlich. Er stammt vom italienischen »spasso« ab (lat. ex-passare = zerstreuen; expandere = ausbreiten). Es bedeutet also nichts anderes als »Vergnügen und Zeitvertreib«. Zum Zeitvertreib aber ist die Zeit des Lebens und die Zeit in der Schule zu kostbar. Deshalb sollten wir in Gesellschaft und Bildung vielleicht mehr Freude als Spaß haben wollen. Spaß verhält sich schließlich zu Freude wie Oberfläche zu Tiefgang, wie Flüchtigkeit zu Dauerhaftigkeit. Deshalb, wegen des Tiefgangs und wegen der Dauerhaftigkeit, ist eine Schule der Freude an Leistung einer Schule des Zeitvertreibs unbedingt vorzuziehen.

Im weitesten Sinn hat das mit PISA zu tun. Denn wir brauchen wieder mehr den Tiefgang und die Dauerhaftigkeit in der Bildung. Im übrigen kann man für das Erleben von Freude an Bildung etwas tun – nämlich Fleiß, Anstrengung und Ausdauer investieren. Bei solcher Investition stellt sich dann neben Bildung das Erleben von Freude ein. Bei reiner Spaßorientierung braucht sich niemand zu wundern, wenn unsere jungen Leute keine 45-Stunden-Schule-und-Hausaufgaben-Woche wollen, ohne die es nicht geht, wenn der Bildungserfolg garantiert sein soll. Wenn die Erwachsenen in ihrer Zeit nahezu alles dürfen und kaum etwas sollen, dann wollen die Jungen in ihrer Zeit nicht alles sollen und kaum etwas dürfen. Alles aber zu dürfen und nichts zu sollen, das funktioniert nirgends, weder in der Gesellschaft noch in der Erziehung.

PISA und die Psychopathologie real existierender Schulpolitik

PISA hat zumindest in Deutschland eine Menge mit Tiefenpsychologie und Psychopathologie zu tun. Nicht daß in PISA solches Wissen abgefragt worden wäre. Nein, aber die Reaktionen der Deutschen auf PISA und auf das für die Deutschen wenig schmeichelhafte Ergebnis haben mit Tiefenpsychologie zu tun. Während andere Länder weniger deprimiert über PISA grübeln und PISA als das sehen, was sie ist, nämlich eine Statistik, könnte Sigmund Freud am Umgang der Deutschen mit ihrem PISA-Ergebnis nahezu sein ganzes Theoriegebäude verifizieren. PISA-Deutschland liegt sozusagen auf der Couch. Und so manches fördert der Bildungspatient dort zutage.

Bemühen wir also die Psychopathologie – Unterabteilung: PISA-Psychopathologie! Wie stellt sich danach Schulpolitik heute dar? (Apropos »stellt sich dar«: Daß sie sich *nur* noch darstellt, lassen wir in der Diagnose einmal beiseite, sonst müßte man noch als Sonderdiagnose einen um sich greifenden Exhibitionismus aufnehmen!) Nun, es handelt sich bei unserem Klienten offenbar um ein hochkomplexes Zustands- und Krisenbild, um eine Vielzahl an gravierenden Symptomen also, die bislang in der Fachliteratur und auf Fachkongressen freilich noch nicht zu einem Syndrom gebündelt werden konnten. Auch gehen die höchst malignen (natürlich nicht maliziös gemeinten) Einzelbefunde der Fachdiagnostiker – nachfolgend alphabetisch aufgereiht – in sehr unterschiedliche Richtungen.

1. Amnesie

Schulpolitik in Deutschland leidet unter Gedächtnislücken. Alle Welt weiß, was Deutschland einst zu einer führenden Bildungsnation gemacht hat: ein gegliedertes, hochdifferenziertes Schulwesen, darunter ein gerade auf das Gymnasium bezogener Bildungsidealismus, der diese Schulform vor dem Diktat eines flachen Verwertungsdenkens bewahrt hat; ein duales Berufsbildungssystem und ein Humboldtsches Verständnis von Universität. Und jetzt die Amnesie: Alle Welt weiß das, nur die Deutschen selbst wollen es nicht mehr wissen. Statt dessen bemühen sie die Abrißbirne, um all diese Strukturvorteile zu beseitigen: Das hochdifferenzierte Schulwesen wird allein schon dadurch eingeebnet, daß die Bildungszeiten der verschiedenen Schularten immer mehr einander angeglichen werden; das duale Berufsbildungssystem wird durch die mangelnde Bereitschaft der Wirtschaft zum Lehrstellenangebot in Gefahr gebracht; und die Universität ließ man zur Massenhochschule verkommen.

2. Autismus

Schulpolitik in Deutschland neigt zum Autismus; sie wird immer exklusiver. Die Kommissionen und die Küchenkabinette (KuK) sind heute die großen schulpolitischen An-Denker. Man denkt etwas an, statt daß man es durch-denkt und statt daß man nach-denkt. Ob es ein McKinsey-Beirat ist oder ob es Roland-Berger-»Experten« sind, ob Bertelsmann oder PROGNOS AG – alle schotten sich ab, um nach mehr oder weniger langer Zeit quasi »ex cathedra« die neuesten Phantasien zu verkünden. Vor Ort in den Schulen hat man die KuK-Enzykliken dann gefälligst zu beklatschen. Das Wissen und die Erfahrungen der Praktiker könnten da nur stören. Dabei hat eine einzige mittelgroße Schule mit 40 Lehrern und ihren rund 1000 Jahren Lehr-Erfahrung mehr Wissen um Schule als alle Kommissionen und Küchenkabinette sowie mehrere Kultusministerien zusammen. Was besonders verwundert an diesem Autismus: In jedem Management-Rezept-Taschenbuch für fünf Euro steht: Man muß die Beteiligten mitnehmen. Man muß kommunizieren, wenn man etwas erreichen will. Autisten tun das nicht, sie sind sich bekanntermaßen selbst genug.

3. Autoaggression

Die Deutschen haben einen Hang zur Autoaggression, zumindest zur lustvollen Selbstbezichtigung. Lustvoll daran ist, daß man die Katastrophenszenarien nicht nur verbreitet, sondern sie zugleich genießt. Man hegt und pflegt sein eigenes angebliches Desaster. Daß im deutschen Schulwesen vieles ordentlich läuft, ist langweilig. Nein, die Katastrophe muß her. Kurz: Wir sind so ziemlich die Schlechtesten. Bei einer früheren Studie, bei der TIMSS (Third International Mathematics and Science Study), waren wir in den Jahren 1996 und 1997 noch Mittelfeld. Das war langweilig. Deutsche wollen die Besten und Stärksten oder eben die Schlechtesten und Hintersten sein. Bei PISA kann man sich letzteres hinrechnen. Platz 20 oder 21 – na, das reicht doch zur marternden Selbstverteufelung. Man will ja – wenn es denn im Positiven nicht geht – wenigstens im Negativen renommieren. Im ausgehenden Mittelalter hießen diejenigen, die sich selbst solchermaßen ständig und öffentlich die Peitsche gaben, Flagellanten. Was geradezu epidemisch hervorgerufen worden war durch Endzeitstimmungen und als religiöse Buße gedacht war, verkam am Ende zu einem lustvollen Masochismus.

4. Cyclothymie

Cyclothymie – das war früher der Begriff für einen periodisch auftretenden Wechsel zwischen manischen und depressiven Phasen. Diese Symptomatik gibt es heute natürlich auch noch – allerdings weniger in der Politik. In der Schulpolitik speziell hat sie sich zu einer phasisch eher unstrukturierten manisch-*pro*gressiven Dauersymptomatik entwickelt. Die permanente Innovation, das permanente Umkrempeln wird zum Fetisch. Wer aber nur noch die Veränderung oder diese gar als Selbstzweck sieht, der sei an den alten Römer Gaius Petronius erinnert; dieser – müde des Reformierens – attestierte seinem Staat: »Wir stellen ständig um, wir strukturieren permanent neu. Es bringt zwar nichts, aber es erweckt die Illusion des Fortschritts.« In anderen Worten: Die real existierende Schulpolitik will mit Gewalt ewigmorgig sein.

5. Depersonalisation bzw. Selbstverleugnung

Amnesie (siehe oben) geht häufig einher mit einem Verlust an Individualität: Man vergißt, wer man war, wer man ist, wohin man eigentlich wollte. Die Psychiatrie spricht hier von Depersonalisation. Einen solchen Verlust haben wir, denn Deutschland scheint vergessen zu haben, womit es zu einer großen Bildungsnation geworden ist. Aber es ist fast noch schlimmer: Diese Depersonalisation hat nicht nur mit retrograder Amnesie oder mit amnestischem Syndrom zu tun, sie scheint nicht nur pathogen zu sein, sondern sie ist psychogen – sie ist gewollt. Nur ein Detailsymptom: Niemand auf der ganzen Welt verlangt, daß die Deutschen ihr bewährtes System der Hochschuldiplome und der Staatsexamina über Bord schmeißen. Die Deutschen tun es trotzdem. In Deutschland studiert man jetzt auf Bachelor und Master – die Lehrer studieren auf »Master of Education«. Begründet wird das Ganze mit »Bologna« – wiewohl die dort erfolgten Empfehlungen in nichts rechtlich verbindlich sind. Die Deutschen scheinen jedenfalls ihre Wurzeln so radikal kappen zu wollen, bis wahrlich nichts mehr übrigbleibt von deutscher Bildungstradition. Das ist nicht nur mangelndes Selbstbewußtsein, sondern das ist Selbstverleugnung, bei manchen Leuten vermutlich sogar Autoaggression (siehe dort).

6. Dyskalkulie

Wenn man sich all die schlauen Vorschläge zu einer »neu gedachten« Schulpolitik anschaut, dann beschleicht einen ständig das Gefühl, als glaube die hohe Politik, immer mehr und immer höhere Bildung sei machbar in immer größeren Klassen, mit immer schwierigeren Schülern, bei immer erziehungsabstinenteren Eltern, in immer weniger Schuljahren und mit immer älteren Lehrern. Das ist Dyskalkulie. Schulpolitik kann offenbar nicht rechnen. Diesen Befund stellt man jedoch besser nicht aus, denn sonst meint die Schulpolitik, sie habe – siehe Legasthenie – Freifahrscheine und für die nächsten Leistungserhebungen (sprich: Wahlen) den totalen Persilschein!

7. HKS (hyperkinetisches Syndrom)

Das ist ein anderer Kernbefund, denn viele Schulpolitiker in Deutschland hängen sich gerne das Image der hyperaktiven Macher um. Gestern wurde die Hauptschule umgekrempelt, heute die Realschule, morgen das Gymnasium. Die Lehrerbildung gleich mit, und die Lehrpläne haben ohnehin eine Halbwertszeit von nur noch wenigen Wochen erreicht. Phänotypisch ist diese ständige Suche nach immer neuen Mitteln eine Neomanie, ein hyperaktiver Polypragmatismus. Vielleicht ist es aber nur pubertäres Imponiergehabe!

8. Megalomanische Machbarkeitsvisionen

Hier handelt es sich vermutlich um ein Kernstück der Pathogenese. Denn die Pädagogik der letzten vier Jahrzehnte und in ihrem Geleit die Schulpolitik sind geprägt von einer größenwahnsinnigen Machbarkeitsphantasie. Schulpolitische Zukunftskongresse werden schier sakral abgehalten wie Hochämter. So geschehen beispielsweise Anfang 2004 am Münchner Flughafen im Hotel »Kempinski«. »Segel setzen für die Zukunft« – so lautete der Titel eines Jubelkongresses des bayerischen Kultusministeriums zum verkürzten Gymnasium. Legion sind die erleichterungspädagogischen Mega-Versprechungen: Bessere Noten durch weniger Druck; weniger Durchfaller sowie mehr und bessere Abiturienten durch kürzere Schulzeit, heißt es. Und vergessen scheint längst eine andere Versprechung: Die Rechtschreibreform sollte den Schülern 70 Prozent der Fehler ersparen! Heute will kein Mega-Reformer mehr an diese Mega-Realsatire und an diese schulpolitische Mega-Windmaschine erinnert werden.

In der schulpolitischen Megalomanie dürfen die ganz Kleinen, die Grundschüler, nicht fehlen. Auch hier wird programmatisch und visionär geackert und gegackert. So kamen denn im Jahr 2003 »Experten« der bayerischen Wirtschaft zu dem Ergebnis, daß man mit vier Jahren einschulen und mit 13 für den Beruf bzw. mit 16 für die Universität ausschulen soll. Begründung: Anders sei die deutsche Volkswirtschaft nicht zu sanieren. Politikerinnen – selbst solche mit angeblich christlichem Menschenbild – eilen der »Vision« hinterher und halten sie für nachdenkenswert. Es scheint für den Nachwuchs ein neuer olympischer Vierkampf angesagt: Schneller, höher, weiter – und jünger! Die Damen und Herren hätten da mal einen Blick in Aldous Huxleys Horrorutopie »Brave New World« (»Schöne neue Welt«) werfen sollen, denn dort geht alles noch viel schneller und besser. Dort werden die jungen Leute in einer 34stöckigen Brut- und Normzentrale mittels Eugenik auf Anpassung getrimmt; dort weiß man, wie man »Alphas« (vulgo: High Potentials) formt und die Jungen in sechseinhalb Jahren zum Erwachsensein durchschießt; dort weiß man, wie man mittels Menschenproduktion am Fließband einen Bienenstaat formt. Schöne neue Welt! Die Wirtschaft hätte endlich das, was sie seit eh und je sucht: den smarten Zwanzigjährigen mit internationalem Mehrfachdiplom und zehn Jahren Berufserfahrung. Und Karl Marx hätte seine Freude und seinen Zorn daran. Womit wir eigentlich bei der entscheidenden Frage wären: Warum in Gottes Namen hat die Interessengemeinschaft hormongläubiger Hühnchenzüchter noch keine Bildungsdenkschrift aufgelegt? Oder warum hat es die Schutzgemeinschaft anaboler Dopingtrainer noch zu keiner PPP (Post-PISA-Projektion) gebracht? Die wissen doch schließlich, wie man rasch zu dicken Schenkeln kommt. Das könnte doch auch für die PISA- und Gehirnmuskeln gut sein! Zumindest den dritten PISA-Durchlauf 2006 sollte man sich sparen. Wir sollten den Geflügelschenkel- und Humanmuskelzüchtern Glauben schenken und tun, was sie uns sagen – die Kinder nämlich mit vier einschulen und mit 16 studieren lassen.

9. Pseudoreligiöse Zwangsneurose

Große Teile der schulpolitischen Debatte vor, während und nach PISA haben etwas Sakrales und Kultisches an sich. Kultisch ist die Debatte vor allem, weil es wenige vermeintlich befugte Eingeweihte gibt, die glauben, die Liturgie der PISA-Debatte, also deren Form, Ort, Zeit und Zweck, oktroyieren zu können. Wie immer die Gesamt- oder Detailergebnisse ausfallen, die Reaktion bei den Hohepriestern der PISA-Interpretation ist immer die gleiche: Das deutsche Schulwesen ist schlecht, es ist selektiv, es ist nicht zukunftsfähig. Wie bei einer Litanei beten PISA-Vorbeter Beschwörungsformeln vor, die die fromme PISA-Gemeinde nachzubeten hat. Die Eingeweihten selbst sind umgeben mit einer Aura des rauschhaft Mystischen; nur sie können die PISA-Geheimnisse entschlüsseln, nur sie verfügen quasi über das Evangelium, über die gute Kunde und die frohe Botschaft – als da sind: Gesamtschule, Einheitsschule, Gemeinschaftsschule. Wie animistisch beseelt erscheint ihnen PISA. Sigmund Freuds Diktum von Religion als universeller Zwangsneurose liegt hier nicht falsch. Zwanghaft an der PISA- und Schuldebatte ist jedenfalls der Eifer, mit der sie ritualisiert ist. PISA ist nicht mehr Erkenntnis, sondern pseudoreligiöses Erlebnis, PISA ist Ergriffensein von einem geradezu übernatürlichen Walten. Der Glaube an PISA und an das, was dort alles hineingeheimnist und hineinprojiziert wird, ist schulpolitischer und schulpädagogischer Religionsersatz geworden. Aber das schulische Paradies winkt: Wer dorthin gelangen möchte, der muß den raschen Untergang des bestehenden Systems herbeisehnen. Beschleunigen kann man den Eingang ins Paradies zudem, wenn man den Untergang herbeiredet.

Keine Sucht- und Intelligenzdiagnose!

Hier endet die Diagnose, sie bleibt unvollständig. Zum Beispiel fehlt die Suchtdiagnose. Diese wäre dringend erforderlich, denn die PISA-Räusche halten an, und die Ernüchterung läßt immer noch auf sich warten. Das ist ein bedenkliches Symptom, zumal sich die Symptomträger durch Autosuggestion stets aufs neue in den Rausch versetzen – indem man etwa Visionen bereits im vorembryonalen Stadium zum Reformerfolg deklariert. Es fehlt schließlich die gesamte Intelligenz- und Kognitionsdiagnostik. An eine solche indes wagt man sich nicht heran. Nur soviel an dieser Stelle: Diagnostisch nachweisbare vulkanische Eruptionen in Fragen der Schulpolitik und Schulpädagogik sind zwischen Garmisch und Flensburg selbst unter Anwendung hochsensibler intelligenzseismographischer Apparaturen auch nach PISA kaum zu erwarten. Warum diese Hypothese? Nun, aus der Beobachtung, daß die Schulpolitik für eine Inhaltsdebatte deutschlandweit kaum noch etwas übrighat. Aber es ist nun einmal so: Inhaltlich mitzureden, erfordert geistige Unterkellerung. Oder ist real existierende Schulpolitik noch etwas anderes als plumper Antiintellektualismus?

Zusammengefaßt: Schulpolitik »post PISAM« zeigt deutliche Züge des PSE-Syndroms – nicht zu verwechseln mit BSE. Das »SE« steht für Schulentwicklung; aber das »P« steht leider nicht für Pädagogik, sondern für Pyrotechnik. Vielleicht ist das – so simpel es klingt – das Kernproblem: Der Schulpolitik in Deutschland kommt es vor allem auf das Feuerwerk an! Was sind die pathologischen Folgen dieser PSE? Es wäre diese Frage ein eigenes Kapitel wert. Nur kurz soviel: Keinerlei Folgen hat PSE hinsichtlich Schülerleistung. Unsere Schüler lesen trotz (oder wegen?) PSE keinen Deut besser, sie rechnen keinen Deut genauer, und sie kennen sich deswegen auf der Welt keinen Deut besser aus. Nur die Bilanzen werden immer besser. Die Hürden zum Abitur werden herabgestuft, und die Abiturquote steigt. Die Schulerfolge werden denn schon mal hinmanipuliert – planwirtschaftlich sozusagen.

Und die Therapie?

Entsprechend der Polyphänomenologie des Krankheitsbildes und dessen polyätiologischer Genese kann die Methode der Wahl nur ein Breitbandtherapeutikum sein. Dazu gehören zuallererst der sofortige Entzug von schulpolitischen Verbalplacebos und das sofortige Verbot des Verteilens von ebensolchen. Sodann ist ein »assertive training« angesagt, ein Selbstsicherheitstraining, das endlich wieder den verdrängten Kern eines bis vor kurzem leistungsfähigen Schulwesens rekapitulieren läßt. Konkret zu empfehlen ist sogar eine deutsche Variante eines »assertive training«, damit man hier in Deutschland seine Schulpolitik nicht länger an Erfahrungen in Korea, in Kanada oder in Skandinavien ausrichten muß.

Schließlich ist ein Kommunikationstraining angezeigt. Die Fähigkeit und die Bereitschaft der Schulpolitik und der Schulpädagogik, sich verständlich auszudrücken, die Bereitschaft auch, Rat einzuholen, müssen dringend gefördert werden. Angesagt sind ferner ein Training in Selbstironie und Humor. Durch seine Fähigkeit zum Humor lebt und erlebt der Mensch (hoffentlich auch der institutionalisierte »homo politicus«) nämlich ein gütiges, lebensbejahendes Hinsehen auf die Unvollkommenheit der Welt – und seiner selbst.

Wie wirksam diese Maßnahmen sein werden, das hängt – wie bei jeder Psychotherapie – von zwei Grundbedingungen ab: erstens von der Einsicht des Klienten, daß eine Therapie notwendig ist; zweitens von einem echt erlebten und eingestandenen Leidensdruck. An beidem gilt es wohl noch zu arbeiten! Es liegt also noch viel Arbeit vor uns! So untherapeutisch es klingt: Wir müssen den Leidensdruck erhöhen! Dazu müssen wir immer und immer wieder das Wort erheben gegen die um sich greifende Trivialisierung und Banalisierung der Schulpolitik. Eine Tröstung bleibt; diese Tröstung möge alle in ihrem therapeutischen und politischen Kampf motivieren: Auch in Zukunft werden Schüler und Lehrer mehr leisten, als es real existierende Schulpolitik überhaupt zuläßt.

PISA und die Logorrhoe

Karl Kraus, der wortgewaltige Wiener Lästerer, hat einmal gesagt: »Es genügt nicht, keine Gedanken zu haben; man muß auch unfähig sein, sie auszudrücken.« Es ist nicht bekannt, welcher Anlaß Karl Kraus zu dieser Bosheit motivierte. Gäbe es letztere noch nicht und lebte Karl Kraus noch, man darf sicher sein, er hätte Entsprechendes über die Sprache der »modernen« deutschen PISA-Schulpolitik und PISA-Schulpädagogik losgelassen. Denn keine Ideen zu haben, aber trotzdem auf Geschwätzigkeit zu machen, ist zum Markenzeichen der Schuldebatte um PISA herum geworden. Logorrhoe heißt ein solches Erscheinungsbild – medizinisch Bewanderte nennen es krankhafte Geschwätzigkeit, weniger sensible Gemüter gar Sprechdurchfall. Logorrhoe ist epidemisch auf dem Vormarsch, denn sie greift deutschlandweit um sich, als pädagogische Prunk- und Protzsprache! Und diese hat Vorbilder – vor allem im Marketing. Jeder

sprachlich halbwegs sensible Deutsche regt sich darüber schon auf –
über die Bahn-AG, die Bundesagentur für Arbeit, die Parteien, die Tele-
kom oder die Werbewirtschaft mit ihrem permanenten Kniefall vor Anglizismen: Ohne Meeting Point, Ticket Office, Job Center, City Call, Head-
quarter, Sales Presenter oder Bratwurst-Point scheint es nicht mehr zu gehen. Über die Sprache der Bildung freilich oder das, was für die Sprache
der Bildung gehalten wird, über die Sprache der Bildungspolitik und der
»modernen« Pädagogik herrscht indes kaum Verwunderung. Dabei ist
dieser Teil unserer Sprachkultur und Kultursprache dabei, sich restlos
einer Amerikanisierung zu unterwerfen.

Schulpolitische Verbalerotik

Die Beispiele sind Legion, sie ergäben mittlerweile ein stattliches Wörterbuch. Dabei ist die Frage nach den Fundstellen solcher Sprachprodukte
müßig; man muß sie nicht suchen, sie quellen einem entgegen. Schulpolitische Verbalerotik findet man zuhauf auf Bildungsmessen, in Bildungs-
memoranden, in der Fachliteratur, in Katalogen der Lehrerfortbildung –
und in kultusministeriellen Produkten. Die Sprache der Schule und der
Pädagogik ist eine Frage des Bekenntnisses geworden, eine Sprache der
»educational correctness« und der pädagogisch-brav-innovativen Tu-
gendhaftigkeit – windschnittig und politisch korrekt bis ins Groteske.

Angesagt sind dementsprechend – wohlgemerkt für »Bildung«: Quality Management, Marketing, Best Practice, Benchmarking, Just-in-time-
Knowledge und so weiter. Fehlt nur noch ein »Last Minute Learning«,
wenn dieses Schüler nicht schon längst erfunden hätten. Ansonsten gibt
es nicht nur Laptop, Beamer, Presenter und Power Point Presentation,
sondern Edutainment, Educ@tion, Learntec, didaktische Hyperlinks,
Knowledge-Machines, Downloadwissen und so weiter. Und: Wohin man
guckt, ist Evaluation angesagt, in verfeinerter Form sogar mittels »ritua-
lisiertem Brainstorming« oder »Mindmapping«. Weil Schule ja keine
Schule im Elfenbeinturm sein dürfe, wird außerdem »public private part-
nership« propagiert – und wenn man es noch anspruchsvoller haben will:
Corporate Citizenship.

Daß das Diplom und das Staatsexamen bald hops sind, wissen wir
schon; jetzt nennt man dies Bachelor und Master. Die Bundesbildungsministerin verspricht ein Brain-up der Hochschulen und Exzellenz-Clu-

sters. Eine Lehrergewerkschaft möchte endlich weg von einer input-basierten hin zu einer outcomebasierten Schulpolitik. Eine andere Ministerin ist nicht mit den PISA-Ergebnissen aller ihrer Schulen zufrieden; auf die Frage, welche Schulen sie meine, läßt sie antworten, sie wolle kein »naming and blaming«. Fachzeitschriften, zum Beispiel für Schulleiter, schwärmen von Leadership Challenge und Leadership Practices Inventory. Lehrgangskataloge bieten pädagogischen Führungskräften »Orientierungskurse mit Assessmentübungen« und Fachbetreuern ein »Train the Trainer«. Bildungsmessen locken mit Innovation in Education, mit Online-Community, mit Blended Learning, mit Monitoring und – last, but not least – mit dem »Lehrer Online«. (Ob damit wohl der Lehrer gemeint ist, wie ihn Kultusminister/innen gern an der Leine hätten?)

Computer- und Softwarefirmen machen ebenfalls auf »Bildung« und erfinden Notebooks for Education (abgekürzt: NO4ED). Ein Schelm, wer Schlechtes dabei denkt! Und wenn diese Global Player besonders bildungsbeflissen sein wollen, dann gründen sie nicht etwa einen Bildungsbeirat, sondern einen Adviser Council, der sich – wohlgemerkt geleitet vom Firmenbereich »Public« – mit Innovative Teachers oder mit Accessibility to E-Learning befassen soll. Leibhaftige Professoren aus dem Fachbereich Pädagogik treten dann als Council Member auf und meinen: »Die ganze Schule muß sich bezüglich E-Learning endlich committen.« Zuvor läßt eine charmante Public-Referentin (»Hallo erst mal von meiner Seite!«) die Adviser nach dem Get Together brainstormen und den dann entstandenen Ideenpool clustern, um bald zum eigentlichen Konsensmeeting zu kommen.

Wer glaubt, mit einer solchen Protzsprache habe wenigstens die offizielle Schulpolitik nichts zu tun, der irrt. Quer durch die Republik übertreffen sich die kultusministeriellen Organe gegenseitig im »Bildungs-Denglisch«. Nehmen wir ein Beispiel aus dem Land des innerdeutschen PISA-Siegers Bayern, etwa dessen »EZ – Elternzeitschrift« samt »Lehrer-Info« des bayerischen Kultusministeriums. Dort wimmelt es nur so von Beamer, Best-Practice, Chat-Forum, Checkliste, Corporate Culture (CC), E-Learning-Sequenzen, Elterntalk, European Foundation of Quality Management (EFQM), Events, Feedback, »Fit for Europe«, Flip-Charts, Flow-Gefühlen beim Lesen, Girls Days, Groupware-Technologie, Internetportals, Inputs/Outcomes, Know-how, Life-Long-Learning, Meetings,

Netkids, Notebook, Parlament live, Powertraining-Persönlichkeit, Science Days, Technik-Camp für Mädchen, Workshops und anderem mehr.

Ist die Decke damit schon erreicht mit der um sich greifenden Amerikanisierung der Sprache der deutschen Bildung? Nein, noch lange nicht. Wir wollen der sprachlich nach unten offenen Logorrhoe-Richterskala nicht vorgreifen, aber »in« sind wir schon selbst und das sprachliche Trendscouting beherrschen wir ebenfalls; auch wir wissen um das Handling von Schule, wissen also, wie man Schule »handelt« (denglisch: hääändelt): Wie wäre es mit New School? Oder Lean School? Wir gründen einfach eine Task Force und geben den Grundsatz aus: Simplify Your School! Zu den Must Haves einer solchen Schule gehören gewiß: Inhouse-Seminare (anstelle pädagogischer Konferenzen), Brain Food (anstelle von gesunder Pausenernährung), Crashkurs (anstelle der Schnellbleiche vor einem Extemporale), Clubwear (anstelle von Schuluniform), Fanzine (Fanmagazin anstelle von Schülerzeitung), Lifeskills (anstelle von lebenspraktischen Schlüsselqualifikationen). Der Unterricht wird zum Workshop mit einem kurzen einleitenden Briefing, Freiarbeit wird zum Freestyle Learning befördert; letzteres aber wird ge-cancelt, wenn die Kids nicht smart und cool genug sind. Schulkonzerte werden zu Top Acts, Weihnachtsbasare zu Charity Events, zu denen Eltern, Opas, Omas, Tanten und Onkel mit CI-Flyers empfangen werden (CI = Corporate Identity); finanziert wird das Ganze mittels Sponsoring und Fundraising. Am Wochenende dann öffnet sich die Schule für LAN-Parties (Local Area Net Parties), weil die Eltern ja »Time for Kids« nicht haben. Und für das achtjährige Qualitätsgymnasium wird geworben mit »Anti-Aging by G8« (achtjähriges Gymnasium, sprich: tschiii äjt).

Was ist von dieser Sucht an Neologismen zu halten? *Sprachanalytisch* ist eine Sprache mit solchen Kult-, Prunk-, Imponier-, Fahnen-, Gesinnungsbegriffen und Euphemismen banal und nichts anderes als eine Produktion von Platitüden – von »Wortfladen« im wortgeschichtlichen Sinn. Ihre Erfinder und Adepten sind nichts anderes als pseudopädagogische Verbalpyrotechniker. Früher hätte man in südlicheren deutschen Gefilden über nördlichere Vertreter dieser Spezies schulpolitischer »High Potentials« gesagt: Große Klappe und nichts dahinter! Übrigens: Je weniger kulturellen Unterbau ein Minister oder eine Ministerin hat, desto schwächer die Immunkraft gegen solche großspurigen Verbalepidemien!

Tiefenpsychologisch handelt es sich um eine Verbalhyperventilation zwischen Imponiergehabe und infantil staunender Gläubigkeit. Der Begriff wird zum Fetisch, zum Verbalfetisch, zur Zaubermacht, die sofort durch eine neue ersetzt wird, falls sie – wie zu erwarten – versagt. Wahrscheinlich aber hat diese Rhetorik zu tun mit Wunschdenken. Man kann mit Hilfe sprachlicher Narkotika ruhig schlafen, man braucht die schulische Realität nicht mehr zur Kenntnis zu nehmen, weil man ja die semantisch geschönte Realität hat. Damit wäre man beim Phänomen der Infantilisierung, beim kindlichen Animismus: Nicht die Realität zählt, sondern die halluzinatorische Wunscherfüllung und der Glaube an die magische Wirkung von Vokabeln.

Auch *philosophisch* ist die aktuelle schulpolitische Windmaschine höchst bedenklich. Die Dialektik von Sein und Schein ist damit aufgehoben zugunsten des Scheins und einer Politik des »als ob«. Und die Dialektik von Zweck und Mittel ist aufgehoben zugunsten des Primats des Mittels. Was auf der Strecke bleibt, ist die Bildung der Persönlichkeit.

Bildungspolitisch verrät sich in dieser Sprache eine bestimmte »Bildungs«-Ideologie. Diese Sprache signalisiert nämlich den Kotau vor einem flachen Ökonomismus und vor einem technizistischen Verständnis von Bildung. Die Versuche, auch im Bereich der Schulpolitik und Schulpädagogik durch die zitierten Wortneuschöpfungen sowie durch ökonomisch konstruierte Konnotationen Stimmung zu machen, trägt Früchte: Shakespeare braucht es nicht mehr, wie immer häufiger Bildungspolitiker selbst mit Blick auf das Gymnasium verkünden. Eine blanke »economical correctness« der deutschen »Bildungs«-Sprache mit ihren Renommier- und Verbrämungseuphemismen preßt die Pädagogik statt dessen in ein Schubladen- und Schablonendenken. Das pädagogische Denken wird uniform, und es gerät unter die Herrschaft wirtschaftlicher Dogmen.

Soziologisch betrachtet gilt eine solche Sprache als schick und weltläufig. Die »Schweigespirale« (Noelle-Neumann) tut ein übriges: Man neigt dazu, nichts gegen diese Protzsprache zu sagen. Man nimmt schließlich an, daß man sich sonst außerhalb des pädagogischen und schulpolitischen

»Mainstream« stellt, man fürchtet sich vor dem Verdacht, keine »moderne«, progressive »Bildung« haben zu wollen. Die Folge ist so oder so, daß sich die »veröffentlichte« Diktion unwidersprochen durchsetzt. Und Nietzsche hat erneut recht: Die Zukunft und die Macht gehören jenem, der Sprachregelungen durchsetzt.

Politisch schließlich wird eine solche Sprache zum Politikersatz, das heißt zu einer Politik, die das Reden und Definieren bereits für politisches Handeln hält. Freilich übersieht eine solche Politik, daß man Substanzverlust nicht mit Sprechblasenproduktion kompensieren kann. Wer nämlich keine Substanz hat, glaubt auf alles Neue bzw. vermeintlich Neue sofort aufspringen zu müssen, und er schmeißt damit das Bewährte und Schützenswerte über Bord.

Folge: Das Deutsche ist bedroht durch Verkürzungen; es droht ihm zudem eine Verarmung durch falsche Vorbilder und unnötige Anglizismen. Deshalb braucht die Muttersprache eine behutsame Pflege vor allem im Bildungsbereich. Die Sprache der Pädagogen und der Bildungspolitiker müßte hier ein Vorbild sein. Davon sind wir leider weiter als je zuvor entfernt. Vielmehr besteht Anlaß zur Sorge, daß dort, wo die Sprache der Pädagogik verödet, schließlich die Wahrnehmung und das Denken in der Pädagogik veröden. Nichts anderes als Verödung will ja beispielsweise der »Big Brother« in George Orwells Roman »1984«. Dort sagt der am Wörterbuch der »Neusprache« bastelnde Sprachwissenschaftler Syme zu Winston Smith, der Hauptfigur des Romans: »Siehst du denn nicht, daß die Neusprache kein anderes Ziel hat, als die Reichweite der Gedanken zu verkürzen? … Es ist lediglich eine Frage … der Wirklichkeitskontrolle. Aber schließlich wird das auch nicht mehr nötig sein. Die Revolution ist vollzogen, wenn die Sprache geschaffen ist.« An anderer Stelle wird Winston Smith, in der Nähe des allgegenwärtigen Televisors stehend, beschrieben: »Er hatte die ruhige optimistische Miene aufgesetzt, die zur Schau zu tragen ratsam war.« So weit darf es mit der Pädagogik und ihrer Sprache nicht kommen. Deshalb geben wir die Hoffnung nicht auf, und sei es um den Preis, daß wir diese Sprache der pädagogischen Verbalerotik so lange der Lächerlichkeit preisgeben, bis sich deren Nutzer der Lächerlichkeit preisgegeben sehen.

157

PISA und die Dummheit oder:
Warum wir PISA eigentlich nicht gebraucht hätten

In den todernsten Zeiten von PISA hat es der Witz über Schule und über die Dummheit von Schülern schwer. Ein bißchen Leben in die Witzbude bringt wenigstens der Karikaturist Uli Stein. In seinem Bändchen »PISA-Alarm« (er)findet er höchst amüsante Beispiele für die Dummheit von Schülern. Seine Schüler-Spontisprüche lauten dann so:

Schancengleichheit! Dummheit für alle!

Butter wird aus Kühe gemacht, sonst heist sie Magarine.

Bei 100 Grad kocht der Winkel.

Alle Achtung: Was ein deutscher Schüler alles nicht kann,
würde ausreichen, um vier finnische Schüler durchfallen zu lassen.

Jeder Zweite hat in dieser Mathearbeit eine Fünf,
und die restlichen 70 Prozent waren auch nicht viel besser.

Soll ich dir die Pizza in vier oder acht Stücke zerteilen? –
Machen Sie vier! Acht schaffe ich nie!

PISA – so könnte man auf den ersten Blick vermuten – hat also mit Dummheit zu tun. Diese Vermutung ist zugleich falsch und richtig. Falsch ist sie, denn die Dummen gibt es in der Pädagogik aus Gründen der »educational correctness« schon lange nicht mehr; es gibt allenfalls einseitig Unbegabte. Richtig ist sie, denn alles, was Schule vermittelt, vermittelt sie nicht nur gegen so manch natürliche Trägheit so mancher Zöglinge, sondern auch gegen eine Dummheit, die Schule von außen fest im Griff hat.

Reden und forschen wir also über Dummheit – über Schule umzingelt von Dummheit. Wie nähern wir uns dem Thema an? Da es heute immer mehr aus der Mode kommt, Dinge in der Realität wahrzunehmen, sondern man die Realität per »download« sucht, wollen wir dazu »googeln«. Ende 2004 hat man über die Internet-Suchmaschine unter dem Suchbegriff »Intelligenz« über drei Millionen Treffer. Unter dem Suchbegriff »Dummheit« findet man rund 300.000 Sites. Man fragt sich erstaunt:

Kommt Intelligenz rund zehnmal so häufig vor wie Dummheit? Man sucht ein zweites Mal, diesmal auf dem Buchmarkt. Ergebnis: Bei einer Literaturrecherche via Internet trifft man auf ziemlich exakt 2000 Buchtitel, in denen »Intelligenz« vorkommt, und auf ziemlich genau 100 Titel, in denen »Dummheit« vorkommt. Deutschland also 20mal so intelligent wie dumm? Dumm gelaufen! Das bringt uns nicht weiter! Denn daß die Deutschen zehn- oder 20mal so gescheit seien, wie sie dumm sind, das könnten nur Dummköpfe meinen.

Gehen wir das Thema grammatisch an: Es gibt Dummheit (im Singular), und es gibt Dummheiten (im Plural). Und wieder stockt man, weil man feststellt, daß die Dummheiten in der grammatischen Mehrzahl eigentlich weniger dumm sind als *die* Dummheit in der Einzahl. Ja, dümmer noch: Dummheiten können sogar reizend sein, *die* Dummheit kann das eher nicht.

Gehen wir das Thema historisch an und stellen die These auf: Diese Weltgeschichte wird in mindestens gleichem Umfang wie von Intelligenz und von Einsicht vom Gegenteil beherrscht: von Dummheit nämlich. Das ist nun wahrlich ein Treffer, der gut genug belegt ist: allein schon sprachgeschichtlich und literaturgeschichtlich. Ein früher Beleg: Bereits der alte Römer Plautus (254 bis 184 vor Christus) wunderte sich über die, die nicht wissen, »quot digitos habet in manu« – die also nicht bis fünf zählen können. (Am Rande: Die Germanen sind hier anspruchsloser: Hier gilt einer erst als dumm, wenn er nicht bis drei zählen kann.) Ansonsten zeigt die Etymologie, also die Wortgeschichte, daß auch die Germanen relativ bald in der Lage waren, Dummheit zu benennen: »dumm« gab es als »dumb« bereits in der germanischen Sprache (also vor Karl dem Großen) und als »tumb« im Althochdeutschen; es hängt in beiden Fällen zusammen mit »stumm« und heißt damit zunächst »mit stumpfen Sinnen«.

Literarisch entdeckte man die Dummheit in größerem Stil um das Jahr 1500 herum. So lautet denn die Kernthese bei Sebastian Brandt: Die Welt wird von Dummheit beherrscht. Im Jahr 1494 hat er dazu sein Bändchen »Das Narrenschiff« geschrieben; es enthält die Beschreibung von 112 Narreteien. In Kapitel 34 beispielsweise heißt es: »Denn eines plagt den Narren sehr: Was neu ist, das ist sein Begehr'; doch ist die Lust dran bald verloren, und etwas andres wird erkoren.« (Ähnlichkeiten mit der Reformitis einer real existierenden Politik sind übrigens rein zufällig!)

Im Jahr 1511 schrieb der große Humanist Erasmus von Rotterdam sein Bändchen »Das Lob der Torheit«. Was wie eine Hymne auf die Dummen daherkommt, ist natürlich satirisch gemeint. Allerdings bedeutet Torheit für Erasmus nicht nur Dummheit, Beschränktheit, sondern auch Lebensfreude, Harmlosigkeit, Gutmütigkeit. Doch ist Erasmus der Meinung: Torheit beherrscht das Universum. Unzählige große Geister haben sich seither mit der Dummheit befaßt. Immanuel Kant kritisiert: »Dummheit drängt sich vor, um gesehen zu werden; Klugheit nimmt sich zurück, um zu sehen.« Georg Lichtenberg hält unter Umständen Gebildete für dumm, wenn er bemerkt: »Wenn ein Kopf und ein Buch zusammenstoßen und es klingt hohl, dann ist es nicht immer das Buch.« Johann Wolfgang von Goethe erregt sich über die Wertschätzung der Dummheit, wenn er sagt: »Wenn ich dumm bin, lassen sie mich gelten. Wenn ich recht habe, wollen sie mich schelten« (Zahme Xenien). Ebenfalls in den »Zahmen Xenien« fordert Goethe: »Entweicht, wo düstre Dummheit gerne schweift, inbrünstig aufnimmt, was sie nicht begreift.« Aber Vorsicht! Dann tritt etwas anderes ein, was in der Politik schon oft eingetreten ist: Wenn der Klügere nachgibt, dann ist wieder ein Schritt getan zur Weltherrschaft der Dummheit.

Friedrich Schiller hält in der »Jungfrau von Orleans« (III/6) fest: »Mit der Dummheit kämpfen Götter selbst vergebens.« Friedrich Nietzsche ereifert sich: »Jeder hat gerade soviel Eitelkeit, als es ihm an Verstand fehlt.« Für Karl Kraus sind Dumme »Leute, die nicht einmal das für sich behalten können, was sie nicht wissen«. Albert Einstein sodann erschüttert uns, wenn er festhält: »Zwei Dinge sind unendlich: das Weltall und die menschliche Dummheit. Beim Weltall bin ich mir allerdings nicht so sicher.« Wahrscheinlich hat er recht, denn manche Dummheit ist wirklich schier grenzenlos – so grenzenlos, daß schon beinahe wieder höchste Intelligenz dazugehört, um sich solche Dummheiten auszudenken. Der Schriftsteller Wolfdieter Schnurre bringt ein solches Beispiel – nämlich das Beispiel eines dummen Menschen, der sich tatsächlich in höchstem Maße darüber wundert, wie es sein kann, daß eine Katze ausgerechnet dort zwei Löcher im Fell hat, wo die Augen sind.

Die Verbindung Dummheit und Geschwätzigkeit erkennt Saul Bellow, wenn er meint: »Die Bereitschaft, auf alle Fragen zu antworten, ist ein untrügliches Zeichen der Dummheit. Um wieviel dümmer ist es dann noch, nicht nur alle gestellten Fragen zu beantworten, sondern auch nichtgestellte.« Peter Sloterdijk unterscheidet in seiner »Kritik der zynischen Vernunft« eine einfache und eine komplizierte Dummheit. Beide Dummheiten aber würden zunehmend aus dem Gleichgewicht geraten, denn »fast unmerklich und doch auf dramatische Weise verschiebt sich das Verhältnis von Intelligenz und Dummheit … Es gibt nichts Einfaches mehr, nicht einmal mehr die Dummheit. Das ist vielleicht der traurigste Triumph der Aufklärung«.

Was diese Aussagen belegen sollen? Nun: Dummheit ist offenbar ein zeitloses Phänomen! Warum? Wahrscheinlich hält sich Dummheit trotz aller Fortschritte in Forschung und Wissenschaft deshalb so gut, weil Dummheit eben auch Vorzüge hat und weil sie Wertschätzung genießt: Der Volksmund glaubt zu wissen, daß eine rechte Dummheit immer noch mehr wert ist als eine falsche Weisheit. Ein besonderer Vorteil der Dummheit ist sodann, daß sie weniger Angriffsflächen bietet; Horst Geyer beschreibt das recht schön in seinem Buch mit dem Titel »Über die Dummheit« (1954). Dummheit ist auch der Motor der Wirtschaft, denn wer kauft und konsumiert nicht ständig mehr, als er braucht! Dummheit ist sodann der Motor der gesamten Medienwirtschaft, denn wer braucht schon wirklich dieses ganze Talk- und Promi-Gequatsche!

Die Dummheit und ihre drei Schwestern

Damit ist man eigentlich bei einem weiteren Aspekt zeitgenössischer Dummheit angekommen. Dummheit für sich allein wäre ja noch erträglich; aber die Dummheit hat drei hochintensive Schwestern. (Diese Feststellung entspringt nicht einer schwestern- bzw. frauenfeindlichen Haltung; aber die Geschwister der Dummheit sind nun einmal grammatisch – natürlich nicht in der Realität – Feminina). Da ist zum einen die Schwester Eitelkeit; Ignoranz und Arroganz treten häufig im Tandem auf. Dummheit und Stolz wachsen aus einem Holz, sagt man. Da haben wir sodann die Schwester Geschwätzigkeit – vornehm ausgedrückt: Dummheit scheint ein besonderes Kommunikationsbedürfnis zu haben. Mit dem medial kultivierten Klatsch und Tratsch ist schier eine Tyrannei des Privaten und Intimen daraus geworden. Und schließlich haben wir als weitere Schwester der Dummheit die Schamlosigkeit. Sigmund Freud weiß dazu: Der Verlust der Scham ist der Beginn der Verblödung.

161

Oder in anderen Worten: Was uns tagtäglich hier begegnet, das ist eine Tyrannei des Vulgären, des Ordinären, ja des Obszönen.

Damit kein falscher Eindruck entsteht: Die Tyrannei des Ordinären findet nicht nur in der sogenannten Yellow-Press statt oder in den Zeitungen mit den besonders großen Buchstaben (die ja täglich millionenfach verkauft werden, die aber angeblich niemand liest). Auch die sogenannten seriösen Zeitungen und die öffentlich-rechtlichen Kanäle sind voll davon. Zum Beispiel bringt eine Zeitung dann an einem einzigen Tag in jeweils mehrspaltiger Aufmachung und mit Bild, daß die sogenannte Autobiographie eines eunuchenstimmigen Sängers gerichtlich gestoppt wurde; daß seine silikongestylte »Ex« ihren Manager auf 250.000 Euro verklagt hat; und daß sich unser aller Fußballkaiser (»Ja, is denn heit scho Weihnachten!?«) nach vier Söhnen von seiner aktuellen LAPin (Lebensabschnittspartnerin) eine Tochter wünscht.

Tags darauf wird dann bestimmt im Nachrichtenteil (!) davon berichtet, daß eine mit der deutschen Grammatik betont auf Kriegsfuß stehende Lady (»Hier werden Sie geholfen«) per Kaiserschnitt eine siebenpfündige Tochter zur Welt brachte; daß eine andere, eine 22jährige Pop-Lady sich an einer Stelle hat tätowieren lassen, die lediglich ihr Ex-Ehemann (Warum eigentlich der »Ex«?) zu sehen bekommt; daß ein wegen eines Mittelfingers berühmt gewordener Balltreter bei einer Party nach soundsovielen Caipirinha-Cocktails »gekotzt« hat; daß ein in Sachen Besenkammer erfahrener Ex-Tennisspieler eine Autobiographie mit dem faustischen Titel »Augenblick, verweile doch …« geschrieben hat (ob er den »Faust« wohl gelesen hat?); daß ein künstlerisch hochkarätig unbegabter Rottaler Crash-Fahrer gerne acht Stunden Sozialdienst in einem Kloster verrichtet und so weiter, und so fort. Und natürlich hecheln sämtliche Trash-Talk-Shows hinterher und zerren diese Geistesriesen vor die TV-Kameras, um ihnen dann möglichst noch zu entlocken, welche Farbe ihre Unterhose wo und wann hatte. Einen neuen Tiefpunkt erreicht der mediale Fernsehmüll im Jahr 2004 mit der Dschungelshow »Ich bin ein Star – Holt mich hier raus«, bei der Prolo-Promis live Ekelaufgaben zu bestehen haben, zum Beispiel Mehlwürmer essen oder den Achselschweiß von Mitstreitern einschätzen dürfen/müssen.

Einzelfälle, könnte man sagen! Recht und schön. Das im wahrsten Sinn des Wortes Dumme daran ist, daß es diese Einzelfälle in dieser Fülle nur deshalb gibt, weil sie ein Millionenpublikum haben. Das ist eine Verpöbelung des öffentlichen Lebens via Medien, das ist Umweltverschmutzung. Eigentlich müßte auf solchen medialen Hofberichten stehen: »Dieses Medienprodukt schadet Ihrem Hirn.« Und es müßte als Inhaltsangabe darauf stehen: »Bestandteile dieses Produkts sind zu 55 Prozent hohle Phrasen und Platitüden, ferner zu jeweils 15 Prozent Syntax-, Orthographie und Grammatikfehler.«

Bei einem solchen Umfeld geraten Bildungseinrichtungen mehr und mehr in die Rolle der gesamtgesellschaftlichen Dummheitenverhinderungsinstitutionen. Es passiert schließlich kaum eine Dummheit, für die diese unsere Gesellschaft nicht sofort eine Dummheitenreparatur durch die Schule erwartet. Dabei müßte hier eigentlich wie im Bereich des Umweltschutzes das Verursacherprinzip gelten: Wer die Umwelt, zum Beispiel medial, mit Dummheit verschmutzt, sollte dafür selbst zur Rechenschaft gezogen werden.

Jedenfalls können Deutschlands Schulen gar nicht soviel Gescheitheit erzeugen und fördern, wie Dummheit um unsere Bildungseinrichtungen herum ist. Außerdem sind die Schulen es leid, ständig und ausschließlich dafür verantwortlich gemacht zu werden, wenn in diesem Lande etwas schiefläuft; wenn die Zukunftsperspektiven düster sind oder wenn die Zahl der Kinder pro Frau auf 1,3 abgestürzt ist und so weiter.

Wenn es darum geht, im eigenen Haus und vor der eigenen Tür zu kehren, dann fallen einem schon einige Adressaten ein. Auch in Wirtschaft und Politik! Man denke einmal nur an Beispiele wie die Jürgen-Schneider-Pleite 1994, das Philipp-Holzmann-Desaster 1999, zahlreiche mißlungene Börsengänge, gescheiterte Fusionen, den Zirkus um Mannesmann-Mobilfunk und so weiter. Gut, so etwas kann passieren. Auf die Palme aber gehen Schulleute, wenn in schlauen Bildungsdenkschriften aus dieser Ecke oberschlaue Empfehlungen an die Schule ausgesprochen werden.

Selbst so manche Bildungspolitik ist alles andere als ein Geniestreich! Man denke an die Rechtschreibreform, die in mehr als zehn Jahren so kreative Regeln zustande gebracht hat wie die ständig neue Schreibung von »leid tun«: Bis 1996 mußte man »leid tun« klein und getrennt schreiben, seitdem muß man »Leid tun« schreiben; ab 2005 gilt die Zusammenschreibung »leidtun«. Kommissionen mit so institutionalisierter Inkompetenz können einem fast schon wieder »leid tun«/»Leid tun«. Oder man denke an das gigantische Versprechen, mit weniger Gymnasium bekomme man mehr und besser qualifizierte Abiturienten sowie zugleich weniger Durchfaller. Und man denke an den umwerfenden Vorschlag (übrigens zugleich aus Wirtschaft und sogenannter Pädagogik kommend), daß die Kinder mit vier Jahren eingeschult werden sollten. Da will man denn noch dümmer sein und vorschlagen: Verkürzt doch endlich die Schwangerschaft; volle neun Monate – das ist doch wirklich verlorene Zeit!

Inkompetenzkompensationskompetenz

Angesichts solcher bildungspolitischer Mega-Innovationen beschleicht einen fast das Gefühl, daß Schule mehr und mehr nur noch dazu da ist, die Dummheiten der Politik auszumerzen. Und es beschleicht einen das Gefühl, die schlauen Fachkommissionen und Fachministerien verfügen heute vor allem über eines: nämlich über Inkompetenzkompensationskompetenz (Begriff nach Odo Marquardt). Inkompetenzkompensationskompetenz, das ist nämlich eine Kompetenz, die nur noch darin besteht, die eigene Inkompetenz zu verschleiern, zu vernebeln – zum Beispiel durch flotte Sprüche. Deshalb sollte eigentlich gelten: Ein Land, das solchen Medienschrott produziert, das sich solche Stars kürt, das solche wirtschaftlichen Flops produziert, das solche Experten hat, das solche seichten Reformen inszeniert, braucht keinen PISA-Test mehr.

Kann der einzelne etwas tun? Ja, nur er! Jeder einzelne kann, ja muß sich gegen Dummheit auflehnen. Er sollte sich hier ausnahmsweise nicht an Immanuel Kant halten. In seinem Aufsatz »Über Schwärmerei und die Mittel dagegen« schreibt er zwar durchaus nachvollziehbar: »Gegen redselige Unwissenheit hilft kein weitläufiges Widerlegen, sondern nur verachtendes Schweigen.« Aber: Wer das beherzigt, der überläßt der Dummheit das Feld.

Bildung begründet ein gewisses intellektuelles Selbstbild und Selbstbewußtsein: gegen einen um sich greifenden, diffusen Antiintellektualismus sowie für die Macht des Geistes gegen den (Un-)Geist des Marktes und der Macht. Es ist somit Aufgabe für jung und alt, die Lügen von Meinungs- und Stimmungsmachern sowie von Machthabern zu entlarven. Man möchte gerade den Jungen zurufen: Schwimmt nicht einfach mit in der fortschreitenden Banalisierung unseres sogenannten öffentlichen Lebens! »Wer die Dummköpfe gegen sich hat, verdient Vertrauen«, hat Jean-Paul Sartre gesagt. Das sollte Mut machen zu Zivilcourage.

Zwar ist keiner – auch von den alten Hasen keiner – dagegen gewappnet, nicht auch dumm zu sein oder dumm zu handeln. Dagegen hilft am ehesten eine Gewißheit, nämlich die Gewißheit: Dummheit ist nicht wenig wissen; Dummheit ist es vielmehr zu glauben, genug zu wissen. Das heißt – wieder an die jungen Leute gerichtet: Geht den Dingen auf den Grund, immer und immer wieder! Begnügt euch nicht damit, PISA-tauglich zu sein! Sammelt Wissen – noch und noch! Denn: Wer nichts weiß, muß alles glauben! Im übrigen haben Wissen und Klugheit sogar einen großen taktischen Vorteil: Der Vorteil der Klugheit und des Wissens besteht nämlich darin, daß man sich im Bedarfsfall dumm stellen kann. Das Gegenteil ist schwieriger (sagt Kurt Tucholsky). Oder hat man schon einmal einen Dummen gesehen, der sich klug stellen konnte?

Post PISAM: Was folgen muß

PISA und individuelle Förderung in einem differenzierten Bildungswesen

Die Deutschen würden gut daran tun, sich wieder der Stärken zu besinnen, die einst ihr Schulsystem zu einem weltweit beneideten machten. Zu diesen Stärken gehört vor allem der hohe Differenzierungsgrad des Schulwesens, das heißt das gegliederte Schulwesen. Der jetzt sogar von manch Konservativem immer wieder aufgelegte Topos, daß die Schulstruktur keine Rolle spiele, ist ein Phantom. Die innerdeutschen Leistungsvergleiche zeigen überdeutlich, daß die Gesamtschule in keinem Bereich schulischen Lernens mithalten kann. Zu unseren Stärken gehören im Detail somit die äußere Fachleistungsdifferenzierung, das Eignungsprinzip bei der Positionierung der Schüler im verzweigten System, die Unterrichtung nach einem klar gegliederten Fächerprinzip, die Wissenschaftsorientierung der Unterrichtung, die Lehrerzentrierung des Unterrichtsgeschehens, das sogenannte Abitur statt dem Aditur-Prinzip, das duale Berufsbildungssystem und die zweiphasige Lehrerbildung.

Das mehrgliedrige Schulwesen ist nicht überholt. Es ist vielmehr aktueller denn je. Allerspätestens seit der innerdeutschen PISA-E-Studie (E = Erweiterung) ist klar, daß ein gegliedertes Schulwesen zumindest in Deutschland der vernünftigere und kindgerechtere schulpolitische Bauplan ist. Sonst hätten Bayern und Baden-Württemberg nicht so eindeutig die beiden nationalen Spitzenplätze eingenommen. Gegliedertes Schulsystem ist ansonsten kein Wert an sich; seinen Wert entfaltet es erst im Kontext mit relativ verbindlichen Lehrplänen im inhaltlichen Kernbereich, mit einem transparenten Leistungsprinzip, mit einer frühen Differenzierung nach einer vierjährigen Grundschule sowie mit anspruchsvollen zentralen Abschlußprüfungen.

Aber wenden wir uns der Frage »Differenziert oder integriert?« kurz grundsätzlich zu. Gäbe es weltweit immer noch keine systematische schulische Bildung und wollte man nun endlich eine solche etablieren, so könnte man sich im Gedankenexperiment puristisch zwei unterschiedliche Systemvarianten zurechtlegen. Modellvariante 1 wäre die jeweils eigene Schule für jeden einzelnen; eine solche Schule wäre höchstindividuell, weil vollkommen an der freien Entfaltung der Einzelpersönlichkeit orientiert, und sie wäre – abgesehen von negativen sozialpädagogischen Implikationen – vermutlich im Kognitiven sehr leistungsfähig. Modellvariante 2 wäre die eine und gleiche Schule für alle; eine solche Schule wäre eine Schule der Gleichheit und vermutlich der Gleichmacherei, in der die Individualität des Einzelschülers auf der Strecke bliebe.

Auch bei der Gestaltung eines Schulwesens stellt sich damit die uralte Frage: Freiheit oder Gleichheit? Variante 1 – die Schule der Freiheit für jeden einzelnen – ist finanziell nicht machbar. Sie war es allenfalls im alten Rom, als die Reichen die gebildeten griechischen Sklaven als Lehrer für ihre Kinder hatten. Variante 2 – die Schule der Gleichheit für alle – ist realisiert in Form der integrierten Gesamtschule, die wiederum weltweit sehr unterschiedliche Varianten ausweist; sie mag durchaus in einigen Ländern Europas und der Welt gut funktionieren, in den vergangenen 30 Jahren deutscher Schulgeschichte aber erwies sie sich eher als kränkelnder Dinosaurier.

Nein, wir brauchen keine neue Debatte wie 1990 zur Wiedervereinigung um sogenannte dritte Wege. Im Schulwesen beschreiten wir mit dem gegliederten Schulwesen längst einen dritten Weg, nämlich den Weg zwischen der Schule der totalen Freiheit und der Schule der totalen Gleichheit. Ein gegliedertes, differenziertes Schulwesen ist der dritte Weg, weil es in gelungener Weise die Vorzüge der beiden Extremvarianten vereint (Individualisierung hier, Gleichbehandlung dort) und deren Nachteile (Vereinzelung hier, Kollektivierung dort) vermeidet. Es ist ein Kompromiß aus den Prinzipien der Chancengerechtigkeit und der Begabungsgerechtigkeit. Vor allem realisiert ein gegliedertes Schulsystem Durchlässigkeit – und zwar in vertikaler und in horizontaler Hinsicht. Horizontal durchlässig ist es, weil es einen Wechsel der Schulformen unter entsprechenden Leistungsvoraussetzungen zuläßt, und vertikal durchlässig ist es, indem es keine Sackgassen kennt. Sogar die Abschlüsse der immer wieder zu Unrecht gescholtenen Hauptschule stellen keine Sackgassen dar, sondern sie sind Anschlüsse an anspruchsvolle berufliche Bildung oder an weiterführende Schulbesuche bis hin zum Erwerb einer Hochschulreife. Schließlich – das wird oft übersehen – besteht das mehrfach gegliederte Schulwesen aus mindestens vier allgemeinbildenden Schulformen (Sonderschule, Hauptschule, Realschule, Gymnasium), aus mindestens sieben berufsbildenden (Berufsschule, Fachschule, Berufsfachschule, Wirtschaftsschule, Fachakademie, Fachoberschule, Berufsoberschule) und aus einer Reihe von Schulen des zweiten Bildungsweges (Abendrealschule, Abendgymnasium, Kolleg).

Die Alternative zu einem gegliederten Schulsystem in Deutschland kann also nicht die integrierte Gesamtschule, sondern nur ein weiter verbessertes gegliedertes Schulsystem sein. Verbesserungen sind hier möglich, wenn man etwa bereit ist, die unterrichtliche Differenzierung weiter auszubauen – vor allem zugunsten schwächerer Schüler und zugunsten von Schülern mit Migrationshintergrund. Was wir brauchen, das ist noch mehr individuelle Förderung in den Schulen des gegliederten Schulwesens. Dafür ist ein zusätzlicher Pool an Unterrichtsstunden von fünf bis zehn Prozent notwendig. Mit ihm könnte man noch viel mehr tun für die Förderung von Spitzenschülern und für die Förderung von Langsameren.

Es geht um die Hauptschule!

Die Zukunft des gegliederten, differenzierten Schulwesens hängt von allen Schulformen ab. Kaum jemand wird jedoch bestreiten können, daß das Problem weniger die Gymnasien und die Realschulen sind. Gymnasien und Realschulen haben zwar keinen Grund, sich auf ihren PISA-Ergebnissen auszuruhen, aber das eigentliche Sorgenkind des deutschen Schulwesens ist die Hauptschule. Sie verdient größte Aufmerksamkeit. Hauptschule in Deutschland ist zwar kein monolithischer Block, ebensowenig wie es »das« Gymnasium oder »die« Realschule gibt. Hauptschule in Deutschland – das ist mit mehr als 7000 Hauptschulen bzw. Schulen mit Hauptschulzweig vor allem breiteste Vielfalt. Solche Vielfalt ist Ausdruck des Lebendigen, sie gehorcht zugleich der Not der Hauptschulen, sich an unterschiedlichste politische Vorgaben und an eine äußerst heterogene Schülerklientel anpassen zu müssen.

Diffamierend dagegen ist der öffentliche Umgang mit Hauptschule.

169

Allein bei der Veröffentlichung von PISA 2003 im Dezember 2004 wurde sie von Politikern und Journalisten unter anderem mit folgenden Etiketten zugedeckt: »ins Abseits geraten«, »Restschule Hauptschule«, »ausgeblutet«, »Hinterhof der Nation«, »im Bildungsghetto ohne Chance«. Solche Etiketten sind eine Verleumdung von zwei Millionen Schülern, ihrer Eltern und Lehrer. Besonders zynisch ist eine solche Darstellung der Hauptschule als »Restschule«, wenn sie aus Parteien kommt, die schon auch einmal mit 28 oder 19 oder acht Prozent Wählerstimmen Volksparteien und keine Restparteien sein wollen.

Allem dümmlichen Gerede von der »Restschule« zum Trotz hat sich die Hauptschule konsolidiert. Vor allem hat sich der Anteil an allen Schülern bundesweit stabilisiert. In den alten Ländern liegt er – gemessen in der 8. Klasse – seit Anfang der 90er Jahre recht konstant bei gut 30 Prozent, in den neuen Ländern bei zehn bis 15 Prozent. Laut PISA 2000 besuchte in den alten Ländern in der 9. Jahrgangsstufe ein Anteil von 30,5 Prozent die Hauptschule (Realschule 31,6 Prozent, Gymnasium 29,2) – bei Schwankungen von Land zu Land zwischen 30 und 42 Prozent. »Die Hauptschule der westdeutschen Flächenländer als Restschule zu bezeichnen, ist angesichts dieser Beteiligungsverhältnisse abwegig,« so wörtlich sogar PISA 2000. Auch empirische Untersuchungen rücken das bislang schiefe Bild zurecht. Das gilt für die »Third International Mathematics and Science Study« (TIMSS) ebenso wie für die Studie »Bildungsverläufe und psychosoziale Entwicklung bei Jugendlichen« (BIJU). Die Hauptschulen schneiden kaum schwächer ab als die Gesamtschulen, wiewohl diese personell und sächlich erheblich besser ausgestattet sind.

Die Konsolidierung der Hauptschulen spiegelt sich in der Schulpolitik mehrerer Bundesländer wider. Selbst Rheinland-Pfalz, das in den 90er Jahren aufgebrochen war, Haupt- und Realschulen zu Regionalschulen zusammenzulegen, brachte 2001 ein Aktionsprogramm pro Hauptschule auf den Weg. Baden-Württemberg, das unter Vierzehnjährigen einen Hauptschulanteil von 38 Prozent hat, entwickelte im Herbst 2000 das Konzept »Impuls Hauptschule«. Damit soll die Ausbildungsfähigkeit der Schüler verbessert werden. Außerdem wird der Praxisbezug der Hauptschulbildung intensiviert und bei der Abschlußprüfung ein Praxisteil mit Projektprüfungen eingeführt. Bayern hat bei 40 Prozent Hauptschüleranteil unter Vierzehnjährigen ebenfalls im Jahr 2000 die Weichen in Richtung einer Ausdifferenzierung der Hauptschule gestellt. Für besonders leistungsfähige Hauptschüler gibt es ab der 7. Jahrgangsstufe die sogenannten M-Züge (M für »mittlere Reife«). Außerdem wurden für schwächere Schüler »Praxisklassen« eingeführt. Hessen ist seit dem Regierungswechsel von 1999 besonders aktiv. Der Antihauptschulpolitik der rot-grünen Vorgänger setzt die neue Koalition nunmehr eigenständige Lehrpläne und Stundentafeln sowie eine einheitliche Abschlußprüfung entgegen. Hessen verzeichnet sogar ein Plus an Hauptschülern; aufgrund einer neuen Querversetzungsordnung stieg der Anteil um gut 2000 Schüler und liegt jetzt über 20 Prozent. Nordrhein-Westfalen galt weithin nicht als Hauptschulland. Dieses Urteil war nie zutreffend. Hauptschule hat in Nordrhein-Westfalen – übrigens als einzige Schulform – eine Verfassungsgarantie (Landesverfassung Artikel 12). Nachdem sich die nordrhein-westfälische Kultusministerin Gabriele Behler Ende der 90er Jahre schon einmal bereit erklärt hatte, für ihre immerhin 750 Hauptschulen zu »trommeln«, verabschiedete der NRW-Landtag im Jahr 2000 ein Programm, demzufolge an den Hauptschulen die Basiskompetenzen verbessert und die Kooperation mit Arbeitsamt, Wirtschaft sowie Jugendhilfe ausgebaut werden sollen.

Politik hin, Politik her: In mindestens gleichem Maße ist entscheidend, wie Hauptschule öffentlich und vor Ort »dasteht«. Einen wichtigen Beitrag zur Imageaufwertung der Hauptschulen leistet seit 1997 die von 28 Organisationen – darunter Verbände der Eltern, der Lehrer und der Wirtschaft – getragene »Initiative Hauptschule e. V.«. Von ihr wurde 1999 der bundesweite Hauptschulpreis initiiert. Mit Finanzierung durch die gemeinnützige Hertie-Stiftung und die Bosch-Stiftung werden alle zwei Jahre an die 30 Hauptschulen prämiert, denen eine besonders überzeugende Arbeit gelingt. Die Bundespräsidenten Roman Herzog (1999), Johannes Rau (2001 und 2003) und Horst Köhler (2005) hielten diese Schulform für so wichtig, daß sie die Preisverleihung in ihrem Berliner Amtssitz vornahmen.

Darüber hinaus bleibt die Politik gefordert, einen günstigeren Rahmen für diese Schulform zu schaffen. Hauptschule muß eine Schulform mit eigenem Profil, mit eigenen Bildungszielen und Lehrplänen, mit eigener Methodik, mit spezifischer Lehrerausbildung, mit eigenen Abschlußprüfungen sein bzw. werden können. Dazu gehört es, daß alle Schüler der

Hauptschule sichere Grundfertigkeiten erwerben. Diese Kernbereiche sind auszuweiten: durch Aufwertung von Deutsch und Mathematik in der Stundentafel sowie durch einen Unterricht, der nicht abstrakt-theoretisch, sondern konkret-anschaulich und praxisorientiert vorgeht. Das große Plus der Hauptschule sollte sodann ihr arbeitswelt- und berufsbezogenes Profil sein; es ist durch eine intensive Zusammenarbeit mit Betrieben und berufsbildenden Schulen, durch kontinuierliche Förderung einer breit angelegten ökonomischen Bildung und durch unterrichtlich begleitete Praktika ab Klasse 8 auszubauen. Hauptschulen müssen angesichts der Heterogenität der Schülerschaft zudem die individuellen Förderbedürfnisse der Schüler besonders berücksichtigen: durch Praxisklassen und eine Individualisierung der Bildungsdauer, durch Weiterqualifizierung stärkerer Schüler sowie durch eine verstärkte Lehrerzuweisung, damit der spezifischen Arbeit in der Hauptschule (zum Beispiel der Integration von Migranten) stärker entsprochen werden kann.

Auch die Beratung der Eltern von Grundschulkindern muß intensiviert werden. Im Interesse ihrer Kinder müssen sie am Ende der Grundschulzeit ausführlich über die Hauptschulstandorte, über die dortige Ausbildung sowie über die Perspektiven für gut ausgebildete Hauptschüler informiert werden. Die Empfehlung der Grundschule für den Übergang auf weiterführende Schulen sollte – in Achtung des Elternrechts – eine größere Verbindlichkeit erhalten. Es hat wenig Sinn, hauptschulgeeignete Kinder über Jahre auf einer anderen Schulform Mißerfolgen auszusetzen. Und schließlich stehen und fallen Hauptschulen mit der Qualität ihrer Schulleitung und ihrer Lehrerschaft. Angesichts der erschwerten Verhältnisse sind hier höhere Aufwendungen nötig; diese sollten kleinere Klassen und eine besondere sozialpädagogische Betreuung möglich machen. Nicht zuletzt zur Sicherung des Lehrernachwuchses muß die Attraktivität des Hauptschullehramtes durch Leistungsanreize sowie durch vertretbare Arbeitszeitregelungen verbessert werden. Außerdem müssen Ganztagsangebote gerade an Hauptschulen – vordringlich in sozialen Brennpunkten – ausgebaut werden, denn diese bieten die Chance, die erzieherische Arbeit der Schule zu fördern. Der Ausbau eines Ganztagsangebots kann zudem die Attraktivität der Hauptschule bei den Eltern erhöhen.

Die Existenz der Hauptschule hat alles in allem einen pädagogischen Grund: Für 20 bis 30 Prozent eines Geburtsjahrgangs stellt die Pädagogik dieser Schulform die optimale Förderung dar. Für viele bietet sie die einzige Hoffnung auf einen Schulabschluß.

An der Hauptschule führt also kein Weg vorbei. Und: An ihr entscheidet sich die Zukunft des Gymnasiums und der Realschule. Sie hat zudem maßgeblichen Anteil an der Stabilität der beruflichen Bildung; schließlich rekrutiert etwa der gewerbliche Bereich zumindest in den »alten« Ländern das Gros seiner Bewerber aus der Hauptschule. Deshalb ist es ein Lichtblick, wenn der Deutsche Industrie- und Handelskammertag (DIHK) Anfang 2005 davon spricht, daß Hauptschüler zukünftig in großer Zahl als spätere Facharbeiter wieder gebraucht würden.

PISA und die berufliche Bildung in Deutschland

PISA- und OECD-Studien drängen in den Hintergrund, daß Deutschland ein sehr leistungsfähiges Berufsbildungssystem hat – und zwar bestehend aus dem dualen System mit seiner Kooperation von Berufsschule plus Betrieb sowie aus zahlreichen Formen vollschulischer Berufsbildung. International ist dieses System unumstritten, ja sogar hochangesehen; nur leider kommt dies in der öffentlichen Diskussion, die auf PISA, Abitur und Studium fixiert ist, überhaupt nicht zum Tragen. Die Bildungseinrichtung, über die bis zuletzt an die 70 Prozent der Heranwachsenden ihren Weg in die berufliche Existenz gemacht haben, erscheint als zu kompliziert, als daß sich die meinungsbildenden Kräfte näher damit befassen wollten.

Dabei wären viele Länder – nicht nur der zweiten und dritten Welt – froh, über Vergleichbares zu verfügen. Dementsprechend reisen seit Jahren Amerikaner, Japaner, Chinesen und andere durch die berufsbildenden Schulen und Ausbildungsstätten zwischen Flensburg und Garmisch. Vor allem das Prinzip »Lernen durch Arbeit« findet weltweit immer mehr Nachahmer. Tatsächlich weist sich gerade der Ausbildungsmix von Schule und Betrieb als besonders vorteilhaft aus. Seinem einzigen Nachteil, daß er eben in puncto Lehrstellenangebot etwas konjunkturabhängig ist, stehen zahlreiche Vorteile gegenüber: Die Betriebe können ihren eigenen Nachwuchs heranbilden und gehen bei Stellenbesetzungen weniger Risiken ein; die Kosten der Betriebe reduzieren sich durch produktive Leistungen der »Azubis«; Berufsschule und Betrieb spornen sich hinsichtlich Praxisbezug gegenseitig an; das Einhalten von Mindeststandards ist gewährleistet; das praktische Tun motiviert die Jugendlichen.

Vor allem wird der Übergang von der Ausbildung in den Beruf (die sogenannte zweite Schwelle) spürbar erleichtert. Daß die Quote arbeitsloser junger Menschen weltweit fast nirgends so niedrig ist wie in Deutschland, hat mit den Strukturen beruflicher Bildung hier zu tun. Zwar sind auch acht Prozent junge Leute in Deutschland ohne Job immer noch acht Prozent zuviel, aber selbst Länder, die in PISA weit vor Deutschland liegen, zählen 20 und mehr Prozent arbeitslose junge Menschen. Und noch eines wird gerne übersehen: Wenn es denn laut PISA so ist, daß an die 20 Prozent der Heranwachsenden als Problemgruppe gelten müssen, dann darf man gerade bezüglich dieser Klientel die Ausgleichsfunktion der beruflichen Schulen nicht übersehen. Über die verschiedenen Wege, die das ausdifferenzierte System der beruflichen Schulen in Deutschland von den BVJ-Klassen (BVJ = Berufsvorbereitungsjahr) bis zu Berufsfachschulen bietet, kommen viele doch noch auf das »Gleis«. Zum Beispiel erreichen laut PISA 2000 deutschlandweit 26,4 Prozent der Hauptschulabgänger über die berufliche Bildung einen mittleren Schulabschluß.

Wenn der deutsche Wirtschaftsmotor einmal stottert, dann hat das wenig mit dem Qualifikationssystem zu tun. Schließlich war und ist die berufliche Qualifikation von Millionen Beschäftigten eine maßgebliche Stütze des Exportweltmeisters Deutschland. Andere Länder kennen nur die totale Verschulung der beruflichen Bildung; oder sie machen den Berufseinstieg über ein bloßes »training on the job«. In Deutschland dagegen nehmen nach wie vor fast 70 Prozent der jungen Menschen ihren Weg in den Beruf über die berufliche Bildung im dualen System oder im beruflichen Vollzeitschulwesen. Neben den betrieblichen Ausbildungsstätten tragen die Verantwortung hier vor allem die mehr als 8000 berufsbildenden Schulen in Deutschland mit ihren rund 80.000 Lehrern.

Kopflastige Debatten

Gemessen an diesen Fakten, steht die Bildungspolitik in Deutschland jedoch Kopf – ja sie ist auf Verkopfung fixiert. Der alte Georg Picht feiert offenbar seine Wiedergeburt mit seinem 1963 ausgesprochenen Diktum:

174

»Wir brauchen mehr Abiturienten, auch wenn wir sie nicht brauchen.«
Gekleidet wird diese Forderung heute – wie damals – gerne in internationale Vergleichszahlen. Motto: Wenn die Amerikaner und die Finnen
eine Akademikerquote von mehr als 40 Prozent haben, dann braucht es
uns nicht zu wundern, wenn wir mit unseren knapp 20 Prozent abgehängt werden. Aber selbst dieses vermeintliche Argument ist nichts
anderes als Symptom der Schieflage deutscher Bildungspolitik. Sie ist
schier planwirtschaftlich auf Quantitäten, ja Quoten, statt auf Qualität
fixiert. Sonst hätte sie endlich zur Kenntnis genommen, daß »Akademiker« im internationalen Vergleich eben nicht »Akademiker« ist. Beispiel:
Die deutsche Krankenschwester ist sicher nicht schlechter qualifiziert als
ihre Kollegin andernorts, aber andernorts gilt ihre Ausbildung als Hochschulausbildung und sie damit als »Akademikerin« (siehe oben Finnland).

Daß es in der Bildungspolitik zu solchen Wahrnehmungsverzerrungen
kam, hat Gründe, die sich personifizieren lassen. Vor allem drei Berufsgruppen sind daran maßgeblich beteiligt: Politiker, Journalisten und Bildungswissenschaftler. Allen dreien fehlt es in der Mehrzahl an grundlegendem Wissen um Berufsbildungsrealitäten in Deutschland. Man hat
selbst das Gymnasium besucht und studiert; dieses kennt, darüber redet
und schreibt man. Auf die Probleme und komplizierten Strukturen der
beruflichen Bildung dagegen läßt man sich ungern ein. Zudem hat man
im eigenen Umkreis eine Menge an Bekannten mit Kindern, die das
Gymnasium besuchen, aber kaum jemanden, dessen Kinder in eine Berufsschule oder Fachschule gehen. Zweitens fehlt es den betreffenden
Damen und Herren zumeist an differenziertem Wissen über die Bildungsbereiche außerhalb von Gymnasium und Studium und an der
Bereitschaft, etwas gegen dieses Defizit zu tun. Die Bildungsstationen
Gymnasium und Hochschule sind ja vergleichsweise überschaubar im
Vergleich mit dem hochkomplexen und hochdifferenzierten System der
beruflichen Bildung.

Von daher ist es kein Wunder, daß sogar Insider beim Aufzählen renommierter, in der Berufsbildung kundiger Politiker, Journalisten und
Bildungswissenschaftler jeweils kaum mehr als die Finger einer Hand
brauchen. Dabei böte vor allem die Berufsschule sozial und sozialpolitisch Orientierten ein reiches Betätigungsfeld, hat es diese Schulform doch

mit einer Schülerklientel zu tun, die hinsichtlich Heterogenität jede Hauptschule oder integrierte Gesamtschule weit in den Schatten stellt.

Die nach wie vor mangelnde Bereitschaft, berufliche Bildung wahrzunehmen oder gar engagiert anzupacken, verwundert um so mehr, haben doch gerade die Deutschen hier eine lange Tradition. Deutschland – das ist ja auch das Land der großen Berufspädagogen. Aber im Endeffekt besetzt doch immer wieder der deutsche Bildungsidealismus die Köpfe. Das Nützliche galt einem Schiller, einem Humboldt, einem Schleiermacher als etwas Verwerfliches, ja geradezu als das Gegenteil von Bildung. Beruf und Bildung, so meinte man, würden sich gegenseitig ausschließen wie Enge und Weite. Dagegen vermochte nicht einmal ein Kerschensteiner etwas auszurichten, selbst wenn er Goethes Wilhelm Meister im Jahr 1917 leidenschaftlich in einer seiner Schriften mit den Worten zitierte: »Narrenpossen sind eure allgemeine Bildung und alle Anstalten dazu. Daß der Mensch etwas ganz entschieden verstehe, vorzüglich leiste wie nicht leicht ein anderer in der nächsten Umgebung, darauf kommt es an.« Ansonsten sei nicht vergessen, daß berufsbildende Schulen in Deutschland neben der fachlichen Bildung Wert legen auf eine solide allgemeine Bildung in Deutsch, Sozialkunde/Politik, Religionslehre/Ethik und – hoffentlich verstärkt – Englisch.

Politik und Öffentlichkeit schlafen

Wie auch immer die Ignoranz der Politik, der Öffentlichkeit und der Wissenschaft gegenüber Fragen der beruflichen Bildung herzuleiten ist: Es ändert nichts an der Notwendigkeit, sich trotz und wegen PISA verstärkt darum zu kümmern. Ein gewaltiger Handlungsbedarf hat sich aufgestaut, und die Probleme stellen sich in einer solchen Brisanz dar, daß ernsthaft am Fortbestand des Qualitätsanspruchs der beruflichen Bildung in Deutschland gezweifelt werden darf. Vor allem ist die Herstellung einer echten Parität der beiden Ausbildungspartner Betrieb und Schule angezeigt; es ist nicht nachvollziehbar, warum der schulische Part in den Berufsbildungsausschüssen und bei den Abschlußprüfungen nicht gleichberechtigt mit dem betrieblichen Part sein soll, warum also die Berufsschullehrer in den gemischten Gremien ohne Stimmrecht sind. Wie in allen Bildungsbereichen müßte hier der Grundsatz gelten: Wer lehrt, prüft. Zudem ist eine Öffnung des Weiterbildungsmarktes für Angebote der beruflichen Schulen fällig. Wenn man sieht, was sich auf diesem Markt an Seichtem tummelt und trotzdem staatliche Gelder – etwa der Arbeitsämter – in Anspruch nehmen kann, dann wäre die Personal- und Sachkompetenz der beruflichen Schulen als lokale Kompetenzzentren auf dem Weiterbildungsmarkt nur zu begrüßen.

Ein anderer Problemkomplex, der einer Lösung harrt, ist der fast schon chronische Lehrermangel an berufsbildenden Schulen. Es ist unter Abiturienten und angehenden Studierenden schlicht und einfach zuwenig bekannt, daß man die Studienratslaufbahn eben auch in den beruflichen Schulen einschlagen kann; außerdem bleibt der Lehrernachwuchs aus, weil das Lehramt insgesamt und das berufliche Lehramt im besonderen nicht mehr attraktiv und nicht konkurrenzfähig genug gegenüber der freien Wirtschaft ist. Vor allem die potentiellen Junglehrer der kaufmännischen Fächer, der Elektrotechnik und der Metalltechnik finden mit oder ohne Referendariat interessante und weitaus besser dotierte Stellen außerhalb der Schule. Hier bedarf es des Schweißes der findigen Werber, sonst kommt im Zuge der anstehenden Welle an Pensionierungen ein gigantisches Versorgungsproblem auf die beruflichen Schulen zu.

Man könnte sagen: Der Qualitätsanspruch der beruflichen Schulen steht und fällt mit der Unterrichtsversorgung bzw. mit ihren Möglichkeiten, eine Schülerschaft differenziert zu beschulen, die vom ehemaligen Sonderschüler bis hin zum ehemaligen Spitzengymnasiasten reicht. Auch können die beruflichen Schulen nicht darauf warten, bis sich die PISA-Ergebnisse der später zu ihnen gelangenden Schüler der allgemeinbildenden Schulen verbessert haben. Das heißt, die beruflichen Schulen bräuchten im Grunde jetzt schon zusätzliche Stunden, um Vorbildungsdefizite zu kompensieren. Ein Mehr brauchen speziell die Berufsschulen an sozialpädagogischen Möglichkeiten, haben sie doch – ganz anders als die Gymnasien – die gesamte, sozial auffällige Schülerklientel in ihren Mauern.

Ansonsten hängt die Zukunft der dualen Berufsbildung in Deutschland sehr von der Ausbildungskapazität und der Ausbildungsbereitschaft der Wirtschaft ab. Hier allerdings haben wir ein Problem, denn die Ausbildungsquoten sind rückläufig. In den alten Bundesländern bildeten im Jahr 1985 von allen Betrieben 8,8 Prozent aus, im Jahr 1990 waren es noch 7,0 Prozent, um dann bis zum Jahr 2000 auf nur noch 5,6 Prozent zu fallen. Diese Entwicklung allein der Konjunktur anzulasten ist falsch. Der Abbau von Ausbildungsplätzen fand ab 1985 nämlich besonders in denjenigen Wirtschaftsbranchen statt, die im gleichen Zeitraum expandierten. So sank etwa die Ausbildungsquote im Dienstleistungssektor stärker als im besonders krisenanfälligen Baugewerbe.

Im Bildungsbericht des Max-Planck-Instituts für Bildungsforschung über »Das Bildungswesen in der Bundesrepublik Deutschland« (November 2003) heißt es dazu: »Der massive Abbau von Ausbildungsplätzen und die Abnahme ausbildungsbereiter Betriebe ist besorgniserregend und gefährdet die Substanz des deutschen Ausbildungsmodells. Die pädagogische Stärke des dualen Systems liegt in der Kombination betrieblicher und schulischer Ausbildungselemente, staatliche Ausbildungsformen laufen auf eine rein schulische Ausbildung hinaus, die für viele Jugendliche wenig attraktiv ist. Zudem bergen sie stärker die Gefahr, daß am Arbeitsmarkt vorbei ausgebildet wird ... Die zunehmende staatliche Intervention und massive Subventionierung weisen auf eine erste Erosion dieses Ausbildungsmodells hin.« Einer der Autoren des MPI-Bildungsreports, Kai Corina, meint sogar: »Wenn sich dieser Trend fortsetzt, beerdigen wir damit das duale System.« Leidtragende sind dann vor allem diejenigen Jugendlichen, die in der Schule versagen; für sie ist das duale System eine nochmalige Chance, einen Abschluß zu machen.

PISA und der Föderalismus

Deutschland ist ein föderaler Bundesstaat mit verfassungsrechtlich sorgsam austarierten Kompetenzverteilungen: Der Bund hat seine legislativen und exekutiven Verantwortungs- und Gestaltungsbereiche, und die Länder haben die ihren. In einzelnen Bereichen gibt es Mischkompetenzen, etwa im Hochschulbereich. Der Schulbereich freilich ist alleiniger Zuständigkeitsbereich der 16 Bundesländer. Trotz dieser klaren Definitionen wollen in Fragen der Schule alle mitreden. Wer will bei PISA schon abseits stehen? Der eigentliche Ort aber für das gesamtdeutsche schulpolitische Geschehen ist bzw. wäre die Konferenz der Kultusminister der Länder (KMK).

Mit PISA jedoch ist die Debatte um die Kompetenzen in Schulfragen erneut aufgebrochen. Bundeskanzler Schröder will im Juni 2002 – mitten im Wahlkampf zur Bundestagswahl 2002 und unmittelbar nach der Veröffentlichung der innerdeutschen PISA-E-Studie – einen »nationalen Kraftakt« in der Schulbildung unternehmen, seitens der Bundesregierung will er Bildungsweise berufen. Zu einer Bundeshoheit wird es in Sachen Bildung jedoch nie kommen, da mag Bundeskanzler Schröder, assistiert von seiner Bundesbildungsministerin Bulmahn, noch so oft eine entsprechende »Grundgesetzänderung nicht ausschließen«, noch so sehr mit einem »Rahmengesetz« drohen, das einheitliche Bildungsstandards festlegt, und noch so intensiv (siehe »Bild«-Zeitung vom 9. Juli 2002) dafür plädieren, »den Bildungsföderalismus zu überwinden«. Das ist alles Schlagzeilen- und Wahlkampfgeklingel, den sogar die FDP gerne mitmacht, stellt sie doch seit Jahrzehnten keinen Schulminister eines Landes mehr. Sei's drum. Es wird auch in Zukunft keine Zwei-Drittel-Mehrheit des Bundestages und des Bundesrates geben, nicht einmal die SPD-regierten Länder wollen die Schulhoheit abgeben.

Vielleicht hat die schulpolitische Drohgebärde der Bundesregierung nur damit zu tun, daß zumindest die Bundes-SPD vom größten anzunehmenden Trauma ablenken will, das sie mit der innerdeutschen Schulleistungsstudie PISA-E in drei Jahrzehnten sozialdemokratischer Bildungsreform erleiden mußte. Anstatt daß sich aber gerade die lange Jahre schulpolitisch rot-grün regierten Bundesländer kritisch ihrer schulpolitischen Sünden erinnerten und diese als Ursachen für ihre hinteren Rangplätze bei PISA durchschauten, wird forsch eine verfassungsrechtlich höchst brisante Debatte vom Zaun gebrochen. Dabei wird völlig vergessen, daß dieser Föderalismus gewachsen ist; er entsprang nicht einer Laune der Väter und Mütter des Grundgesetzes. Die Jahre 1806, 1815, 1848 und 1871 stehen für diesen Kulturföderalismus, der den deutschen Gliedstaaten die Gestaltungshoheit in Kultur und Schule zuwies. Die Weimarer Republik und der Nationalsozialismus haben diesen Grundsatz nicht endgültig aufgehoben, sondern nur vorübergehend annulliert. Daß das Grundgesetz 1949 wieder am Föderalismus anknüpfte, hat vor allem mit dem Wunsch zu tun, einer neuerlichen Entstehung eines uniformierten Zentralstaates und einer totalitären Kulturpolitik vorzubeugen.

Gerade die Schulhoheit der deutschen Länder ist Kern ihrer Eigenstaatlichkeit. Das ist gut so, denn der Föderalismus garantiert in allen Bereichen Wettbewerb – selbst im schulischen. Es war und bleibt richtig, daß noch nie ein Bundestag oder eine Bundesregierung Gestaltungsrechte im Schulbereich hatten, sonst wäre es beispielsweise ab 1969 mit dem Amtsantritt einer SPD/FDP-Bundesregierung deutschlandweit zu einer Sozialdemokratisierung der Schulpolitik mit all ihren andernorts zu besichtigenden Folgen gekommen. Wahrscheinlich hätten wir dann heute von Flensburg bis Passau die PISA-Ergebnisse des innerdeutschen Schlußlichts Bremen.

Tatsächlich verhindert gerade ein Kulturföderalismus Extremlösungen. Es ist von Vorteil, daß Versuche der SPD/FDP-Bundesregierung von 1978 scheiterten, unter dem Motto des »kooperativen Föderalismus« mehr Bundeskompetenz im Bildungssystem für sich zu reklamieren. Voraussetzung für das Funktionieren des Schulföderalismus ist aber, daß die schulpolitische Eigenbrötelei vor allem kleinerer Bundesländer endet und daß der Föderalismus nicht kultusministeriell kastriert wird. Vor allem wäre zu wünschen, daß die Kultusminister in entscheidenden Fragen rascher »zu Potte« kommen und daß die einzelnen Länder Vereinbarungen zügig umsetzen. Hier gibt es unrühmliche Beispiele. Als die Kultusministerkonferenz im Jahr 1996 eine neue Abiturvereinbarung verabschiedete, hatte Hamburg die Abiturvereinbarung der KMK aus dem Jahr 1987 noch nicht einmal verwirklicht.

Mehr föderaler Wettbewerb notwendig

Föderalismus bedeutet Wettbewerb und Ringen um die besten Lösungen. Mehr wettbewerbfördernder Föderalismus ist also gefragt und nicht weniger. Allerdings ist dafür eine Kultusministerkonferenz notwendig, die Vereinbarungen über schulische Anforderungen nicht immer als Kompromiß eines Kompromisses, also auf dem untersten Anspruchslevel, festklopft.

Es wird höchste Eisenbahn, daß die Kultusministerkonferenz (KMK) den föderalen Wettbewerb wieder in Kraft setzt und sich bei Vereinbarungen über Standards nicht immer nur – zum Beispiel auf Intervention eines kleinen Bundeslandes – auf dem untersten Kompromißniveau positioniert. Das Grundgesetz schreibt Einheitlichkeit der Lebensverhältnisse in Deutschland vor. Richtig! Einheitlichkeit dann aber bitte im Schulbereich nicht auf dem untersten, sondern auf dem obersten Niveau!

Und es wurde Zeit, daß sich die Arbeit der KMK dynamisierte. Die KMK hatte sich jahre- und jahrzehntelang nicht immer mit Ruhm bekleckert. Für den damaligen Bundeskanzler Helmut Kohl war sie »die reaktionärste Einrichtung der Bundesrepublik«, im Vergleich dazu sei der Vatikan noch weltoffen. Der von 1987 bis 1991 amtierende Bundesbildungsminister Jürgen Möllemann verglich das Tempo der KMK mit dem Tempo einer griechischen Landschildkröte. Darin steckt bei aller Zuspitzung ein Kern Wahrheit. Es waren nicht immer Ruhmestaten, die die KMK vollbrachte. Man denke an die seltsam unverbindlichen Abiturvereinbarungen der Jahre 1987, 1995 und 1996 sowie an die Vereinbarung zum mittleren Schulabschluß von 1993. Immer wieder haben einzelne Bundesländer trotz dieser Vereinbarungen im Endeffekt bedenkenlos das gemacht, was die politische Mode gebot und die Kassenlage erlaubte, um sich am Ende von der KMK bestätigen zu lassen, daß das alles mit der KMK-Beschlußlage konform sei. Ebenfalls nicht mit Ruhm bekleckert hat sich die KMK mit der überflüssigen Rechtschreibreform und in der Frage der Einführung der Bachelor- und Masterstudiengänge.

PISA aber hat auf den institutionalisierten Bildungsföderalismus, namentlich auf die KMK, wie eine Verjüngungskur gewirkt. Bereits im Dezember 2001 verabschiedete die KMK einen Sieben-Punkte-Katalog an Maßnahmen als erste Konsequenz aus PISA. Dazu gehören eine Verbesserung der Sprachkompetenz bereits im vorschulischen Bereich; eine bessere Verzahnung von vorschulischem Bereich und Grundschule mit dem Ziel einer frühzeitigen Einschulung; eine Verbesserung der Grundschulbildung und durchgängige Verbesserung der Lesekompetenz und des grundlegenden Verständnisses mathematischer und naturwissenschaftlicher Zusammenhänge; eine wirksame Förderung bildungsbenachteiligter Kinder, insbesondere der Kinder und Jugendlichen mit Migrationshintergrund; eine konsequente Weiterentwicklung und Sicherung der Qualität von Unterricht und Schule auf der Grundlage von verbindlichen Standards sowie einer ergebnisorientierten Evaluation; eine Verbesserung der Professionalität der Lehrertätigkeit, insbesondere im Hinblick auf die diagnostische und methodische Kompetenz der Lehrer; sowie ein Ausbau von schulischen und außerschulischen Ganztagsangeboten.

Einige dieser Maßnahmen fanden bereits 2003 und 2004 ihre Realisierung: Im Dezember 2004 wurde das Institut zur Qualitätsentwicklung im Bildungswesen (IQB) als sogenanntes An-Institut an der Humboldt-Universität zu Berlin gegründet. Das Institut wird geleitet von dem Erlanger Lernforscher Prof. Dr. Olaf Köller; es ist zuständig für Lehr- und Lernforschung, für die Normierung von Bildungsstandards sowie für die Bereitstellung eines Internetpools an Aufgaben. Seit Dezember 2003 gibt es die ersten sogenannten Bildungsstandards. Sie liegen mittlerweile vor für die Fächer Deutsch, Mathematik, Englisch bzw. Französisch als erste Fremdsprache, Biologie, Chemie und Physik für den mittleren Schulabschluß nach Jahrgangsstufe 10; für die Fächer Deutsch, Mathematik und erste Fremdsprache für den Hauptschulabschluß; ferner für die Fächer Deutsch und Mathematik der Grundschule.

Gleichwohl durchlebte die KMK eine ihrer schwersten Belastungsproben im September 2004, als Niedersachsens Ministerpräsident Christian Wulff (CDU) ankündigte, sein Land werde die KMK verlassen und die Verwaltungsvereinbarung über das KMK-Sekretariat aufkündigen. Später modifizierte Niedersachsen seine Drohung dahingehend, daß man Reformen erzwingen wolle, zum Beispiel die Abschaffung des Einstimmigkeitsprinzips, und daß man an diesem Prinzip nur noch bei »festgelegten Fällen von besonderer Bedeutung« festhalten wolle. Sinnvoll wäre dies durchaus, denn damit würde der Kleinstaaterei ein Riegel vorgeschoben. Immerhin konnte jedes noch so kleine Land mit noch so seltsamen Argumenten KMK-Beschlüsse kippen. Niedersachsen ließ es dann doch nicht zum endgültigen Knall kommen, man gibt sich zufrieden mit einer deutlichen Verkleinerung der Personalausstattung der KMK; die Rede ist vom Abbau von 20 bis 30 Prozent der gut 200 Stellen.

Eine weitere Bedrohung verspürte die KMK Ende 2004 durch die sogenannte Föderalismuskommission. Darin entzündete sich der Streit zwar nicht der Schulpolitik, sondern an der Hochschulpolitik. Der Bund will hier Zuständigkeiten behalten, besonders für Zugänge, Abschlüsse und Qualitätssicherung an den Hochschulen; die Länder verlangen vom Bund die alleinige Kompetenz für Hochschulpolitik. Davon unabhängig sollte das Ersetzen des in der KMK geltenden Einstimmigkeitsprinzips durch ein Zwei-Drittel- oder Drei-Viertel-Quorum denkbar sein. Dabei wäre sogar eine gewichtete Stimmabgabe wie im Bundesrat denkbar. Und vielleicht findet sich gelegentlich ein Bundesland, das hineinstochert und zum Beispiel einmal eine windelweiche KMK-Vereinbarung platzen läßt. Dann käme zusätzlich Bewegung in den Laden. Das föderale Prinzip wäre der Gewinner.

PISA und Zentralprüfungen

Wir brauchen in ganz Deutschland, das heißt in allen 16 Bundesländern, zentrale schulische Abschlußprüfungen, und zwar in allen Schulformen – in der Hauptschule, in der Realschule und im Gymnasium. Es reicht nicht aus, daß die KMK Bildungsstandards vereinbart. Vielmehr gilt: Wer A (Bildungsstandards) sagt, muß auch B (zentrale Abschlußprüfung) sagen!

Jetzt, nach dem PISA-Schock, wird diese Form schulischer Abschlußprüfung kaum noch aufzuhalten sein. Die bislang rivalisierenden Abiturlager lassen sich gleichwohl bis heute gut lokalisieren: Die SPD ist ebenso wie die Grünen und die FDP dagegen, die Union ist dafür; die Erleichterungspädagogen sind dagegen, die Leistungspädagogen dafür. Und natürlich sind diejenigen dagegen, die meinen, der Mensch beginne erst beim Abitur, oder zumindest glauben, die Abiturientenquote in Deutschland sei viel zu niedrig. Damit ist klar, welches Bundesland einen landeseinheitlichen Gymnasialabschluß hat: Baden-Württemberg, Bayern, Saarland (selbst in SPD-Zeiten), Sachsen, Thüringen, Sachsen-Anhalt und Mecklenburg-Vorpommern – letztere zwei zumindest gleich nach der Wende von 1990 unionsregiert, zugleich aber in einer in diesem Fall guten DDR-Prüfungstradition stehend. Hessen kommt jetzt mit einem »Landesabitur« hinzu; das ist eigentlich nichts anderes als ein Zentralabitur, es soll Landesabitur heißen, damit es Öffentlichkeit, Elternschaft, Schülerschaft und Lehrerschaft leichter schlucken. Ja, selbst Niedersachsen (seit 2003 mit CDU/FDP-Regierung) und Berlin (seit 2002 rot-rot-regiert) denken über die Einführung eines Zentralabiturs nach.

Ein Zentralabitur wird damit allmählich Standard in Deutschland. Dies ist sinnvoll, wie die Erfahrungen Nordrhein-Westfalens, das kein Zentralabitur kennt, aus dem Jahr 1998 zeigen. Dort stellte sich bei der Überprüfung von 3000 Abiturklausuren heraus, daß die Bewertung bei

20 Prozent nicht mit den Anforderungen übereinstimmt; bei zehn Prozent war die Notengebung zu gut, denn die Noten lagen um ein bis zwei Stufen über der angemessenen Leistungsbewertung.

Internationaler Standard

International geht der Trend schon lange zu zentralen, oft sogar national einheitlichen schulischen Abschlußprüfungen oder zumindest standardisierten schulischen Leistungstests. Die USA, England, Finnland, Japan oder die Niederlande sind Beispiele dafür. Diesem Trend können sich die deutschen Länder nicht auf die Dauer verschließen. Durch das offenbar gute Abschneiden Baden-Württembergs und Bayerns im innerdeutschen PISA-Vergleich wächst nun zusätzlich der Druck in Richtung Zentralprüfung. Das hat gute Gründe. *Erstens* und vor allem bringt eine Zentralprüfung Schwung in eine ganze Schullaufbahn; denn diese Form des Examens verlangt nach breiter Bildung und nach verbindlichen Kerncurricula. Inhaltliche Beliebigkeit würde sich bei einer Zentralprüfung bitter rächen. *Zweitens* ist ein solches Prüfungsverfahren schlicht und einfach gerecht, weil es an alle Prüflinge eines Bundeslandes die gleichen Anforderungen stellt. *Drittens* sind zentral geregelte Abschlüsse für die »Abnehmer« von Schulabsolventen transparent; man kann sich darauf verlassen, daß die Schulabgänger die Lerninhalte in ihrer Breite beherrschen und nicht nur eine eng geführte Prüfungsvorbereitung hinter sich haben. Ein *vierter* Vorteil kommt hinzu: Zentrale Abschlußprüfungen schweißen Schüler und Lehrer zusammen. Beide wissen ja nicht, was »drankommt«; das mobilisiert gemeinsame Motivationen. Daß Lehrer bei der Zentralprüfung selbst mit auf dem Prüfstand stehen und daß eine solche Prüfung gnadenlos eine schwache unterrichtliche Vorbereitung aufdeckt, halten Lehrer aus. Ganz abgesehen davon, daß eine Zentralprüfung Tausende von Lehrern von der Pflicht entbindet, eigenhändig und höchst zeitaufwendig Aufgaben erstellen zu müssen.

Es bleiben eigentlich nur zwei – letztlich irrige – Annahmen contra Zentralabitur. Annahme eins besagt, daß etwa ein Abiturient aus Bremen mit Haus-Abitur locker das Kafka-Thema des zentralen bayerischen Deutsch-Abiturs bearbeiten könne. Das stimmt – allerdings nur unter der Prämisse, daß Kafka in Bayern gerade dran ist. Das Wahrscheinlichere ist, daß der Kandidat aus Bremen sich nur auf Kafka spezialisiert hat, daß Kafka dann nicht dran ist, daß der Kandidat vor, hinter und neben Kafka nichts kennt und daß er dann »alt« aussieht. Falsch ist auch die Annahme, daß eine Zentralprüfung den pädagogischen Freiraum der Lehrer als Unterrichtende und als Prüfende einenge. Dagegen steht, daß eine Zentralprüfung den Prüflingen in den meisten Fächern eine gewisse Aufgabenauswahl zugesteht. Und auch die sogenannten Erwartungshorizonte für die Korrektoren sind keine sklavisch einzuhaltenden Vorgaben, vielmehr bieten sie gerade in den geistes- und sozialwissenschaftlichen Fächern vertretbare Spielräume.

Es wird also Zeit, daß die Auseinanderentwicklung von Studierberechtigung und Studierbefähigung gestoppt wird. Zentralprüfungen sind ein Schritt in diese Richtung; sie sind deshalb überfällig, um etwas anderes zu verhindern, was im Endeffekt die Gymnasien schwächen würde, nämlich die Einführung von Hochschulzugangsprüfungen, das Ersetzen des Abiturs also durch ein Aditur. Keine Zugangsprüfung aber erreicht hinsichtlich Validität die Aussagekraft eines Zentralabiturs. Überfällig ist sodann eine Verpflichtung auf einen Kranz an Prüfungsfächern. Fünf sollten es eigentlich am Gymnasium sein: Deutsch, eine Fremdsprache, Mathematik, eine Naturwissenschaft sowie Geschichte oder ein gesellschaftswissenschaftliches Fach. Wäre doch gelacht, wenn sich mit einem solchen Abitur die hohe Quote von 25 bis 30 Prozent Studienabbrechern nicht zumindest etwas senken ließe!

Zentralprüfungen sollte man aber auch – wie in Baden-Württemberg und Bayern – den Realschulen bzw. Gesamtschulen in den zentralen Fächern verbindlich abverlangen und den Hauptschulen fakultativ zugestehen. Gerade für die Hauptschulen wäre dies die große Chance, ihr Ansehen entgegen dem dümmlichen Gerede von ihr als »Restschule« aufzuwerten und ihre Schüler attraktiver für den Lehrstellenmarkt zu machen. Der »qualifizierte«, zentrale Hauptschulabschluß, den in Süddeutschland rund 60 Prozent der Hauptschüler zusätzlich erwerben, ist jedenfalls eine Erfolgsgeschichte.

Kerncurricula sind Voraussetzung

Zentralprüfungen sind nur möglich, wenn es für die vorausgehende Schullaufbahn halbwegs verbindliche Curricula gibt. Diese brauchen wir (wieder) in allen Bundesländern. Im Zuge der Fiktion der Gleichwertigkeit aller Fächer und aller Inhalte hat man vor allem in SPD-Ländern nur

Rahmenpläne vorgegeben und die Inhalte der Beliebigkeit preisgegeben. Auf diesem Trip sind sie nach wie vor, sie wollen im Zuge schulischer »Autonomie« die Inhalte sogar noch mehr freigeben. Wir brauchen statt dessen Kerncurricula, weil es Inhalte gibt, die sich nicht überholen, die wichtig sind für die spätere Schul- und Berufslaufbahn und die kulturelle Identität begründen. Wir brauchen auch eine Vernetzung der Inhalte eines Faches über die betreffende Jahrgangsstufe hinaus. Es kann nicht sein, daß Bruchrechnen oder Prozentrechnen nur einmal in der Schullaufbahn vorkommen und dann nicht mehr. Und wir dürfen uns nicht blenden lassen von der Schwärmerei um Schlüsselqualifikationen, um Download- bzw. Just-in-time-Wissen und andere Schwärmereien mehr, die an die Stelle konkreten Wissens und Könnens treten sollen. Schlüsselqualifikationen gedeihen nämlich nur auf der Folie ganz konkreter Inhalte. Die Konrad-Adenauer-Stiftung (KAS) hat hier den richtigen Weg eingeschlagen. Seit dem Jahr 2000 arbeitet sie an sogenannten Kerncurricula, die sie den 16 Bundesländern nahelegt. Bislang sind Kerncurricula für die Fächer Deutsch, Geschichte, Politik/Sozialkunde, Mathematik, Physik und Musik erschienen. (Im Internet zu finden über www.lehrerverband.de und den Link unter »DL-aktuell« zur KAS).

PISA und das Elternhaus

Wenn es nach den Gleichheitsutopien mancher PISA-Interpreten ginge, dann müßte das Elternhaus wohl abgeschafft werden, denn das Elternhaus – vor allem das deutsche Elternhaus – ist ja angeblich der Hort der Ungerechtigkeit und der Ungleichmacherei. Am besten würde man die Kinder dann wohl gleich kurz nach der Geburt ganztägig einschulen. Aber das ist Quatsch und verfassungsrechtlich undenkbar. Deshalb kann die Alternative nur heißen: Es wird keine Bildungsoffensive ohne Erziehungsoffensive gelingen. Viele der Elternhäuser müssen wieder mehr Anteil nehmen am Lern- und Arbeitsverhalten ihrer Kinder. Die Schulen kommen nicht voran, wenn Eltern hinsichtlich Hausaufgaben, Medienkonsum, Zubettgehzeiten und Ernährung die Zügel schleifen lassen und wenn Eltern den Versuchen der Schule, auf Leistung und Disziplin zu bestehen, mit Mißtrauen begegnen.

186

Kein noch so heftiges schulpolitisches Hyperaktivitätssyndrom wird am Bildungs- und PISA-Niveau deutscher Schüler viel ändern, die deutschen Schulen werden im internationalen Vergleich um keinen Rangplatz besser abschneiden, wenn sich die Debatte um Bildungsoffensiven immer nur an die Schule richtet, die Eltern der Schüler jedoch stets außen vor bleiben. Die Schule jedenfalls kann nicht allein eine Steigerung des Bildungsanspruchs erzielen, wenn sich immer mehr Eltern aus ihrer erzieherischen Verantwortung verabschieden. Schulerfolg kommt schließlich nicht nur aus dem Klassenzimmer, sondern er braucht eine entsprechende familiäre Atmosphäre. Der sprichwörtliche Mann von der Straße weiß das. Laut Umfrage des Meinungsforschungsinstituts Data-Konzept von 2002 äußerten 72 Prozent der 1010 Befragten die Meinung, daß Eltern ihre Kinder nicht genügend erzögen; 67 Prozent waren der Auffassung, daß die Eltern die Lehrer bei ihrer Arbeit zuwenig unterstützten.

Nach wie vor nimmt der größte Teil der Elternschaft die erzieherische Verantwortung des Elternhauses ernst. Es ist zudem wohlbekannt, daß häusliche Erziehung heute vielfach unter erschwerten Bedingungen stattfinden muß. Zugleich kommen vermehrt die Ergebnisse familiärer Erziehungsdefizite in der Schule an. So müssen sich die Schulen tagtäglich in Hunderttausenden von Fällen herumschlagen mit Schülerinnen und Schülern, die weder ausgeschlafen zur Schule kommen noch im Unterricht mitarbeiten noch die benötigten Materialien mitbringen noch zu Hause einen Finger krumm machen für den nachfolgenden Schultag.

Realitäten

Das folgende sind Realitäten, noch nicht einmal Raritäten: Elfjährige, die morgens mit nichts außer Cola im Bauch in die Schule kommen; Zwölfjährige, die wöchentlich fünfmal die Hausaufgabe »vergessen«; Dreizehnjährige, die von ihren Eltern für eine Woche »krank«-geschrieben werden, weil das Ticket in die Karibik dann um 200 Euro billiger ist; Vierzehnjährige, die das Englischbuch verschlampt und selbst nach acht Wochen kein Ersatzbuch beschafft haben; Fünfzehnjährige, die keinen Werktag vor Mitternacht zu Hause sind; Sechzehnjährige, die den ganzen Montag wegen des Open-air-Festivals vom Wochenende ausschlafen; Siebzehnjährige, die zur Finanzierung von Handy und Designerjacke mehr Zeit beim Jobben an der Tankstelle verbringen als am häuslichen

Schreibtisch; Achtzehnjährige, die ihre Volljährigkeit dazu nutzen, sich pro Quartal per eigene Unterschrift an die 60 Freistunden zu gönnen; Eltern die völlig unkritisch wie Glucken über solchen Kindern sitzen, die aber bereits bei einer Vier in einer Extemporale die Schulaufsicht bemühen oder zumindest ständig auf der Suche beispielsweise nach einem Legasthenieattest sind, um für das Kind noch mehr herauszuholen; Eltern auch, die zehn und mehr schriftliche Mahnungen der Schule abschütteln und ihre Kinder tags darauf wieder ohne erledigte Matheaufgabe in die Schule kommen lassen.

Außerdem wird zu Hause nicht oder kaum noch miteinander geredet. »Mehrmals in der Woche« finden Gespräche allgemeiner Art zwischen Kindern und Eltern im OECD-Durchschnitt in 58,6 Prozent der Familien statt, in den Niederlanden in 70, in Großbritannien in 62 – und in Deutschland in 41 Prozent der Familien. Nicht erfreulicher sieht es in Deutschlands Familien aus, wenn es um Gespräche zwischen Kindern und Eltern über Bücher, Filme und Fernsehen geht. Während hierüber im OECD-Durchschnitt in 25,9 Prozent der Familien gesprochen wird, sind es in Deutschland 16,2 Prozent. Unter »ferner liefen« rangieren die Deutschen ebenfalls, wenn man nicht Gespräche allgemeiner Thematik, sondern Gespräche zwischen Kindern und Eltern über schulische Belange betrachtet.

Tab. 21: Regelmäßigkeit von Gesprächen zwischen Kindern und Eltern über schulische Belange

Land	Anteil der Eltern, die mit ihren Kindern wöchentlich »mehrere« Gespräche zu schulischen Belangen führen (in Prozent)
Italien	83,4
Ungarn	75,0
Rußland	73,0
Tschechien	69,8
Portugal	68,3
Brasilien	68,0
USA	67,2
Polen	64,9

Land	Anteil der Eltern, die mit ihren Kindern wöchentlich »mehrere« Gespräche zu schulischen Belangen führen (in Prozent)
Spanien	64,7
Griechenland	62,1
Mexiko	60,9
Niederlande	60,9
Großbritannien	59,9
Litauen	53,5
Frankreich	53,3
OECD-Durchschnitt	**52,2**
Island	49,5
Dänemark	49,0
Irland	48,1
Neuseeland	46,9
Luxemburg	45,7
Kanada	44,7
Schweden	44,7
Südkorea	43,1
Deutschland	**42,9**
Österreich	41,3
Belgien	40,7
Norwegen	40,0
Japan	36,8
Australien	36,5
Schweiz	32,1
Finnland	28,2
Liechtenstein	24,3

Diese Daten und Beispiele zeigen: Wir müssen vermehrt das Umfeld, in dem Bildung und Erziehung stattfinden (müssen), ins Zentrum der Debatte rücken; denn wir machen uns etwas vor, wenn wir meinen: Die

Schule soll mal machen, dafür ist sie da, dafür zahlen wir ja. Hier fehlt es in Deutschland schlicht und einfach an der Unterstützung der Schule durch das Elternhaus.

Konsequenzen

Bildungsoffensiven sind nur denkbar, wenn sie von den Eltern der Schüler durch aktives Erziehen mitgetragen werden. Wenn die häusliche Vorbereitung der Schüler nicht »klappt«, dann »klappt« es in der Schule nicht. Dabei wären Eltern sehr wohl gehalten, Einfluß auf ihre Kinder zu nehmen: »Pflege und Erziehung der Kinder sind das natürliche Recht der Eltern und die zuvörderst ihnen obliegende Pflicht« (Artikel 6 Grundgesetz). Und: Die elterliche Sorge ist »zum Wohle des Kindes auszuüben« (§ 1627 BGB).

Elterliche Erziehung ist und bleibt die wesentliche Grundlage für schulischen Erfolg. Dies gilt bereits für die Wahl einer passenden Schullaufbahn, ohne die Heranwachsende nicht angemessen gefördert werden. Und Eltern sollten verinnerlichen, daß Lernen mit Tätigkeit und Anstrengung, weniger mit Unterhaltung oder Konsum zu tun hat.

Die Schulen bringen, weiß Gott, viel Verständnis auf, wenn die häusliche Erziehung in unvollständigen Familien stattfindet oder permanent gegen zweifelhafte mediale Vorbilder angehen muß. Eltern brauchen zudem nicht zu Nachhilfelehrern der Nation zu mutieren oder in der Volkshochschule Latein- oder Mathekurse zu belegen, um den Sohn oder die Tochter zum Schulabschluß zu bringen. Und Eltern müssen nicht auf das vermeintliche Allheilmittel der Nachhilfe ausweichen und unnötiges Geld in vierstelliger Summe investieren.

So trivial es sein mag: Eltern sollten schlicht und einfach dafür sorgen, daß ein Kind für die Hausarbeiten und für das Lernen Gewohnheiten entwickelt. Dazu gehören feste häusliche Arbeitszeiten und ein passender Arbeitsplatz mit allen benötigten Arbeitsmitteln. Dazu gehört, daß sich die Kinder am Vortag den Stundenplan des Folgetages vergegenwärtigen, um wenigstens die Schultasche vollständig packen zu können. Eltern sollen sich zudem wenigstens bis zur 8. Jahrgangsstufe regelmäßig ein Bild davon machen, welche Hausaufgaben ein Kind zu erledigen hat und welche Leistungserhebungen anstehen. Grundsätzlich muß die Schule Priorität vor Freizeit- oder Jobinteressen haben. So einfach ist das. Clevere

Eltern sorgen ansonsten sehr wohl für einen Ausgleich zum Lernen und Arbeiten durch Bewegung, Sport und Spiel sowie durch kulturelle Anregungen. Sie achten zugleich darauf, daß das Freizeitverhalten und der Medienkonsum nicht zum Streß werden. Beinahe noch trivialer, aber längst nicht mehr selbstverständlich: Eltern müssen darauf achten, daß ihre Kinder eine sinnvolle Ernährung haben. Schulsekretärinnen wissen ein Lied davon zu singen, wie viele Schülerinnen und Schüler sich bereits um acht Uhr ins Erste-Hilfe-Zimmer der Schule legen möchten, weil ihnen schlecht sei. Tatsächlich hat die Hälfte dieser »Kranken« nicht gefrühstückt.

Elternhaus und Schule sind Partner in der Erziehung. Im Rahmen einer solchen Erziehungspartnerschaft müssen sich beide ehrlich klarmachen, wer was zu machen hat und wer was besser kann. Die Aufgabe der Schule, vor allem der weiterführenden Schule, umfaßt hauptsächlich Bildung, die Aufgabe der Eltern – auch als Voraussetzung für Bildung – das Erzieherische. An erster Stelle heißt das: Eltern dürfen der Schule etwa im Bereich Freizeit-, Konsum-, Medien-, Gesundheitserziehung keine Aufgaben zuweisen, die sie nicht originär und nicht allein leisten kann. Jeder hypertrophe schulische Erziehungsanspruch aber belastet die originäre Aufgabe der Schulen, nämlich deren Bildungsaufgabe.

Partnerschaftlich zu kooperieren heißt sodann: Wechselseitige, substanzlose Schuldzuweisungen zwischen Eltern und Lehrern müssen unterbleiben. Eltern sollten schulische Hinweise bzw. Entscheidungen ernst nehmen und nicht ohne Grund in Zweifel ziehen. Beispiel: die schulische Notengebung. Ein Unterminieren der Professionalität der Lehrer durch Eltern belastet nämlich die Bereitschaft der jungen Menschen zur Anstrengung und zur Übernahme von Eigenverantwortung. Anderes Beispiel: Rüpeleien. Solches Verhalten von Schülern beeinträchtigt den Bildungsauftrag der Schule ungemein. Eltern haben also im Interesse ihrer eigenen Kinder und im Interesse der anderen Schüler die Pflicht, dafür zu sorgen, daß sich ihre Kinder ein Sozialverhalten und ein Sprachniveau aneignen, das ein Arbeiten in der Schule erst ermöglicht.

Leseerziehung als Medienerziehung im Elternhaus

Der exzessive Medienkonsum, vor allem vor Fernsehern und Videogeräten, ist eines der Grundübel heutiger kindlicher Entwicklung. Für viele

Kinder ist die schöne neue Medienwelt – was sprachliche, intellektuelle und emotionale Entwicklung betrifft – zur Medienfalle geworden. Experten sprechen gar schon vom Phänomen der »Medienverwahrlosung«. Damit meint man Kinder, die länger als vier Stunden pro Tag vor Fernseher oder Computerbildschirm verbringen. Solche »medienverwahrloste« Kinder gibt es zuhauf. Sabine Feierabend und Walter Klinger haben Zahlen vorgelegt (Quelle: »Kinder und Medien«; in: Media Perspektiven, Heft 6, 2003, S. 278–289; »Was Kinder sehen: Eine Analyse der Fernsehnutzung 2003 von Drei- bis 13-Jährigen«; in: Media Perspektiven, Heft 4, 2004, S. 151–162). Danach ist die tägliche Verweildauer vor Fernseher und Video bei Vierzehnjährigen 276 Minuten (das sind viereinhalb Stunden). Um 22 Uhr sitzen noch zehn Prozent der acht Millionen Drei- bis Dreizehnjährigen Kinder vor dem Fernseher, um 23 Uhr sind es in dieser Altersgruppe noch 4 Prozent, in absoluten Zahlen also rund 330.000. PISA 2003 trägt ähnlich dramatische Zahlen bei: Eine tägliche Fernsehzeit von mehr als drei Stunden haben unter den befragten Fünfzehnjährigen 55,5 Prozent der Schüler der Hauptschule (davon wiederum etwa die Hälfte mehr als fünf Stunden), 44,6 Prozent der Schüler der Realschule, 29,8 Prozent der Schüler eines Gymnasiums und 48,7 Prozent der Schüler einer integrierten Gesamtschule.

Die Alternative dazu muß heißen: Das Elternhaus ist ein lesendes Elternhaus. Leseerziehung bereits in der Familie ist angesagt als Kontrastprogramm. Das beginnt mit dem Erzählen und mit dem Vorlesen zu Hause. Und es setzt sich mit dem elterlichen Vorbild fort. Die klugen Mütter des Lesens sind das Erzählen und das Vorlesen. Also, ihr Alten und ihr Eltern: Nutzt euren Gewinn an Freizeit, erzählt und laßt euch erzählen, lest vor und laßt euch vorlesen, geht mit euren Kindern spazieren und philosophiert über Gott und die Welt! Die Schule kann hier nur in begrenztem Umfang kompensatorisch wirken.

Statt Erzählen Glotze, statt Vorlesen Internet – das funktioniert nicht. Das heißt: Eltern müssen die Kinder vom Fernsehgerät und vom Computer wegerziehen. Der Kriminologe und frühere niedersächsische Justizminister Christian Pfeiffer (Kriminologisches Forschungsinstitut Niedersachsen, KFN, der Universität Hannover) wird nicht müde zu betonen, daß Medienkonsum dumm macht und insbesondere Jungen bei ihrem schulischen Fortkommen behindert. (Vgl. Pfeiffer, Christian:

Medienverwahrlosung als Ursache von Schulversagen und Jugend-delinquenz? 2003, siehe www.kfn.de.) Lernforscher wie der Magde-burger Henning Scheich oder der Freiburger Michael Myrtek erklären den durch exzessiven Medienkonsum ausgelösten Verdummungseffekt so: Video und Computerspiele lösen im Gehirn Dopamin-Duschen aus, also Glücksgefühle und ein Erfolgsgefühl nach dem anderen. Der normale Erfolgsweg »Lernen, Lernen, Lernen, Üben, Üben, Üben – und dann mit einer guten Note belohnt werden« ist nicht mehr interessant. Es kommt hinzu: Gerade die nachmittags und abends konsumierten, hochemotionalen Action- und Horrorfilme mit ihrem stundenlangen Beschuß an heftigen Bildern drängen alles andere in den Hintergrund. Das vormittäglich erworbene Schulwissen kann deshalb nicht aus dem Kurzzeit- ins Langzeitgedächtnis überführt werden, es sind schlicht und einfach keine Hirnkapazitäten mehr frei. Die heranwachsenden Gehirne werden somit in einem Maße medial überschwemmt, daß ein sprachgebundenes Lernen nicht mehr stattfinden kann.

Die Umwandlung von in der Schule am Vormittag erworbenem Lern-stoff in Wissen dauert aber mindestens zwölf bis 24 Stunden; sie braucht Ruhe und Muße.

Hier ist das Elternhaus gefordert. Denn der Medienkonsum Heran-wachsender wird im ersten Lebensjahrzehnt geprägt. Zu Fernsehern, Vi-deo und Computer bedarf es eines Kontrastprogramms. Und dieses Kon-trastprogramm kann nur Lesen, Lesen und nochmals Lesen heißen. Für das Elternhaus bedeutet das: Leseerziehung beginnt mit dem Erzählen und mit dem Vorlesen zu Hause. Und es setzt sich mit dem elterlichen Vorbild fort. Das bestätigt bereits eine OECD-Studie des Jahres 1992. Lei-der sind deren Ergebnisse damals in Deutschland kaum registriert wor-den, nämlich daß die Lesefreude und Leseintensität der Kinder abhängt vom Vorhandensein von Büchern und Zeitschriften im Elternhaus und daß das gesamte schulische Leistungsvermögen der Kinder eng mit der außerschulischen Lektüre der Kinder zusammenhängt. Das ist übrigens eine eindeutige Schelte an diejenigen Eltern, die selbst nichts lesen, die ihre Kinder nicht dazu anhalten oder die allenfalls – erdnußmampfend vor der Glotze sitzend – ins Kinderzimmer rufen: Nun lies doch mal ein Buch!

PISA und die Migranten

Gewiß gibt es zahlreiche Problemschüler deutscher Herkunft und Muttersprache. Dazu gehören – neben wohlstandsverwahrlosten – vor allem Schüler aus sozial schwierigen Elternhäusern; das sind Kinder, deren Eltern selbst keine abgeschlossene Schul- und Berufsausbildung haben, Kinder auch, die mit oder ohne Wissen der Eltern Schule schwänzen oder zumindest sehr unregelmäßig Hausaufgaben machen und lernen. Es handelt sich hier um eine Schicht, der seitens der Schule und ohne Hilfe von Sozialpädagogen kaum beizukommen ist. Schulleiter, Klassenleiter und Schulpsychologen wissen ein Lied davon zu singen, wie schwer es ist, mit den Eltern dieser Schüler ins Gespräch zu kommen, denn oft genug bleiben zehn und mehr Einladungen zum Gespräch oder schriftliche Ermahnungen der Schule ohne Antwort.

Überrepräsentiert sind unter der problematischen Schülerklientel Migrantenkinder. Deren Anteil ist von Bundesland zu Bundesland sehr unterschiedlich. Hoch ist er in vielen Ländern der alten Bundesrepublik, noch höher in den Stadtstaaten, recht gering in den neuen Ländern. Der Anteil von Schülern mit Migrationsgeschichte (also mit mindestens einem im Ausland geborenen Elternteil) beträgt in Baden-Württemberg 28,8 Prozent, in Bayern 22,4 Prozent, in Hessen 32,7 Prozent, in NRW 32,2 Prozent, in Brandenburg 5,0 Prozent, in Mecklenburg-Vorpommern 3,8 Prozent, in Sachsen 5,5 Prozent. Insgesamt sind es in Deutschland 21,8 Prozent. An ein Gymnasium gelangen nur vier Prozent der Migranten, an eine Realschule 18 Prozent; ein Fünftel aller Migrantenkinder bleibt ohne Schulabschluß (zum Vergleich: unter Deutschen sind es zehn Prozent).

Diese Problembeschreibung ist unabhängig von PISA bekannt. Die DIW-Wochenberichte Nr. 27/2002 und 39/2003 dokumentieren unter Migranten im Alter zwischen 15 und 20 Jahren eine Bildungsbeteiligung von nur 69 Prozent (unter deutschen Gleichaltrigen sind es 93 Prozent); in der Altersgruppe 20 bis 25 Jahre beträgt die Bildungsbeteiligung der Migranten nur noch 14 Prozent (unter deutschen Gleichaltrigen sind es 39 Prozent). Die nur in englischer Sprache verfügbare Studie des Rheinisch-Westfälischen Instituts für Wirtschaftsforschung (RWI) mit dem Titel »The Societal Integration of Immigrants in Germany« (RWI Discussion Papers No. 18/2004) macht für dieses Problem vor allem die mangelnde Bereitschaft der Migranten zur Integration verantwortlich.

Risikogruppe Ausländer

Migrantenkinder sind in Sachen Bildung Risikogruppen – nicht nur hinsichtlich Bildungsbeteiligung, sondern auch hinsichtlich gezeigter Leistung. PISA 2003 gibt dazu noch differenzierter Auskunft als PISA 2000. Im getesteten Schwerpunktbereich Mathematik erreicht Deutschland bei PISA 2003 bekanntermaßen mit 503 Punkten einen international mittleren Wert. Deutsche Schüler ohne Migrationshintergrund erzielen hier 527 Punkte, deutsche Schüler mit nur einem im Ausland geborenen Elternteil 508, Kinder zugewanderter Familien 454 und Kinder der ersten Migrantengeneration 432. Das bedeutet: Zwischen diesen vier Gruppen liegt eine Lern- und Leistungsdifferenz von fast drei Schuljahren. Ansonsten erreichen Migrantenkinder in Deutschland in etwa ein PISA-Ergebnis, wie es eines der größten Herkunftsländer deutscher Immigranten ausweist, nämlich die Türkei: Diese kam bei PISA 2003 – jeweils auf Rang 28 unter 29 Ländern – in Mathematik auf 423 PISA-Punkte, in den Naturwissenschaften auf 441, im Lesen auf 434 und im Problemlösen auf 408.

Laut Grundschulstudie IGLU beträgt der Unterschied zwischen Kindern ohne Migrationshintergrund (IGLU-Wert: 103) und Kindern mit Eltern, die beide im Ausland geboren wurden (IGLU-Wert 92) bereits am Ende der 4. Grundschulklasse im Testbereich Lesen elf IGLU-Punkte (bei einem IGLU-Mittelwert von 100). Das entspricht in etwa 55 PISA-Punkten bzw. rund eineinhalb Jahren Lernfortschritt bzw. -rückstand. Diese aus der Grundschule und der weiterführenden Schule bekannten Probleme reichen sogar noch in den Vorschulbereich zurück. Bereits dort zeigt sich das Problem mangelnder Sprachkompetenz. Hessens Familienministerin Silke Lautenschläger stellt dazu im Herbst 2004 im Rheinischen Merkur (44/2004) fest: »Sprachstandserfassungen bei vier- bis viereinhalbjährigen Kindern im Kindergarten haben ergeben, daß jedes fünfte Kind Sprachdefizite aufweist. Allerdings haben 50 Prozent der Kinder der Eltern mit Migrationshintergrund Defizite.« Dazu paßt eine Meldung des Leiters des Kriminologischen Forschungsinstituts Niedersachsen (KFN), Christian Pfeifer, vom März 2005. Unter Berufung auf Untersuchungen in Kanada und in Hessen fordert Pfeifer, Migrantenkinder im Kindergarten mit deutschen Kindern zusammen zu erziehen, denn wenn Kinder unterschiedlicher Herkunft im Kindergarten getrennt würden, Ausländerkinder also eine in sich geschlossene Subgruppe bildeten, hätten sie später in der Schule erhebliche Probleme, und das Klassenniveau dort sinke insgesamt. Letzteres bestätigt PISA 2000. Dort heißt es, daß ein Ausländeranteil von mehr als 20 Prozent an einer Schule zu einer »sprunghaften« Verringerung des Lern- und Leistungsniveaus führt.

Die sprachliche und damit schulische Integration von Migrantenkindern in Deutschland verläuft also nicht gerade erfolgreich. Allerdings gelingt sie hier nicht weniger schlecht als in den meisten anderen OECD-Ländern. Die PISA-Leistungen von Kindern mit Migrationshintergrund liegen nämlich im OECD-Durchschnitt um 36 Punkte hinter dem jeweiligen Landeswert. Migrantenkinder in Deutschland haben hier ein Minus von 40 Punkten, finnische Migrantenkinder gar einen Rückstand von 68 Punkten hinter dem finnischen PISA-Wert. Nur in Australien, Kanada und in den USA sieht das anders aus; dort erzielen Migrantenkinder in etwa dieselben PISA-Werte wie die Kinder ohne Migrationsgeschichte. Allerdings ist das in diesen drei Einwanderungsländern wohl weniger eine Leistung der Schulen, sondern Ergebnis einer anderen Migrationspolitik und einer anderen Haltung der Migranten zu Fragen der Integration und zur Landessprache des Einwanderungslandes.

Dort, wo der Ausländeranteil vergleichbar mit Deutschland ist, sprechen die Migrantenkinder in der Regel die jeweilige Landessprache, in England eben Englisch und in Frankreich Französisch. Anders in Deutschland: Hier tun sich immer noch zu viele Migrantenkinder mit dem Deutschen schwer. Daß diese Kinder in PISA schlecht abschneiden, ist die logische Konsequenz. Daß Luxemburg völlig wider Erwarten ebenfalls schlecht abgeschnitten hat, ist ebenfalls mit seinem hohen Migrantenanteil zu erklären. Für Deutschland jedenfalls stellt sich die Frage, wie es uns zukünftig besser gelingen kann, Migrantenkinder ins Schulsystem zu integrieren. Die Vermittlung des Deutschen im Rahmen eines forcierten Unterrichtsfachs Deutsch als Fremdsprache an den Schulen muß hier Vorrang bekommen. Die Politik einiger Bundesländer, die Ausländerschüler mehr in ihrer Herkunftssprache als im Deutschen gefördert haben, war falsch. Denn schließlich ist das maßgebliche Integrationsinstrument die Sprache.

Sprachtests und Sprachkurse

Was kann Schule in Deutschland hier tun? Schule allein wird dieses Problem nicht lösen, denn dieses Problem hat auch mit drei Jahrzehnten einer verfehlten Einwanderungspolitik zu tun. Es reicht nicht aus, daß Schulen den Migranten zusätzliche Förderangebote machen. Vielmehr müssen diese Angebote verpflichtend angenommen werden. Es gibt hier eine Holschuld. Leider ist aber aus vielen Beispielen bekannt, daß sich manche Migranteneltern weigerten, ihre Kinder an Grund- und Hauptschulen in zusätzliche Deutschkurse oder sogenannte Sprachlernklassen zu schicken. Parallelgesellschaften in Deutschland, das schlägt sich eben dann in der Schulleistung und in einem weit unter dem Durchschnitt liegenden PISA-Wert nieder.

Vor allem müssen Migranteneltern, gerade auch die Mütter, in die Bemühungen um sprachliche Verbesserungen ihrer Kinder einbezogen werden. Wahrscheinlich geht es nicht ohne Sprachtests – vor der Einwanderung bzw. zumindest vor der Einschulung. Hessen hat hier als erstes Bundesland ab Frühjahr 2002 verbindliche Sprachtests vor der Einschulung eingeführt. Wer sie nicht besteht, bekommt kostenlose schulische Vorlaufkurse. Pro Jahr profitieren ca. 5000 Kinder davon; das läßt sich Hessen 940 Lehrerstellen kosten. Hessens CDU-Landesregierung beschreitet damit einen völlig anderen Weg als eine ihrer Vorgängerregierungen der SPD: Letztere hatte noch in den 90er Jahren über 400 Lehrerstellen dafür ausgewiesen, um Migrantenkinder – eher antiintegrativ – in ihrer Herkunftssprache zu schulen. Bayern beschreitet einen etwas anderen Weg. Zum Schuljahr 2003/04 wurden an Grundschulen 200 Sprachlernklassen für Migrantenkinder eingerichtet. Der Bayerische Rundfunk fährt das Sprachprogramm »Deutsch Klasse«. Insgesamt machen mehr und mehr Bundesländer Tests und Kurse für Migrantenkinder zur Pflicht.

Der Bund zieht mit seinem seit 1. Januar 2005 gültigen Zuwanderungsgesetz mit. Migranten haben eine Pflicht zur Teilnahme an Sprachkursen, wenn nicht einmal einfache Deutschkenntnisse vorliegen. In diesem Fall bekommen sie 600 Stunden Sprachkurs und 30 Stunden Kurs in Geschichte, Kultur und Rechtsordnung Deutschlands. Je Stunde ist dafür 1,00 Euro Eigenanteil zu zahlen, bei Nichtteilnahme können Sozialleistungen um zehn Prozent gekürzt werden. Pro Jahr, so das Ziel, sollen außer den aktuellen Zuwanderern weitere 50.000 Migranten teilnehmen, die bereits in Deutschland leben.

Das sind Fortschritte. Überhaupt ist es ein Fortschritt hin zu mehr Ehrlichkeit in der Bildungsdebatte, daß dergleichen Diskussionen und Maßnahmen in Gang kamen. Mut gehört allerdings immer noch dazu, die Probleme der Migrantenkinder zu artikulieren, denn die politisch Korrekten liegen nach wie vor auf der Lauer und wittern stets Fremdenfeindlichkeit. So mancher Journalist – ein Kommentator etwa der Süddeutschen Zeitung vom 8. Dezember 2001 – verrennt sich angesichts solcher Diskussionen und Maßnahmen in das Urteil: »Die PISA-Studie gewinnt ihre besondere Brisanz im Zusammenhang mit anderen Untersuchungen, die zeigen, daß die Deutschen in der Xenophobie Spitze sind.« Voll daneben liegt auch ein Migrationsexperte des Deutschen Roten Kreuzes, der im November 2004 forderte, deutsche Schüler sollten Türkisch lernen. Allem Gezeter der Gutmenschen um »Diskriminierung« und »Zwangsgermanisierung« zum Trotz wird jetzt in puncto Integration erfreulicherweise an vielen Baustellen konkret gearbeitet. Das Beherrschen der deutschen Sprache aber bleibt das A und O der schulischen, beruflichen und gesellschaftlichen Integration der Migranten.

PISA und die Lehrer

Im Kontext mit PISA wurde viel herumgenörgelt an den deutschen Lehrern. PISA hat tatsächlich mit den Lehrern zu tun – allerdings weniger in dem Sinne, daß PISA-Ergebnisse der deutschen Schüler eigentlich die PISA-Ergebnisse der deutschen Lehrer seien. Vielmehr hat PISA insofern mit Lehrern zu tun, als die Lehrer ihren Schülern ab sofort mehr zutrauen, ihnen auch mehr abverlangen sollten. Das ist ein schwieriges Unterfangen in einer Gesellschaft, in der es in vielen Elternhäusern als bequemer gilt, Kindern nachzugeben und Spaß zu bereiten. Aber schulische Bildung geht nicht ohne Anstrengung. Heranwachsende müssen – und wollen! – in Anspruch genommen werden. Schließlich gibt es weder bei alt noch bei jung intellektuelle Höhenflüge ohne Anstrengung. Anders ausgedrückt: Nur immer den aktuellen Regungen nach Erfüllung von Spaßgelüsten nachzugeben – damit kommen weder die Alten noch die Jungen auf einen grünen Zweig.

Bildung und Erziehung heißt In-Anspruch-Nehmen. Vielleicht sind die Lehrer hier gelegentlich zurückgeschreckt – aus Bequemlichkeit oder aus Resignation, weil sie sich ohne Unterstützung von »oben« klagewütigen Glucken-Eltern gegenübersahen. Vor allem müssen unsere Lehrer wieder einen anderen gesellschaftlichen Stellenwert bekommen. Wenn sich jeder, der einmal Schule besucht hat oder zumindest einen kennt, der Schule besucht hat, über Lehrer ausläßt, dann muß man sich nicht wundern, wenn die Schule von Kindern nicht ernst genommen wird.

Lehrerimage

»Es ist ein Schicksal des Volkes, welche Lehrer es hervorbringt und wie es seine Lehrer achtet.« Dieser Satz stammt von keinem Bundespräsidenten, schon gar nicht von einem amtierenden Bundeskanzler, auch von keinem Lehrerfunktionär. Nein, dieser Satz stammt von keinem geringeren als Karl Jaspers. Er schrieb diese Mahnung 1966 in sein Buch »Wohin treibt die Bundesrepublik?«. Diese Mahnung ist aktueller denn je. Denn sowohl die Frage, welche – und wie viele – Lehrer Deutschland hervorbringt, als auch die Frage, wie es seine Lehrer achtet, harrt erneut einer Antwort. Überhaupt hat das deutsche Volk ein offenbar gebrochenes Verhältnis zum Lehrer. Dabei ist dieses Volk nicht nur ein Volk der Dichter und Denker, sondern auch der großen Pädagogen.

Aber von dieser bildungsgeschichtlichen Tatsache haben sich die Deutschen längst verabschiedet. Heute dominiert bezüglich Lehrerberuf in Deutschland öffentlich das dumme Gerede aus der untersten Stammtischschublade. Und diverse Politiker samt medialem Anhang machen dieses Gerede nicht nur mit und salonfähig; sie liefern Stichworte. Werfen wir ein paar Schlaglichter auf zehn Jahre öffentlicher Äußerungen über Lehrer!

Am 29. März 1995 gibt der damalige niedersächsische Ministerpräsident Gerhard Schröder (SPD) der Schülerzeitung »Die Wühlmaus« des Zevener St.-Vit-Gymnasiums ein Interview. Von Lehrern meint er zu wissen, »daß sie lieber alle fünfe gerade sein lassen, was ihre eigenen Dienstleistungen angeht«. Und in diesem Kontext kommt dann der berühmte Satz: »Ja, ja. Also Freunde, Freunde, ihr wißt doch ganz genau, was das für faule Säcke sind.« Es ist dies – wohlgemerkt – der Satz eines späteren Bundeskanzlers – übrigens eines Bundeskanzlers, der lange genug eine

199

Politik der ruhigen Hand proklamierte. Der damalige FPD-General-sekretär Guildo Westerwelle meint im Januar 1997 zu wissen: »Es gibt schon einen Grund, warum immer weniger Jugendliche zu den Veranstaltungen der Grünen gehen: Die möchten nicht auch noch die Abende mit ihren Lehrern verbringen.« Am 18. September 1997 flüstert der Ministerpräsident von Rheinland-Pfalz, Kurt Beck (SPD), einem Mitdiskutanten auf einem Podium zu: »Was die Lehrer in einer Woche arbeiten, habe ich schon bis Dienstag abend geschafft.« Was Beck nicht ahnte: Das Mikrophon war angeschaltet, und ein paar hundert Lehrer im Publikum hörten seine Äußerung mit. Zur selben Zeit gibt Oskar Lafontaine (SPD), damals noch Ministerpräsident des Saarlandes, zum besten, es sei Lehrern zuzumuten, mit einer halben Stelle auszukommen. Dies sagte ein Mann, dem überhaupt nicht auffiel, daß er über 100.000 Mark zu Unrecht und irrtümlicherweise als Pension aus seiner Zeit als Saarbrücker Oberbürgermeister bezogen hatte. Im März 1999 ließ sich der damalige Vorsitzende der CDU-Fraktion im Stuttgarter Landtag und spätere Ministerpräsident, Günther Oettinger, vor dem CDU-Wirtschaftsrat Reutlingen/Tübingen mit der Bemerkung vernehmen, daß Lehrer über 50 »faule Hunde« seien. Im Frühjahr 2002 antwortete ein Kölner SPD-Bundestagsabgeordneter im Untersuchungsausschuß zu den Parteispenden auf die Frage, warum er bestimmte Spendenpraktiken nicht mit seinem Schatzmeister besprochen habe, wie folgt: »Das konnte man nicht. Das war kein Mensch, das war ein Lehrer.« Im Mai 2003 veröffentlicht der »grüne« Haushaltexperte Oswald Metzger ein Buch mit dem Titel »Einspruch! Wider den organisierten Staatsbankrott«. Darin läßt er sich über Lehrer aus: »Als Bauherren sind sie bei Handwerkern wegen ihrer Mängelrügen gefürchtet; viel Zeit haben sie, ein ordentliches Einkommen, und nach dem dritten Glas Rotwein werden sie so richtig revolutionär.«

Wie man sieht: Die »soliden« Urteile über Lehrer gehen in Deutschland quer durch die Parteien. Da können Wirtschaftskapitäne nicht abseits stehen; sie gefallen sich immer wieder in der Lehrerschelte. Ihr Lieblingsobjekt ist der weltfremde Lehrer, der angeblich keine Ahnung von der Wirtschaft hat, und der 75 Urlaubstage feiernde Lehrer, den man sich in dieser Zeit in der Produktion wünscht. Würden solche Äußerungen nicht ständig begierig von den Medien aufgegriffen und transportiert, sie – diese Äußerungen – würden bald verstummen. Statt dessen auch hier Beispiele en masse. Im April 1994 mokieren sich Deutschlands Zeitungen über »Deutschlands faulsten Lehrer«: Namentlich weiden sie sich an einem »Inselpädagogen«, der nach dreijährigem Krankenstand wegen Beklemmungen, die er vor der Klasse bekomme, dienstunfähig sei. Am 25. Mai 1995 titelt die mittlerweile wieder von der Bildfläche verschwundene »Woche«: »Lehrer – Die wehleidigen Helden«. Im November 1996 reicht die Presse eine 55jährige Lehrerin und Antimüllaktivistin durch die Schlagzeilen. Die Dame war lange Zeit zwar umweltaktivistisch in Erscheinung getreten, aber für die Schule nicht dienstfähig gewesen. Die HÖRZU läßt am 20. November 1998 die immerhin renommierte Bildungsexpertin Uschi Glas zu Wort kommen. Diese Dame weiß folgendes: »Ich bin dagegen, daß Lehrer verbeamtet werden. Es gibt einfach zu viele, die den Job vor allem wegen der Absicherung machen.« Der STERN weiß im Januar 1999 zu berichten, daß angeblich zwei Drittel der Lehrer keine Ahnung hätten, wie man eine Uhr umstellt, wenn man von Frankfurt nach New York fliegt, und daß ein Drittel der Lehrer nicht in der Lage sei, 30 Prozent von 120 Mark zu berechnen. Die BILD-Zeitung macht ihre Titelseite am 20. November 2000 mit der dicken Balkenüberschrift auf: »Sind alle Lehrer so doof?«. Hintergrund: Ein Grundschullehrer wußte in der Günther-Jauch-Show »Wer wird Millionär?« nicht, daß die Nordseebucht, in die die Ems mündet, Dollart heißt. Regelmäßig posaunen Zeitungen in die Welt, daß die deutschen Lehrer angeblich die bestverdienenden auf der Welt und zugleich die mit der kürzesten Arbeitszeit seien. Daß zum Beispiel ein Referendar mit Staatsexamen und im 28. Lebensjahr aber weniger in die Tasche bekommt als ein 18-Jähriger im dritten Lehrjahr Bau, »vergißt« man geflissentlich.

Ansonsten fabrizieren Filmemacher Gegen- bzw. Zerrbilder. So hatten Deutschlands Lehrer ihr Vorbild jahrelang mit dem Studienrat »Dr. Specht« aus der gleichnamigen ZDF-Fernsehserie. Specht entspricht so recht dem Idealbild des Lehrers als Polit-, Beziehungskisten- und Sozialingenieur. Mal bringt er das Innenleben einer Wessi-Schule auf Vordermann, mal räumt er in einer Ossi-Schule mit »roten Socken« auf. Keine sexhungrige Schülermutter, keine fiese Kollegenintrige, kein Multi-Kulti-Trouble, keine Drogenstory, kein Neonazi-Fall, den bzw. die er nicht in den Griff bekäme! Immer in Eile, immer chaotisch, immer frisch verliebter Primaner, immer mit einem kessen Szenespruch auf den Lippen, schwirrt er über die Mattscheiben-Schule, um nur jeden möglichen Zoff zu schlichten. Auch sonst hat er alle akut-curricularen »Kernprobleme« im Griff – vom »Ozonloch« bis zu »Tschernobyl«. Und die Specht'sche Schule funktioniert sogar, selbst wenn man sich fragt, wann dieser Deutsch- und Geschichtslehrer denn eigentlich unterrichtet und korrigiert. Der Lehrer also als pädagogischer Schimanski und Professor Brinkmann zugleich? Gottlob nein! Denn Spechtsche Schule verhält sich zu wirklicher Schule wie Märchen zu Realität, wie Schwarzwaldklinik zu echtem Krankenhaus. Und weiter: Im Februar 2001 ist sich die ARD um 20.15 Uhr nicht zu schade, einen Spielfilm mit dem Titel auszustrahlen: »Bei Klingelzeichen Mord – Warum mußte die Lehrerin sterben«. Das ganze geschah zwei Jahre nach der Ermordung einer Gymnasiallehrerin mitten im Unterricht in Meißen. Und nahezu zeitgleich ging der Film »Tötet Miss Tingle« in die Kinos – ein Film, der bereits auf dem Plakat eine Lehrerin im Fadenkreuz einer Armbrust zeigt.

Auch so manche sogenannte Erziehungswissenschaftler – neben denen es durchaus die echten gibt! – leisten dem Lehrerberuf mit ihren Äußerungen immer wieder Bärendienste. Sie bilden zwar seit Jahrzehnten selbst Lehrer aus, wissen aber in ihren Büchern mit Titeln wie »Neue Lehrer braucht das Land«, daß Lehrer besser ausgebildet sein müßten. Oder: Ein »Bildungsforscher« der OECD fordert im Sommer 2003 eine PITA-Studie für Lehrer (PITA = Programme for International Teachers Assessment). Als oberschlaue Begründung schiebt er hinterher, PITA sei notwendig, weil die Lehrer in Deutschland »der blinde Fleck des Bildungssystems« seien.

Volkes Stimme schließt sich solchen Urteilen rasch an. Unter 17 regelmäßig untersuchten Berufen rangieren laut Institut für Demoskopie Allensbach (1996 bzw. 2001) die Grundschullehrer gerade noch auf Rang 11 bzw. 6 und die Studienräte auf Rang 13 bzw. 14. Schlechter stehen da nur noch die Politiker, die Gewerkschaftsführer und die Buchhändler da.

Ebenfalls aus dem Hause Allensbach wird im Jahr 2002 auch Nachdenkenswertes vermeldet: 62 Prozent der Bürger meinen, daß Lehrer heute zu lasch seien. 49 Prozent meinen, daß die Lehrer die Kinder eher zu wenig fordern. Und 74 Prozent meinen, es sei schwer, heute Lehrer zu sein.

Damit sind wir schon etwas näher an den Realitäten. Tatsache ist, daß nicht alle 800.000 Lehrer in Deutschland zugleich und in einem Humboldts, Kerschensteiners, Sprangers und Pestalozzis sind. Das Dumme ist nur, daß ein einzelner Lehrer, der auch nicht im entferntesten dem Ideal entspricht, die solide und engagierte Arbeit des gesamten restlichen Kollegiums in Mißkredit bringen kann. Tatsache ist aber: Die überwältigende Mehrheit der Lehrer macht eine gute Arbeit. Aber selbst Lehrer mit stabilem Nervenkostüm sind am Resignieren und gestehen ein, wie schwierig es ist, in einer Klasse tagtäglich erst einmal ein Klima zu schaffen, das halbwegs zielführenden Unterricht ermöglicht.

Pädagogische Modellathleten

Schwer tun sich die Lehrer vor allem damit, daß ein wachsender Teil der Elternschaft nicht nur berechtigte Ansprüche an die Benotung ihrer Kinder stellt, sondern Noten oder erzieherische Maßnahmen der Schule in manchmal blindem Glauben an Begabung, Fleiß und Rechtschaffenheit ihrer Kinder anficht, mit dem Anwalt droht oder gar das Gericht bemüht. Es kommt erschwerend hinzu, daß Politik und Gesellschaft, wenn sie irgendwelche Mißstände ausgemacht haben, vor allem an Schule und Lehrerschaft denken: Wenn Glatzköpfe Ausländer angreifen, dann hat die Schule zuwenig über Nationalsozialismus aufgeklärt. Wenn die Heranwachsenden gewalttätiger werden, dann ist schulische Werteerziehung defizitär. Wenn Computerspezialisten fehlen, dann haben die Schulen geschlafen und die Lehrer sich nicht genügend mit Informationstechniken vertraut gemacht. Wenn sich Kinder zu viele Videos reinziehen, dann hat die schulische Medienpädagogik versagt. Wenn Kinder an Haltungsschäden oder Übergewicht leiden, dann hat die Schule zuwenig Gesundheitserziehung betrieben. Wenn PISA den deutschen Schülern mittleres Niveau bestätigt, dann unterrichten die deutschen Lehrer falsch. Und wenn Kinder aufgrund veränderter Familienstrukturen zu Straßenwaisen werden, dann ist Schule schuld, weil sie sich nachmittags nicht um die Kinder kümmert.

Aber auch andere (Bildungs-, Lehrer- und Elternfunktionäre) meinen, schulische Vollwerterziehung mit omnipotenten Lehrern müsse die elterliche Erziehung Schritt für Schritt ersetzen. Lehrer also als pädagogische und – besser noch – gesellschaftliche Modellathleten? Die Lehrer müßten sich geschmeichelt vorkommen ob solchen Zutrauens in ihre scheinbar grenzenlosen Möglichkeiten. Aber es ist anders, denn Lehrer merken es, sobald sie zum Feigenblatt einer sich forsch gebenden, gleichwohl ratlosen Gesellschaftspolitik werden.

Sodann tut den Lehrern die Entprofessionalisierung der Bildungsdebatten weh: In Talk-Shows über PISA dürfen prominente und angeblich praktizierende Väter und Mütter über Schule daherschwadronieren. Da fehlt eigentlich nur noch ein Bildungs-Buch von Effenberg, Bohlen oder den Mehrfachvätern Becker und Beckenbauer. Ja, sogar amtliche Schulpolitik leistet ihren Beitrag zur Entprofessionalisierung. »Autonomie« ist in Schule angesagt, und natürlich Basisdemokratie. Dadurch aber wird das Schulgeschehen fortschreitend entprofessionalisiert, etwa indem schulische Gremien unter dem Mäntelchen der Demokratisierung zu paritätisch besetzten Debattierclubs werden.

Zwischenbilanz: Das Image der Lehrer in Deutschland ist schlecht – zumindest in der öffentlichen Meinung. Die Gründe dafür sind vielfältig; sie bedürften einer eingehenden soziologischen und tiefenpsychologischen Analyse. Diese Analyse ist hier nicht zu leisten; sie sei nur angedeutet. Mitverantwortlich für das Bild der Lehrer sind vermutlich folgende Faktoren: das »schwarze« Schaf, das es in diesem Berufsstand ebenso gibt wie unter Politikern, Juristen, Pastoren, Steuerbeamten, Managern und so weiter; die Tatsache, daß der Lehrerberuf ein öffentlicher wie kaum ein anderer ist und schwarze Schafe hier mehr auffallen als in den meisten anderen Berufen; der Glaube vieler Leute von der Straße, in Fragen der Schule mitreden zu können, denn schließlich war man selbst in der Schule bzw. hat Kinder in der Schule; der seichte Populismus der Politik, der eben immer mal wieder gerne Vorurteile bedient, um aus Stimmungen Stimmen machen zu können; die Bequemlichkeit der Politik und der Gesellschaft, Probleme selbst zu lösen, verbunden mit der Bereitschaft, die Probleme eben von den staatlich geprüften und angeblich gut bezahlten pädagogischen Besserwissern lösen zu lassen; die auffallende bildungspolitische Abstinenz von Lehrern, die in der Politik landen; die Selbstverleugnung vieler Lehrer, die sich etwa am Strand auf den Kanaren nicht als Lehrer »outen« wollen; eine gewisse Häufung von »abgebrochenen« Lehrern unter Journalisten; das typisch deutsche Problem mit Autoritäten.

Nachwuchsprobleme

Lehrerimage hin, Lehrerimage her: Die Versorgung der 42.000 deutschen Schulen mit ausreichend vielen und gutqualifizierten Lehrern ist in den Jahren bis 2015 die zentrale Frage bei der Sicherung und Verbesserung des Bildungsstandorts Deutschland. Alle Diskussionen um die Ziele, Inhalte und Strukturen schulischer Bildung, selbst alle Diskussionen um PISA verblassen hinter dieser Frage. Hier aber haben wir ein gewaltiges Problem! Die rund 800.000 Lehrer in Deutschland haben ein Durchschnittsalter von 47 Jahren; in den weiterführenden Schulen beträgt das Durchschnittsalter sogar 49 Jahre, in verschiedenen Ausbildungsrichtungen der berufsbildenden Schulen oft 53 Jahre (Stand: 2000). Bei einem belastungsbedingt durchschnittlichen Ruhestandseintrittsalter von 60 Jahren heißt das: In den zehn Jahren von 2005 bis 2015 treten über 300.000 Lehrer in den Ruhestand. Auf Stellen umgerechnet und unter der Annahme, daß sich in dieser Zeit die Zahl der Schüler nur geringfügig verringert, sind dies rund 300.000 Lehrerstellen, die bis 2015 wieder besetzt werden müssen. Die dafür notwendigen 350.000 bis 400.000 Bewerber fehlen, weil die Zahl der Lehramtsstudenten schulformspezifisch nicht immer Schritt hält mit der Zahl der Pensionierungen. In manchen Lehrämtern kann der Ersatzbedarf derzeit zwar noch zu 100 Prozent (zum Beispiel an Grundschulen) abgedeckt werden, in anderen Bereichen (zum Beispiel an beruflichen Schulen) jedoch teilweise nur zu einem Drittel.

Als Problem kommt hinzu, daß wir in weiten Lehramtsbereichen keine jungen Männer mehr bekommen. Diese fortschreitende Feminisierung des Lehrerberufs müßte einmal problematisiert werden. Man denke nur daran, was es bedeutet, wenn Mädchen oder Jungen im ersten Lebensjahrzehnt mit keinem einzigen Mann mehr zu tun haben, weil die Mutter alleinerziehend ist und dann in Kindergarten und Schule ebenfalls nur Frauen da sind.

Jedenfalls muß sich die Politik beim Thema Lehrernachwuchs erhebliche Versäumnisse vorrechnen lassen: Sie operiert zumeist kurzatmig nur im Zeitraum einer Legislaturperiode. Und sie rettet sich mit »Tricks« über einen Mangel an Lehrern hinweg: Die Kürzung der Wochenstundentafel um eine Stunde verschleiert beispielsweise drei Prozent des Unterrichts- und Lehrerbedarfs, ebenso die durchschnittliche Vergrößerung der Klassen um einen einzigen Schüler; die wiederholt praktizierte Erhöhung der wöchentlichen Unterrichtsmaße der Lehrer um eine Stunde retuschiert sogar rund vier Prozent des Unterrichtsbedarfs. Diese »Tricks« sind längst ausgereizt, und sie gingen zuletzt bereits zu Lasten der Qualität schulischer Bildung.

Ansonsten müßten die Gründe bekannt sein, warum junge Leute sich immer seltener für den Lehrerberuf entscheiden: Der Lehrerberuf ist für viele leistungs- und karriereorientierte junge Erwachsene nicht lukrativ. Referendare und Lehramtsanwärter müssen sich im Lebensalter von knapp 30 Jahren – am Rande des Existenzminimums – mit monatlichen Anwärterbezügen von 800 bis 1000 Euro begnügen; diese Sätze liegen unterhalb der Ausbildungsvergütung in vielen Ausbildungsberufen. Junglehrer und Lehramtsassessoren bekommen zum Teil nur befristete und im Beschäftigungsumfang erheblich reduzierte Verträge angeboten. Wenn die Wirtschaft diesen jungen Leuten bei passender Qualifikation dagegen Jahreseinkommen von 40.000 Euro bietet, ist der Lehrerberuf nicht konkurrenzfähig. Junge Leute lassen sich vom sinkenden Sozialprestige eines Berufs – wie in jedem anderen Berufsbereich – beeinflussen. Gerade junge Leute, die ihre Schulzeit unmittelbar hinter sich haben, wissen, was Schule heute bedeutet. Der Empfehlung, Lehrer zu werden, begegnen sie mit Äußerungen wie folgenden: »Ich habe keine Lust, mich mit fremder Leute frechen Kindern herumzuschlagen!« »Da hätte ich es ja mit einem Volk zu tun, wie wir es waren!« Zudem gibt es hausgemachte Probleme einzelner Bundesländer. Hessen etwa kürzte unter SPD-geführter Regierung immer mehr Unterricht, brauchte damit weniger Lehrer, bildete im Referendariat restriktiv aus und mußte am Ende deutschlandweit auf Lehrerfang gehen. Andere Bundesländer treiben ihren Nachwuchs weg, indem sie ihm nur befristete Zwangsteilzeitverträge anbieten.

Die zukünftige Lehrerversorgung in Deutschland kann vor diesem Hintergrund nicht mehr mit punktuellen Maßnahmen gesichert werden. Es ist ein Bündel an Maßnahmen notwendig, die sich nicht innerhalb einer einzelnen Legislaturperiode erschöpfen dürfen. Es sollte zudem angestrebt werden, daß die Zahl der Bewerber um ein Lehramt über den Bedarfszahlen liegt: Zum einen nämlich treten nur rund zwei Drittel der Lehramtsstudenten in den Schuldienst ein; zum zweiten sollte die Bewerberzahl so groß sein, daß eine Bestenauswahl stattfinden kann.

Es bleibt die Sorge, daß die zukünftig notwendigen qualifizierten Lehramtsbewerber nicht in ausreichender Zahl vorhanden sind. Die Folgen wären größere Klassen sowie Kürzungen des Wochenunterrichts und damit drastische Einbußen in der Bildungsqualität. Dabei wäre – anders als in der freien Wirtschaft – der Personalbedarf der Schulen recht gut prognostizierbar. Die entscheidenden Variablen sind auf mehrere Jahrzehnte hinaus bekannt (Altersstruktur der aktiven Lehrerschaft), zumindest auf ein Jahrzehnt hinaus (Zahl der Schüler, Zahl der Lehramtsstudenten). Die freie Wirtschaft hat Planzahlen dieser prognostischen Zuverlässigkeit nicht. Deshalb gilt: Hätten Siemens und DaimlerChrysler mit in der Summe ebenfalls rund 800.000 Beschäftigten eine vergleichbar schlechte Personalpolitik betrieben, sie wären gewiß keine Weltfirmen mehr.

PISA und die Muttersprache

Das Beherrschen von Sprache ist eine Schlüsselqualifikation, vor allem die Muttersprache ist der Zentralschlüssel für alles Erfahren, Mitteilen, Denken und damit Lernen. Das Beherrschen von Sprache ist unter allen sogenannten Schlüsselqualifikationen überhaupt die zentrale, denn nahezu alle Schlüsselqualifikationen haben mit Sprachbeherrschung und Sprachanwendung zu tun. Sprache in Form von Literatur ist zudem der Zentralschlüssel für alle Kultur.

Schulerfolg ist sodann in hohem Maße von der Lesebereitschaft und der Lesefertigkeit der Schüler abhängig. Die Schulen müssen deshalb der sprachlichen und literarischen Bildung größte Aufmerksamkeit widmen, denn das sprachliche Vermögen ist für Bildung und Sozialisation jedes einzelnen wie für das Selbstverständnis einer Kulturnation die wesentliche Grundlage. Das heißt: Ein Bildungswesen, das die junge Generation zukunftsfähig in Leben, Ausbildung und Beruf entlassen will und zugleich seinen kulturellen und allgemeinbildenden Auftrag erfüllen soll, muß der sprachlichen Schulung größte Bedeutung beimessen. Ein Bildungssystem dagegen, das die sprachliche und literarische Bildung vernachlässigt, verschlechtert für junge Menschen die Entwicklungschancen und leistet damit einer Dekultivierung Vorschub.

Dem Deutschunterricht käme hinsichtlich Sprache und Literatur überhaupt eine exponierte Stellung zu. Das gilt für so ganz bzw. leider nicht mehr so ganz selbstverständliche Dinge wie eine intensive Unterrichtung in Orthographie und Grammatik – auch im Zeitalter von Rechtschreib- und Diktierprogrammen. Zugleich bleibt das Fach Deutsch maßgebliche Grundlage für einen erfolgreichen Fremdsprachenunterricht.

Tatsache ist aber: In keinem anderen Land ist der Anteil der Schüler, die angeben, »ungern« zu lesen, so hoch wie in Deutschland, nämlich 42 Prozent; in Finnland ist dies nur die Hälfte davon. Schule in Deutschland schafft es nicht mehr, den Nachwuchs solide in der Muttersprache zu schulen, geschweige denn für die Schönheit der Muttersprache zu begeistern. Und das in einem Land, das im Jahr 1999 Goethes 250. Geburtstag und im Jahr 2005 Schillers 200. Todestag feiert!

Wenn überhaupt eine einzelne Maßnahme als Konsequenz aus PISA ausreicht, dann die, die muttersprachliche Bildung in der Schule konsequent zu stärken. Das hätte man schon vor PISA tun können und müssen, denn die Deutschen »gönnen« ihrer Muttersprache als Schulfach zwischen der 1. und 10. Klasse nur ganze 16 Prozent der Wochenstunden, dagegen die Polen 22, die Schweden 24, die Franzosen 26 und die Chinesen 26 Prozent. Und keine Kulturnation würde ihren Grundschülern – curricular ausgewiesen – nur 700 Wörter aktiven Wortschatzes abverlangen.

Überhaupt hat gerade im Deutschunterricht eine Furie des Verschwindens von Inhalten und von Ansprüchen gewirkt. Helmut Fuhrmann benennt das in seinem 1993 erschienenen Buch mit dem Titel »Die Furie des Verschwindens – Literaturunterricht und Literaturtradition« so drastisch. Unter anderem kommt er zu dem Ergebnis: »Alles spricht vom Waldsterben und vom Ozonloch; es wird Zeit, daß man auch vom Klassikersterben und vom Traditionsloch zu sprechen beginnt.« Tatsächlich hat sich im Sprachunterricht der Schulen eine typisch postmoderne Beliebigkeit breitgemacht. Nicht wenige Bundesländer beförderten Gebrauchstexte inklusive Bedienungsanleitungen in den Rang wichtiger Textsorten.

Es wird höchste Eisenbahn, daß sich die Schule in der muttersprachlichen Bildung von einigen Fehlern der letzten 30 Jahre verabschiedet. »68« läßt grüßen. Zu den Fehlentwicklungen gehören vor allem: die vernachlässigte Spracherziehung (hinsichtlich Vielfalt und Genauigkeit des Ausdrucks, grammatischer Korrektheit, Abwehr eines »Slangs« und einer primitiven Sprache); das vernachlässigte Einüben sprachlicher Gestaltungsformen (Nacherzählung, Beschreibung, Schilderung, Zusammenfassung); der Verzicht auf das Auswendiglernen von Gedichten und Dramenmonologen; die Abschaffung eines Lektürekanons und die damit verbundene Preisgabe kultureller und geistiger Tradition.

Beispiele: In den berühmt-berüchtigten hessischen Richtlinien für das Fach Deutsch des Jahres 1972 geht es den Initiatoren darum, Sprache – auch Rechtschreibung – als »Ausübung von Herrschaft« zu begreifen; dementsprechend müsse die »Unterwerfung der Schule unter herrschende Normen« überwunden werden. Von Literatur oder Hochsprache war kaum noch die Rede. Selbst Poetik sollte hinsichtlich ihrer »emanzipatorischen Möglichkeiten« diskutiert werden. Die Literatur insgesamt rangierte unter »Text«, in einer Kategorie mit Werbetexten. Anderes Beispiel: Die sogenannte Kollegschule in NRW, die in einer integrierten Oberstufe zugleich einen Berufsabschluß und die allgemeine Hochschulreife (!) vermittelt, kannte im Jahr 1986 das Fach »Deutsch mit Kinder- und Jugendliteratur«. In den Richtlinien dazu hieß es: »Der Einführung in die Kursproblematik dient die Lektüre und Interpretation eines klassischen Kinderbuches, das einen hohen Bekanntheitsgrad haben sollte. Empfohlen wird für diesen Zweck der ›Struwwelpeter‹.« Aber nicht nur in den 70er Jahren kam der Übereifer der »Bildungs«-Reformer schier einem Bildersturm gleich. Sachsen – das Sachsen des Jahres 2001! – wirft Kleist, Hölderlin und Rilke aus dem gymnasialen Lehrplan, aber es gibt dem Marx-Freund Georg Weerth und dem ehemaligen DDR-Kulturminister Johannes Becher die curricularen Weihen.

Überhaupt begnügt man sich an vielen Schulen – anstatt von den Schülern das Durchbeißen durch einen Roman zu verlangen – mit der haarkleinen Analyse von Fluten kopierter Textauszüge. Das ist Leseverhindungspädagogik. Da hat sich – wenn schon nicht »68« – der alte Rousseau mit seinem Verdikt gegen das Lesen durchgesetzt: »Lesen ist die Geißel der Kindheit.« Der ausgebürgerte russische Germanist Kopelew konstatierte dementsprechend 1989 – entsetzt über den literarischen Kahlschlag an deutschen Schulen und Universitäten – eine »Kulturrevolution ähnlich wie in China – nur ohne Mao«. Die PISA-Studie liefert jetzt die Quittung dafür, daß der Deutschunterricht solchermaßen verfiel.

Offensive für Sprachunterricht

Der Deutschunterricht braucht eine Lobby, denn Sprache ist die »via regia« zur Kultur. Sprache und Literatur sind Speicher kultureller Erfahrungen und Vehikel zur Aneignung von Welt, zur Teilhabe an Welt und zum Entwickeln persönlicher und kultureller Identität. Literatur fördert aufgrund der ihr eigenen Komplexität in der Darstellung von Welt unsere Fähigkeit, in Zusammenhängen zu denken. Literatur erweitert unsere Welt. So hat es die unbequeme und im Dezember 2004 verstorbene amerikanische Schriftstellerin Susan Sonntag in ihrer Dankesrede vom 7. April 2004 anläßlich der Verleihung des Literary Award der Los Angeles Library an sie zum Ausdruck gebracht: Literatur erweitere unsere Wahrnehmung, unser Bewußtsein, unser Mitgefühl und unser Wissen. Literatur sei einer der wichtigsten Wege, die Welt zu verstehen, sie bilde unser moralisches Urteil, indem sie sich mit moralischen Problemen beschäftige und indem sie uns mit der Frage konfrontiere, was gerecht und ungerecht, was besser und schlechter, was abstoßend, bewundernswert und beklagenswert sei, was Freude bereite und Beifall finde. Susan Sonntag formuliert damit etwas, das Ludwig Wittgenstein bereits 1921 zum Ausdruck brachte: »Die Grenzen meiner Sprache bedeuten die Grenzen meiner Welt.«

Statt sprachlicher Kultur aber hat sich in Gesellschaft und Bildungswesen Geschwätzigkeit breitgemacht. Sie, die Geschwätzigkeit, ist zur großen Schlüsselqualifikation geworden, die Ämter erschließt. Schule muß dem entgegensteuern. Sie muß der sprachlichen und literarischen Schulung wieder mehr Aufmerksamkeit widmen. Dafür gibt es stolze Gründe. Sprachliche Bildung ist *erstens* Persönlichkeitsbildung: Denn Sprache ist Medium für die Entfaltung von Innerlichkeit und damit Ausdruck der Gesamtpersönlichkeit. Über die Sprache begreife ich meine Welt; ein sprachunfähiges Erleben aber reduziert Welt auf die Flüchtigkeit bloßer Eindrücke. Sprachliche Bildung fördert *zweitens* das Erleben und das Verantworten von Freiheit. Erst mit Sprache ist die Teilhabe an der politischen Öffentlichkeit möglich. Wer die Sprache beherrscht, durchschaut beispielsweise leichter den Mißbrauch von Sprache in der Reklame und in der Propaganda. Sprache ist zudem das einzige humane Instrument der Konfliktlösung. Sprachliche Bildung ist *drittens* Voraussetzung des zwischenmenschlichen Verstehens und Handelns, also Voraussetzung für Friedfertigkeit. Solange geredet wird, wird nicht zugeschlagen und nicht geschossen. Das gilt im zwischenmenschlichen und im internationalen Bereich. Sprache ist *viertens* Teilhabe an zivilisatorischen Errungenschaften, denn erst die Alphabetisierung erlaubt eine Teilhabe an Wissenschaft und Technik. Das zeigt sogar PISA, denn dort korreliert die Mathematikleistung ungewöhnlich hoch mit der Leseleistung (Korrelationskoeffizient = 0.55). Das heißt, das Lesevermögen hat einen nicht unerheblichen Einfluß auf die Leistungen im Mathematiktest. Wer nicht gut lesen kann, der tut sich eben schwer, komplexere mathematische oder naturwissenschaftliche Sachverhalte zu verstehen und zu erklären. Sprache – das ist *fünftens* künstlerische Leistung, ist Kreativität, ist das wichtigste Werkzeug des Menschen, um Kultur zu schaffen und zu erleben. Man denke an das Rezitieren, an Sprachspiele und Stegreifspiele, an das kreative Schreiben bis hin zum Theaterbesuch und zum großen Schulspiel.

Ja zu einem Literaturkanon

Eine Offensive zugunsten des Deutschunterrichts ist überfällig – allein deshalb, weil Sprache und Literatur kulturelle Identität ermöglichen. Teilhabe an Kultur läßt sich eben nur verwirklichen, wenn die Grundlagen für das Reden miteinander gemeinsame sind; der sich immer weiter individualisierenden Kommunikation muß die Schule daher das Allgemeinverbindliche entgegensetzen. Das können nur die Hochsprache und die Literatur. Und eben darauf muß sich der Deutschunterricht besinnen. Nicht zuletzt deshalb dürfte es in Deutschland zukünftig keinen Schulabschluß mehr ohne eine Prüfung im Fach Deutsch geben.

In der Schule muß es gerade um die Begegnung mit großen Werken der Literatur gehen – um Werke, die fundamental für eine Epoche sind, deren Wirkung zugleich über den deutschsprachigen Raum, über die jeweilige Epoche und über die Literatur hinausgeht. Damit stellt sich die Frage nach einem Lektürekatalog. Welche Literatur ist jungen Menschen nahezubringen? Auf jeden Fall ist darauf Wert zu legen, daß alle maßgeblichen literarischen Epochen mit dafür charakteristischen Werken behandelt werden. Dazu kommen Sagen, Märchen, Fabeln, Lügengeschichten, Anekdoten, Hörspiele, Dialekt- und Heimatdichtung sowie Jugendbücher. Entscheidend bleibt, daß möglichst viel gelesen wird. Das Lektürevolumen muß Vorrang haben vor einer mikrochirurgischen Analyse von Textauszügen.

Es sollte ansonsten keinen Hauptschulabgänger geben, der nicht Auszüge kennt aus Nibelungenlied und Barocklyrik, Lessings Ringparabel sowie Beispiele von Goethe- und Schiller-Balladen, romantische Lyrik, Gottfried-Keller-Novellen oder Brecht-Kalendergeschichten. Der Realschüler sollte darüber hinaus zu tun haben mit den »Räubern« oder mit dem »Götz«, mit »Maria Stuart« oder »Wilhelm Tell« sowie mit Beispielen der großen europäischen Literatur von Dante über Shakespeare bis hin zu Molière und Tolstoi. Beim angehenden Abiturienten schließlich geht es hoffentlich nicht ohne den kompletten »Nathan«, nicht ohne den kompletten »Faust I«, nicht ohne einen Kleist, Hölderlin, Büchner, Heine, Keller, Storm, eine Droste, einen Stifter, Fontane, Hauptmann, Kafka, Trakl, Rilke, Thomas Mann, Brecht, Döblin, Tucholsky, Jünger, eine Bachmann, einen Böll, Frisch, Dürrenmatt, Grass, Kunze. Und einem Gymnasiasten gemäß ist die unterrichtliche Akzentuierung großer literarischer Leitfiguren unter dem Aspekt der Vielfalt in der Einheit der europäischen Literatur (zum Beispiel eines Faust bei Marlowe, Goethe, Thomas Mann, Gounod).

Offensive für Schulbibliotheken

An den meisten Schulen in Deutschland gibt es keine Schulbibliothek, die diesen Namen verdient. Deshalb hat Deutschland keine schulische Bibliothekskultur. Spätestens die internationalen Lesestudien belegen, daß die Nähe von Schülern zum Buch ein maßgeblicher Faktor bei der Förderung der Lesebereitschaft und der Lesefertigkeit ist. Das gilt zunächst für die Familien: Wenn die Eltern zu Hause nicht für Bücher, Zeitschriften und Zeitungen sorgen, dann lesen die Kinder eben kaum. Und wenn die Schulen keine attraktiven Bücherangebote in ansprechenden Räumen vorhalten, versagt die Leseerziehung in den Schulen.

Nach den großen und erfolgreichen Anstrengungen von Bund, Ländern und Gemeinden bei der Ausstattung der Schulen mit Computern und neuen Medien sollten jetzt wieder die klassischen Printmedien dran sein. Daß sich solche Investitionen lohnen, zeigen die skandinavischen Länder. Dort sind die Schulbibliotheken erheblich besser ausgestattet als in Deutschland, außerdem sind sie zumeist als kombinierte öffentliche und schulische Bibliotheken in das Gemeindeleben integriert.

Ähnlich ist es in Südtirol, das in PISA 2003 mit 544 Punkten im Lesen sogar noch vor dem PISA-Sieger Finnland (533) liegt. Markus Fritz von der Abteilung Deutsche Kultur des Amtes für Bibliothekswesen in Bozen führt den Vorsprung Südtirols zurück auf das dortige »kapillare System an öffentlichen Bibliotheken und Schulbibliotheken«; in Südtirol verfügt nämlich fast jede Schule über eine eigene, zentrale Schulbibliothek. Auch Untersuchungen, die im Jahr 2000 an 850 Schulen in drei US-Bundesstaaten stattfanden, bestätigen: Schüler von Schulen mit guten Schulbibliotheken schneiden laut Colorado Department of Education in einem standardisierten US-Schulleistungstest, nämlich im National Assessment of Educational Progress (NAEP), um fünf bis 14 Prozent besser ab. Da hinken die Deutschen hinterher: Der Anteil der Schüler, die die Schulbibliothek niemals nutzen, macht in Deutschland 73 Prozent aus, in Schweden bzw. Kanada 15 bzw. 19 Prozent.

Es reicht einfach nicht, wenn eine Schule in Deutschland die übliche Schulbücherei mit einem Bestand von wenigen tausend oder gar nur ein paar hundert Bänden auf einer Fläche von 50 oder 100 Quadratmetern hat. Eine Schulbibliothek muß mit einem breiten Sortiment und mit Autorenlesungen Mädchen und Jungen gleichermaßen locken können; außerdem muß eine solche Einrichtung räumlich so attraktiv sein, daß sich junge Leute gerne darin aufhalten: vor dem Unterricht, nach dem Unterricht, in der Pause, in Freistunden und am Nachmittag. Eine attraktive Schulbibliothek ist nicht zum Nulltarif zu haben. Dafür sind außer geeigneten Räumen entsprechende Mittel für Personal und Anschaffung notwendig. Allerdings ist hier mit vergleichsweise geringen Aufwendungen viel erreicht. Würde beispielsweise für Schulbibliotheken der gleiche Betrag aufgewendet, wie er jetzt mit vier Milliarden Euro für die Förderung schulischer Ganztagsbetreuung aufgebracht wird, dann wäre der Effekt für die zukünftigen Testleistungen deutscher Schüler gewiß eindeutig meßbar.

Unterm Strich: Wir dürsten nach Wissen und ersaufen in Information. Das Buch wäre das geeignete Rettungsboot in dieser Sintflut. Das Buch kann auch gelassen in die Zukunft schauen. Noch nie ist in der Mediengeschichte ein altes Medium durch ein neues vollständig ersetzt worden. Immer haben neue Erfindungen das Ensemble der Medien erweitert. Diese Gesetzmäßigkeit der Mediengeschichte wird durch Multimedia nicht außer Kraft gesetzt. Deshalb wird der PC samt Internet das Buch nicht ersetzen, weder in der Schule noch sonst wo, sondern nur ergänzen. Das Buch wird deshalb das zentrale Medium bleiben, weil es – weitaus mehr als Multimedia – Wissen ohne Verfallsdatum und ohne permanente Aufkündbarkeit per Mausklick anbietet.

Bildung statt »Bildung« und: Mit Latein gegen PISA

In den vergangenen Jahrzehnten gab es recht unterschiedliche Vorstellungen vom Zweck schulischer Bildung. Mal dominierten diejenigen, denen es um Bildung als Eigenwert, ja gar um Bildung gegen Kapital und Ausbeutung ging. Ein anderes Mal gewannen diejenigen die Oberhand, die in Bildung vor allem das Meßbare und Nützliche sahen. Die letztere Betrachtung ist auf dem Vormarsch – parteiübergreifend übrigens, selbst in Parteien, die das Christlich-Abendländische im Parteinamen führen. Ganz locker geht vielen im Zusammenhang mit Bildung das (Un-)Wort »Humankapital« (Unwort des Jahres 2004) von den Lippen – so als sei der Mensch eine Verfügungsmasse, eine Geldanlage oder eine Immobilie, die gefälligst rentabel zu sein habe. Stehen wir damit vor einer »Bildung«, die sich einem Ökonomismus, Utilitarismus und Funktionalismus unterzuordnen hat?

Natürlich muß Bildung konkrete Ziele haben, zum Beispiel das Ziel der Ausbildungs-, Studier- bzw. Berufsreife. Aber: Über diesen Zielen darf das Volk der Dichter und Denker nicht vergessen, was umfassende Bildung ist. Skepsis ist jedenfalls angebracht, denn es droht eine Verarmung des Bildungsverständnisses: Bildung ist das, was PISA mißt oder die OECD auszuzählen vorgibt, so scheint es.

Bildung also am PISA-Halsband? Dies steht zu befürchten, denn die Ansprüche der »Pisaner« sind reichlich hochtrabend – so hochtrabend, daß sie meinen, mit einem 120-Minuten-Test untersuchen zu können, »wie gut die jungen Menschen auf Herausforderungen der Wissensgesellschaft vorbereitet sind«, und damit Kompetenzen messen zu können, »die für die individuellen Lern- und Lebenschancen sowie für die gesellschaftliche, politische und wirtschaftliche Weiterentwicklung« bedeutsam sind. Damit erwächst die Gefahr, Schulleistung nach PISA nur noch operationalistisch zu betrachten. Das wäre eine Analogie zu einer früheren gleichwohl pfiffigen, aber hilflosen Definition von Intelligenz, die sich schon einmal in der diagnostischen Psychologie breitgemacht hat: Intelligenz ist das, was der Intelligenztest mißt. Das stimmt nicht! Fast ist man geneigt zu sagen: Von dieser Definition hat sich die Intelligenz bekanntermaßen nicht erholt. Nein, es stimmt nicht, daß Schulleistung das ist, was PISA mißt. Bildung mit dem zu identifizieren, was

PISA mißt, ist eine höchst enge, ja armselige Vorstellung von Bildung. Die Durchführung und die Analyse von PISA sind selbst noch keine Bildungspolitik. Deshalb gibt es hoffentlich auch zukünftig Bildung jenseits von PISA, jenseits von »New Economy« und jenseits von Trivialität.

Irrweg: »New Economy«

Ein Irrweg real existierender Politik ist, daß sie Schule auf die Reise nach New Economy schickt. Da mag es gerade noch angehen, daß sich das Kapitel »Das deutsche Bildungssystem: Kein gutes Zeugnis« im »Jahresgutachten 2004/05 des Sachverständigenrates zur Begutachtung der gesamtwirtschaftlichen Entwicklung« neben den Kapiteln »Krankenversicherung« und »Aufbau Ost« eingebettet wiederfindet. Betrüblich ist, daß sogar manche Erziehungswissenschaftler meinen, voranmarschieren zu müssen im naiven Glauben, alle Bildung »handhaben« zu können wie Wirtschafts-, Arbeitsmarkt- und Finanzpolitik, ja wie das Marketing einer neuen Zahnpasta. Angesagt scheinen dementsprechend für »Bildung« mehr und mehr: Marketing, Benchmarking, Just-in-time-Wissen, Download-Knowledge und so weiter. Anstatt solche protzigen Hybridbegriffe der Wirtschaft tölpelhaft nachzuplappern, sollte man besser zur Kenntnis nehmen, daß ökonomische Prinzipien nicht eins zu eins auf Schule übertragen werden können, weil es große Unterschiede zwischen Wirtschaftspolitik und Schulpolitik gibt. Die Anbieter anspruchsvoller Wirtschaftsprodukte nämlich können auf einen Konsumenten zählen, der entsprechende Preise dafür zahlt. In der Bildung aber meinen manche Anbieter und Konsumenten, sie sei gar ohne den Preis Anstrengung erwerbbar. Außerdem kann die Wirtschaft alles, was sich nicht »rentiert«, wegrationalisieren. In Fragen der Bildung und Erziehung »rentiert« sich sicherlich vieles nicht, wenn man etwa an Erziehungsresistente denkt. Aber es wäre inhuman, hier nach Rentabilitätsgesichtspunkten zu handeln.

Zudem müßte man den Spieß mit Blick auf Wirtschaft gelegentlich herumdrehen und so manchem Rentabilitätsguru ein Gedankenexperiment entgegenhalten. Es sei die Frage erlaubt: Wie sähe es um unseren vielfach beschworenen Standort Deutschland aus, wenn in allen Bereichen des Wirtschaftsmanagements alles so am Schnürchen liefe wie in der Schule? Man vergegenwärtige sich nur, was in Deutschlands 42.000 Schulen abläuft: tagtäglich rund vier Millionen Unterrichtsstunden; tagtäglich Hunderttausende an pünktlichen Schulbussen; tagtäglich eine halbe Million gereinigte Klassenräume; tagtäglich Pausenverpflegung für Millionen Schüler; alljährlich 150 Millionen verteilte und eingesammelte Schulbücher; alljährlich auf der Basis von mehr als einer Milliarde einzelner Leistungsmessungen 24 Millionen Zwischen- und Jahrgangszertifikate und so weiter. Würde jeder Teilbereich deutscher Volkswirtschaft diese Managementleistung vollbringen, man müßte um Deutschlands Konkurrenzfähigkeit oder um so manche Großbetriebe weniger Sorge haben.

Irrweg: Trivialität durch Emanzipation vom Kulturellen

Ein anderer Irrweg war und ist es, daß in vielen Bundesländern seit mehr als drei Jahrzehnten eine Aversion gegen konkretes Wissen und gegen jeden Fächerkanon gepflegt wird. Mit den sogenannten Schlüsselqualifikationen wurde zudem ein von konkreten Inhalten abgehobenes »Sesam, öffne dich!« erfunden. Nun warten die schulpolitischen Ali Babas darauf, daß sich die Bildungsgrotte zur gefälligen Selbstbedienung mit all ihren Schätzen an Methoden-, Sozial- und Handlungskompetenzen öffnet und über die Schule ergießt. Dahinter versteckt sich ein fundamentalistischer Anti-Inhalte-Affekt, der nur unterrichtliche Verpackungen, aber keine Inhalte mehr kennt. Richtig ist: »Vielwisserei macht nicht weise«, so schon Heraklit. Aber Nichtwissen schon gar nicht. Die aktuelle schulpolitische Diskussion indes wird von einer schier objektlosen Aufsässigkeit beherrscht. Es ist dementsprechend die Rede von der Abschaffung des »starren« Fächerprinzips, der »Stoffhuberei« und des »Frontalunterrichts«. Statt Literatur gibt es in der Folge nur noch »Texte«, und nach Dichternamen sucht man in einigen Bundesländern vergeblich, wie ja überhaupt große Literatur unter dem Diktat der Lebensnähe mit Trivialliteratur und Gebrauchstexten egalisiert wurde. Hätte Goethe so geschrieben, wie es so mancher curricularer Ingenieur gerne gehabt hätte, wir hätten im Jahr 1999 Goethes 250. Geburtstag gewiß nicht gefeiert. Das Lesen wurde mit PISA zudem reduziert auf das Literacy-Konzept; es geht – schön neuhochdeutsch – offenbar nur noch darum, »to use printed information to function in society«.

216

Für ein umfassendes Verständnis von Bildung

Es wird Zeit, daß entgegen diesen Verirrungen wieder eine Debatte um ein breites Verständnis von Bildung aufkommt. Nicht um ein idyllisch-biedermeierliches Bildungsverständnis geht es dabei. Aber die deutsche Bildungsidee war schon einmal und zu Recht der Protest gegen den Utilitarismus eines Vernunftzeitalters und gegen das Leitbild eines allein als Spezialist nützlichen Gliedes der Gesellschaft. Wer in der Bildung nur das Meßbare sieht, der macht einen Fehler, den Karl Popper als Reduktionismus kritisiert. Wir brauchen vielmehr gerade in Zeiten von PISA eine Rekultivierung unserer Gesellschaft und zumal unserer Bildungseinrichtungen. Dazu brauchen wir nach Jahren hyperaktiver PISA-Diskussionen unter anderem eine Bildungsdebatte in Bereichen, in denen es nicht nach Effizienzkriterien gehen kann: in den Sprachen, in Religion/Ethik, Kunst, Musik, Sport. Überhaupt brauchen wir beim Thema Bildung wieder mehr geistige Unterkellerung. Bedenken wir zudem: Es gibt bei der Bildung – so sie breit angelegt ist – stets viele Mitnahmeeffekte. Und vieles in der Bildung hat eine lange Inkubationszeit (die oft weit über eine PISA-Testung hinausgeht). Wir merken es oft erst viel später, wenn wir dann mit George Halifax (1633–1695) sagen können: »Bildung ist das, was übrigbleibt, wenn man alles vergessen hat, was man gelernt hat.« Deshalb kann keine OECD oberster Bildungsratgeber sein. Eine solche Wirtschaftsorganisation diskreditiert sich bildungspolitisch mehr und mehr, weil für sie das Kind zum Standortfaktor verkommen ist.

Schulpolitik und Schulpädagogik müssen sich davon lösen und sich wieder auf Anthropologie einlassen, in deren Mittelpunkt der Mensch und eben nicht die Ökonomie steht. Dazu gehört die Betrachtung des Menschen nicht nur als »homo faber«, sondern auch als »homo ludens«. Das Spiel ist Grundkategorie des Menschlichen, und es ist zugleich kulturbildend. Erst im Ergänzungsgegensatz beider Daseinsformen erfährt sich der Mensch als Leistungsträger *und* als Spielender, als Homo oeconomicus *und* als Kulturschaffender. Er braucht jeweils beides.

Schulpolitik und Schulpädagogik sollten ferner dafür einstehen, daß zum Auftrag von Bildung die Vermittlung kultureller Identität gehört. Die heute als modern geltende Ideologie des »anything goes« mit ihrer Beliebigkeit hinterläßt bei vielen Menschen Orientierungslosigkeit. Man

217

spürt: Orientierung läßt sich nicht aus der Cyberwelt »downloaden«. Identität kommt nicht allein aus »skills«, sondern vor allem aus der »Erinnerung« des historisch-kulturellen Erbes. Das ist übrigens der Grund, warum totalitäre Systeme zur Proklamation einer ewigen Gegenwart neigen. Erinnern dagegen ist die Chance zur befreienden Kraft gegen Indoktrination. Eine Bildung ohne Tradition, eine Bildung der bloßen Daseinsgefräßigkeit wäre eine Verweigerung von Identität. Zeichen von Ungebildetsein ist es zudem, sich einem Absolutismus der Gegenwart zu überlassen. Ein zukunftsfähiges Bildungswesen leistet deshalb gerade in Zeiten der Globalisierung Identitätsstiftung und Orientierung, denn Zukunft ist Herkunft. Deshalb wird der unbehauste Mensch die Oberflächlichkeit des »global village« nur dann aushalten, wenn er Geborgenheit in Kultur, Tradition und Sprache findet. Und er wird nur dann seine Trendanfälligkeit sowie seine Froschperspektive überwinden, wenn er beherzigt, was der Frühscholastiker Bernhard von Chartres (um 1120) meinte, als er riet: »Mit unserem begrenzten Erkenntnisvermögen sind wir alle Zwerge, aber auf den Schultern von Riesen können auch Zwerge weit schauen.« Das heißt: Die Geschichte der Menschheit und ihr Wissen, unsere Vorfahren und deren Kulturen – das sind die Schultern von Riesen, auf denen wir Zwerge weit sehen können. Oder in den Worten Schleiermachers: »Unser Gedächtnis ist Teil unserer Selbsterkenntnis.« Was zu diesem Gedächtnis gehören sollte und was europäische Kultur ist, hat der frühere griechische Staatspräsident Karamanlis in einmalig treffender Weise zum Ausdruck gebracht. Er sagte: »Europäische Kultur ist die Synthese des griechischen, römischen und christlichen Geistes. Zu dieser Synthese hat der griechische Geist die Idee der Freiheit, der Wahrheit und der Schönheit beigetragen; der römische Geist die Idee des Staates und des Rechts und das Christentum den Glauben und die Liebe.«

Schulpolitik und Schulpädagogik müssen sodann betonen, daß es zum kulturellen und staatsbürgerlichen Auftrag der Schule gehört, möglichst konkretes Wissen zu vermitteln. Hier sind vielerorts 30 Jahre inhaltlichen Vakuums zu füllen. Es geht nichts ohne Inhalte unumstrittener Autorität. Die in den Jahren seit 1970 verbreitete Vorstellung von einer Gleichwertigkeit der Fächer und Inhalte ist eine Fiktion. Leider wird diese Fiktion heute erneut propagiert. In einer »bildungspolitischen« Schrift einer banknahen Stiftung heißt es im Jahr 2002: Konkretes Wissen sei aufgrund technologischer Möglichkeiten »obsoletierbar«. Ist das womöglich der kapitalistisch motivierte Gang in die Unmündigkeit – als Gegenstück dessen, was Kant mit Aufklärung als Ausgang aus der selbstverschuldeten Unmündigkeit meint? Statt dessen gilt nach wie vor: Wer nichts weiß, muß alles glauben. Dinge aber nur glauben zu machen, das kann eine freie Gesellschaft nicht wollen. Und es gilt: Wer nichts weiß, der findet selbst via Internet nichts, denn er weiß nicht einmal, wonach er suchen soll.

Der übernützliche Wert von Bildung

Schulpolitik und Schulpädagogik müssen schließlich den Grundsatz verteidigen, daß Bildung einen übernützlichen Wert hat. Hier dürften sich die Bildungsakteure ruhig noch einmal das bildungspolitische Papier der Deutschen Bischofskonferenz (DBK) und der Evangelischen Kirche in Deutschland (EKD) vom November 2000 hervorholen. Es trägt den Titel »Tempi – Bildung im Zeitalter der Beschleunigung«. Darin wird Kritik geübt an einem »Totalitarismus neuen Typs«, nämlich dem »subjektlosen Funktionalismus«, der auch die Bildung erobere. Es wird gesagt, die Wirtschaft profitierte vom Sabbat. Mit anderen Worten: Bildung ist nicht »functional fastfood«, denn gerade erst das »unnütze« Wissen macht den Menschen zum Menschen.

In Nietzsches Worten heißt das: Bildung kann keine Bildung sein »am Pflock des Augenblicks«. (Das ist übrigens ein Gedanke, den Wilhelm Dilthey in anderer Perspektive formuliert, als er urteilte: Zur wissenschaftlichen Erkenntnis gehört die Auflösung der Lebensbindung – die Lösung vom hic et nunc also.) Was wüßte Nietzsche sonst zu dieser Debatte beizutragen? Zu einer Schule der permanenten Reformhektik würde er sagen: »Wenn ihr mehr an das Leben glaubtet, würdet ihr weniger euch dem Augenblicke hinwerfen. Aber ihr habt zum Warten nicht Inhalt genug in euch.« Wie Nietzsches Zeit ist jedoch auch unsere Zeit geprägt von einem Klima, wenn nicht gar einem Primat des Materialismus, des Empirismus, des Ökonomismus und des Utilitarismus. Dementsprechend rechnet er es 1872 im ersten seiner Vorträge »Über die Zukunft der Bildungsanstalten« zu den beliebtesten nationalökonomischen Dogmen, den Nutzen, ja den möglichst großen Geldgewinn als Ziel und

Zweck der Bildung auszugeben. Wörtlich: »Dem Menschen wird nur soviel Kultur gestattet, als im Interesse des Erwerbs ist.«

Dieser Satz fällt einem wieder ein, wenn man sich die Kahlschläge des (parteilosen) Hamburger Wissenschaftssenators Dräger vom Herbst 2004 vergegenwärtigt: Dieser will die Universität Hamburg in den Geisteswissenschaften von 155 auf 77,5 Professuren zusammenstutzen – darunter (und das in Hamburg!) die Skandinavistik und die Theologie völlig abschaffen. Begründung: Die geisteswissenschaftliche Orientierung der deutschen Universität sei nicht zukunftsfähig, und die Theologie etwa sei außerstande, Drittmittelprojekte an Land zu ziehen. Wenn so etwas geschieht, dann ist diese Nation insgesamt nicht mehr zukunftsfähig. (Am Rande: Dräger war vor seiner Karriere als Wissenschaftssenator Unternehmensberater.) Aber auch andere Bundesländer sind hier nicht zimperlich: Sogar die traditionsbewußten bayerischen Universitäten streichen geisteswissenschaftliche Lehrstühle, zum Beispiel Lehrstühle für Landes-, Literatur- und Rechtsgeschichte.

Eine solche Reduktion von Bildung auf das Marktgängige bedeutet einen Verlust an kulturellen Optionen, an Denk-Spielräumen und an »bereichernden Fremdheits-Erfahrungen« (Aleida Assmann). Bildung kann ansonsten nicht eigentlich zweckgebunden sein. Denn – so Hans-Georg Gadamer – Bildung kennt, sowenig wie die Natur, außerhalb ihrer gelegene Ziele. Darin übersteigt – so Gadamer weiter – der Begriff der Bildung den der bloßen Kultivierung vorgegebener Anlagen. Deshalb muß es in Schule zum Beispiel um einen Grundbestand an Literaturkenntnis gehen, im Fach Musik um einen Grundbestand an Werkkenntnis. Und zwar deshalb, weil kanonisches Wissen eine Kommunikationsgrundlage ist und weil ein zu schmales Wissen (ein Wissen unter aller »Kanone«) anspruchsvolle Kommunikation erst gar nicht entstehen ließe. Im Lande eines Bach und Beethoven, eines Kant und Hegel, eines Goethe und Schiller, eines Humboldt und Spranger darf man das nicht vergessen.

Leider kommt der Kanongedanke (der Werk-Kanon-Gedanke) in Zeiten der Diskussion um Bildungsstandards zuwenig zum Tragen. Wahrscheinlich ist bereits der Begriff »Bildungsstandards« falsch, er ist im Grunde Hochstapelei. Für umfassend verstandene Bildung kann es keine »Standards« geben. Man sollte deshalb allenfalls von schulischen »Leistungsstandards« sprechen. Mit Bildung jedenfalls haben Standards nichts zu tun, sie sind nur Teilvoraussetzungen, um Bildung zu erwerben. Man nehme allein die Standards der KMK für die Hauptschule: 112 Standards sind es. Da möchte man sagen: Wenn alles Standard ist, dann ist nichts mehr Standard. Der Kanongedanke findet sich jedenfalls nicht darin.

Die Abkehr von der Literatur ist im übrigen nicht kind- und schülergerecht. Deshalb sagt der Deutschdidaktiker Kaspar H. Spinner anläßlich der Verleihung des Erhard-Friedrich-Preises für Deutschdidaktik am 27. September 2004 zu Recht: »Der standardisierte Schüler wird im standardisierten Unterrichtsprozeß zurechtgestutzt. Entfaltung von Individualität und das Ernstnehmen von Subjektivität werden ... durch die Standardisierungsprozesse zurückgedrängt. Es geht nicht um Schülerinnen und Schüler in ihrer individuellen Vielfalt, sondern es interessieren die einheitlichen Standards.« Und weiter: Durch die Standards in Deutsch werde vieles verdrängt und vergessen – das Staunen, das selbstvergessene Lesen, das intuitive, kreative Schreiben.

Hier sollten wir nicht zu anspruchslos werden. Jedenfalls wäre es eine Horrorvorstellung, was die FAZ Ende 2002 berichtete, nämlich daß eine große Bank für ihre Jungmanager kulturgeschichtliche Crashkurse eingerichtet hat. Die jungen Bänker sollen damit so weit fit gemacht werden, daß sie beim Prosecco-Empfang ein kulturrelevantes »name-dropping« praktizieren können – nach dem Motto: »Ach ja, dieser Ludwig van, das war doch der mit der Schicksalsmelodie – oder so!?« Das kann es nicht sein. Unser Land braucht keine solchen Funktionsfuzzis, sondern Persönlichkeiten mit kulturellem Hintergrund.

Mit Latein gegen PISA

In Zeiten eines reichlich utilitaristischen Bildungsdenkens hat eine – vermeintlich – tote Sprache schlechte Karten. Oder hat sie gerade in solchen Zeiten eine Chance? Ja, denn Latein ist eine Chance für und gegen PISA, für zukünftig bessere PISA-Ergebnisse und gegen ein PISA-verarmtes Bildungsverständnis.

Das Lateinische hat gewiß einen schweren Stand, weil es – so der »mainstream« – angeblich ein undemokratisches, sozial selektives, kurz: repressives Fach sei. Was Wunder, daß eine Lehrergewerkschaft Mitte der 90er Jahre verlangte: »Latinum ad Latrinam!« Was Wunder, wenn unter Deutschlands Abiturienten allenfalls ein Drittel Latein lernt, geschweige denn darin Abitur schreibt. Selbst im traditionsbewußten Bayern legt nur ein Achtel der Gymnasiasten eine Abiturprüfung in Latein ab.

Wenn Latein völlig aus der Mode zu kommen droht, dann hat das Ursachen – Ursachen, die vor PISA liegen; Ursachen womöglich, die die gleichen sind wie diejenigen, die für das schwache PISA-Ergebnis verantwortlich sind. Vor allem macht es dem Lateinischen zu schaffen, daß es als schweres Fach und als Abiturhindernis gilt. Eltern treffen Bildungsentscheidungen ja mehr und mehr nur nach ihrer Utilitarität. Ihr Motto lautet oft: Was braucht mein Kind Latein, wenn es die Uni nicht vorschreibt!

Bildung hat zu tun mit Reflexion und Nachdenklichkeit. Bildung hat zu tun mit Distanz zum Tagesgeschehen und mit Freiheit im Urteilen. Gerade mit Latein wird man das erwerben können, was in Sonntagsreden gefordert wird: Konzentration, Ausdauer, Sorgfalt, Unterscheidungsvermögen, Prägnanz im Ausdruck. Der »Lateiner« wird eher gewappnet sein gegen eigene Geschwätzigkeit und gegen die Geschwätzigkeit anderer, und er wird gewappnet sein gegen einen Pragmatismus, bei dem das Handeln vor dem Denken kommt. Daß der Lateiner durch Latein zudem eine Schärfung seiner muttersprachlichen Kompetenzen erfährt, ist zwar kein Ruhmesblatt des Deutschunterrichts, aber es unterlaufen ihm dann wenigstens keine Schnitzer wie »Visas«, »Internas« oder »das Optimalste«.

Vor allem hat der Lateinunterricht eine mehrfach propädeutische Funktion. Als europäisches Erbgut führt das Lateinische ein in europäische Geschichte, es wird damit zum Schlüssel für europäisches Denken. Man könnte sagen: Eine Gegenwart ohne Latein wird provinziell. Sie tauscht römische Weitsicht gegen das Spießertum des Hier und Jetzt ein. Latein ist sodann philosophisch-politische Propädeutik. Unsere Vorstellung von Staat und Gesellschaft, von Recht und Gerechtigkeit haben sehr viel zu tun mit libertas, lex, civitas, potestas, auctoritas, officium. Die Fachsprache ist ja voll von liberal, konservativ, Legislative, Exekutive, Judikative, Präzedenzfall, Kasuistik, Delinquenz oder von Prinzipien wie in dubio pro reo, audiatur et altera pars, corpus delicti.

Und Latein ist Schlüssel zur Sprache der Wissenschaft. 75 Prozent der deutschen Fremdwörter stammen aus dem Lateinischen. Wissenschaftliche Neologismen, gerade auch im Englischen, kommen ebenso von dort. Das Lateinlernen demokratisiert damit die Fachterminologie; aus dem unverständlichen Fachchinesisch wird ein verständliches Fachlatein. Das gilt für die Sprache der Technik und der Medien (vgl. Reaktor, Radio, Video, Computer und so weiter) und im besonderen für die medizinische Terminologie; ein Arzt muß heute ca. 6000 Termini kennen: ambulant, cerebral, oral, intravenös, in vitro, Insuffizienz, Sedativum, Stimulantien. Der kritischere Patient wäre der, der Latein kann. Und zuletzt ist das Lateinische behilflich beim Verständnis immer weiterer Kompositabildung: Mit den Präfixen ad-/con-/de-/ex-/in-/pro-/re-/trans- beginnende Wörter dürften einem Lateiner keine Probleme bereiten.

Latein ist schließlich Brücke zu europäischer Mehrsprachigkeit. Das gilt nicht nur für ein leichteres Erlernen der romanischen Sprachen Italienisch, Französisch, Spanisch, Portugiesisch, Rumänisch, sondern es gilt auch für das Englische, das zu 50 Prozent des gängigen Wortschatzes und zu mehr als 60 Prozent des gehobenen Wortschatzes lateinische Wurzeln hat. Selbst slawische Sprachen mit ihren vielfältigen Kasusendungen verlieren ihre Schrecken, wenn man Latein mit seinen sechs Fällen erlernte.

Eine Sprache ist erst tot, wenn ihre Äste abgestorben sind und wenn sie von niemandem mehr gebraucht wird. Ersteres wird nie der Fall sein, und letzteres ist ebenfalls nicht zu befürchten. Im Gegenteil, gerade die neuen Informationstechniken bieten dem Lateinischen ungeahnte Chancen. Das Internet (interrete) ist zu einem riesigen Pool auch für Lateinbegeisterte geworden. Suchmaschinen weisen zur Sprache Latein Zehntausende von »sites« aus. Moderne Lateiner haben ihre »homepage« (pagina domestica), sie kommunizieren per »e-mail« (littera electronica), und die Linklisten (nexus selecti) werden von Monat zu Monat umfangreicher.

Der Lateinunterricht und das Lateinische selbst haben sich in den vergangenen Jahren gewandelt. Latein ist nicht mehr die späte Rache der Römer an den Germanen. Den Lateinbüchern sieht man den Wandel an. Sie sind bebildert, und sie enthalten Lebensnahes ebenso wie Witziges. Beleg für die Lebendigkeit des Lateinischen ist ferner das vom Vatikan herausgegebene Wörterbuch lateinischer Neubildungen (Lexicon Recentis Latinitatis). Es zeigt, wie schlüssig Sachverhalte und Begriffe ins Lateinische übersetzt werden können: fabula americae occidentalis für Western; iuvenis voluptarius für Playboy; amplissimus vir für VIP (very important person). Beleg für die Lebendigkeit des Lateinischen ist die reiche Zahl an lateinischen Comics und Jugendbüchern: Asterix gehört dazu ebenso wie Insuperabilis Snupius (Snoopy) oder Michael Musculus (Micky Maus), der lateinische Struwwelpeter ebenso wie der lateinische Max und Moritz. Schließlich bieten die via Internet zugänglichen Nuntii Latini des finnischen Rundfunks mit ihrer wöchentlichen Rückschau auf Weltereignisse Politik live.

Gefordert sind die Schulpolitiker. Vor allem muß Schulpolitik wissen, daß mit einem Wegfall des Lateinischen die Idee des Gymnasiums den Bach hinuntergeht; sie muß sich mit Nachdruck dazu bekennen, daß Latein ein typisch gymnasiales Fach ist. Daß sich die Wirtschaft für das Fach Latein stark macht, ist wohl etwas hoch gegriffen. Aber vielleicht kommen eines Tages nach Jahren der Erfahrung mit windschnittigen Machern doch die Stellenanzeigen, in denen es heißt: »Latinum erwünscht!«

Und sonst?

Die deutschen Schlußfolgerungen und die Konsequenzen aus PISA können nur solche sein, die aus den Traditionen und Gegebenheiten in Deutschland hervorgehen. Hier hilft kein Schielen auf Finnland oder Japan, die Deutschen müssen in Bildungsfragen vor der eigenen Tür zu kehren beginnen. Ein Abkupfern anderer nationaler Bildungssysteme bringt nichts. Alles, was zu tun ist, hätte man vor PISA wissen können. Siehe das innerdeutsche Süd-Nord-Gefälle beim Bildungsniveau! Man wollte dies zum Teil nicht wissen, und die großen Verdränger und Ablenker gibt es auch nach PISA noch. Aber sie tun sich nach PISA schwerer. PISA kann und muß also der Anstoß sein, das längst als richtig Erkannte endlich anzunehmen und umzusetzen. Die hier genannten Vorschläge sind machbar, und sie kosten noch nicht einmal Unmengen Geld.

Es geht aus eigener Kraft, wenn man denn nur will, und es geht ohne international unterlegte schulpolitische Mythen. Die Engländer haben es mit einer Ehrlichkeit vorexerziert, wie man sie in Deutschland lange vermissen mußte. Sie haben nämlich lange vor PISA erkannt, was die Gründe etwa der defizitären Mathematikleistungen englischer Schüler sind: zuwenig Hausaufgaben, zuwenig Tests, zuviel »progressive« und wenig straffe Unterrichtsmethoden sowie eine zu frühe Verwendung des Taschenrechners. Schon in der Zeit der Regierung der »Eisernen Lady« Mar-

garet Thatcher Mitte/Ende der 80er Jahre hatte man sich darauf beson-
nen, was im Zuge der Einführung der »comprehensive school« falsch gelaufen ist. Und die Labour Party hat nicht alles umgekrempelt, was ihre
Vorvorgängerin initiierte. In ihrem Weißbuch mit dem Titel »Excellence
in Schools« fordert die Labour-Regierung denn auch 1997 mehr
Leistungsorientierung und mehr Effizienz in den Schulen, mehr
Leistungskontrollen sowie eine Erhöhung der Anforderungen und eine
unterrichtliche Differenzierung nach dem Leistungsvermögen der Schüler. Blairs erster Erziehungsminister David Blunkett forcierte darüber
hinaus einen Verzicht auf den Taschenrechner und eine Förderung des
Kopfrechnens (»Kopfrechnen statt Knöpfedrucken«), einen Verzicht auf
die sogenannte kindorientierte Erziehungstheorie, mehr Hausaufgaben
für die Schüler (von 30 Minuten für die Grundschüler und von 90 Minuten für die älteren Schüler ist die Rede), ferner eine Rückkehr zu traditionellen Unterrichtsmethoden, wie dem lehrergeleiteten Frontalunterricht. Zu Beginn seiner zweiten Amtszeit 2001 hat Blair das Heft in
Sachen Schulstruktur erneut in die Hand genommen, er will das gute alte
Gymnasium zu einem Comeback führen.

Bildung hat mit Eigenverantwortung zu tun

Abseits inhaltlicher und struktureller Reformen ist die Steigerung des
Bildungsniveaus eine Frage der Motivation der Adressaten und Subjek-
te von Bildung, nämlich der Schüler und ihrer Familien. So wie die PISA-
Diskussion bislang gelaufen ist, findet diese Motivation nicht statt.
Vielmehr wird unseren Schülern und deren Familien immer wieder
eingeredet, daß ihre im Durchschnitt schwächeren Leistungen eine Folge
des »Systems« sind. Wenn Schüler und ihre Eltern aber permanent eingeredet bekommen, daß ein Mißerfolg am System liegt, dann ist dieser
nicht mehr »mein« Mißerfolg. Und wenn alles am System liegt, kann ich
es mir in der Welt bequem machen. Die Art und Weise, wie große Teile
der Politik und der Öffentlichkeit über die PISA-Leistungen unserer
Schüler herziehen, ist also absolut unpädagogisch. Wenn unsere jungen
Leute ständig nur hören, daß sie angeblich nur Mittelmaß oder noch
schwächer sind, dann gehen bei ihnen die Jalousien herunter. Jeder
pädagogisch halbwegs Kundige weiß, daß junge Menschen zwar durchaus bereit sind, Kritik entgegenzunehmen, daß man ihnen aber sagen

muß, wo sie etwas geleistet haben und wo sie noch das Potential haben, sich zu steigern. Kinder und Jugendliche brauchen Ermutigung, man kann sie bei ihrem Ehrgeiz packen, aber sie haben das Herumnörgeln an ihrer vermeintlichen Minderwertigkeit satt. Recht kontraproduktiv ist zudem die ständige öffentliche Debatte um die – angebliche oder tatsächliche – Benachteiligung sozial Schwächerer durch das deutsche Bildungssystem. Wenn sozial schwächere Elternhäuser und deren Kinder dies ebenfalls ständig vermittelt bekommen, dann erschlägt dies vielfach deren Willen, eigene Lernpotentiale zu nutzen. Recht auf Bildung hin, Recht auf Bildung her: Es muß deutlich gemacht werden, daß dieses Recht nur ausgelebt werden kann, wenn es von einer Pflicht zur Bildung flankiert wird. Es muß uns also gelingen, auch sogenannte bildungsferne Menschen zu Anstrengungen zu motivieren und an ihre Holschuld in der Bildung zu erinnern.

Bildung kostet etwas

Gewiß sind gute Schulleistungen nicht allein mit Geld zu machen. Geld ist nicht alles in der Bildung, aber ohne ausreichend Geld geht eben weniger. Die Kultur- und Wirtschaftsnation Deutschland ist bei der Bildungsfinanzierung jedenfalls nicht gerade spendabel, wie der Anteil der Bildungsausgaben ausgewählter Länder am jeweiligen Bruttoinlandsprodukt (BIP) zeigt. Würde Deutschland in Relation nur soviel Geld ausgeben, wie es dem OECD-Durchschnitt entspricht, dann müßte es seine jährlichen Bildungsausgaben von 113 um 12,5 auf 125,5 Milliarden Euro steigern; wollte es in Relation soviel wie Schweden ausgeben, müßte es seine Bildungsausgaben von jährlich rund 113 um rund 25 auf 138 Milliarden Euro erhöhen. Mit einer solchen elfprozentigen (im Vergleich zur OECD insgesamt) bzw. rund 22prozentigen Steigerung (im Vergleich zu Schweden) wäre viel zu machen – gerade dort, wo es in Deutschland bislang etwas mangelte: bei der individuellen Förderung Leistungsschwächerer und Leistungsstärkerer. Entgegen dieser Option ist der Anteil der Bildungsausgaben am deutschen BIP sogar rückläufig. Nach den Analysen der Bund-Länder-Kommission für Bildungsplanung und Forschungsförderung (BLK) stiegen die Bildungsausgaben in Deutschland zwischen 1995 und 2002 preisbereinigt um 0,2 Prozent. Das reale BIP zog im gleichen Zeitraum um 1,4 Prozent an.

Tab. 22: Anteil der Bildungsausgaben am Bruttoinlandsprodukt (BIP)

Land	BIP-Anteil 2001 in Prozent
Korea	8,2
USA	7,3
Schweden	6,5
Australien	6,0
Frankreich	6,0
OECD-Durchschnitt	**5,9**
Finnland	5,8
Großbritannien	5,5
Deutschland	**5,3**
Spanien	4,9
Japan	4,6

Ansonsten ist Bildungsfinanzierung eine Frage des richtigen Mittel-einsatzes. Wie die Statistik der Bildungsausgaben pro Schüler belegt, scheinen hier nicht alle Bundesländer optimal zu arbeiten. Daß die Stadt-staaten höhere Ausgaben tätigen müssen, hat mit ihrer spezifischen Population und mit Ballungsraumeffekten zu tun. Ansonsten zeigt sich, daß es unter den Flächenländern welche gibt, die ihre Schulen großzügi-ger finanzieren und damit gute Erfolge bei PISA haben (siehe Bayern und Baden-Württemberg), daß es aber auch welche gibt, die mit relativ wenig Mitteln vergleichsweise günstige PISA-Werte erzielen.

Tab. 23: Ausgaben der 16 Bundesländer für Bildung;
hier: jährliche Ausgaben für öffentliche Schulen in Euro je Schüler

Bundesland	Jährliche Ausgaben in Euro je Schüler
Hamburg	5800
Bremen	5100
Berlin	4600

Bundesland	Jährliche Ausgaben in Euro je Schüler
Bayern	4500
Baden-Württemberg	4400
Schleswig-Holstein	4300
Deutschland	**4200**
Niedersachsen	4200
Rheinland-Pfalz	4200
Hessen	4100
Nordrhein-Westfalen	4100
Thüringen	4100
Saarland	4000
Sachsen-Anhalt	4000
Brandenburg	3700
Mecklenburg-Vorpommern	3600
Sachsen	3600

Gezielte Bildung beginnt im Kindergarten

Zu überdenken sind die heute vielfach als modern ausgegebenen Kindergartenkonzepte, bei denen es bis ins letzte Vorschuljahr hinauf eher um den Betreuungsauftrag, aber viel zuwenig um den Bildungs- und Erziehungsauftrag des Kindergartens geht. Wenn derzeit jedes vierte Kind mit einer verzögerten Sprachentwicklung in der 1. Klasse der Grundschule ankommt, dann müssen davon neben den Eltern auch die Kindergartenerzieherinnen aufgerüttelt werden. Hier verstreichen viele Chancen ungenutzt. Dabei weiß man nicht erst seit den neueren Erkenntnissen der Neurobiologie, daß es für bestimmte Lernprozesse »Zeitfenster« gibt, die sich später wieder schließen, das heißt, deren Schließen spätere Lernprozesse schwieriger und aufwendiger macht. Früher nannte man das sensible Phasen, in denen Prägungen, etwa beim Spracherwerb, besonders günstig und nachhaltig stattfinden können. Das Vorschulalter ist ein solches »Fenster«. Deshalb wäre es an der Zeit, gerade

228

mit den Kindergartenkindern gezielt sprachliche Erziehung zu betreiben und damit gezielt die spätere Einschulung vorzubereiten. Die entsprechenden Möglichkeiten des Kindergartens sind hier äußerst vielfältig, man muß nur die Scheu vor dem vorgelesenen Text, vor dem erzählten Wort, dem auswendig gelernten Gedicht oder Lied und dem konzentrierten, gelenkten Gespräch ablegen. Wenn der Kindergarten aber vermehrt eine Bildungseinrichtung werden soll, dann gehört er nicht in den Kompetenzbereich eines Sozial- oder Familienministeriums, sondern des Schulministeriums. Dann gelingt auch die Verzahnung Kindergarten/ Schule besser.

Tabellen und Quellen

Tabellen

In den nachfolgenden Tabellen 24 bis 26 wird aus Gründen der besseren Vergleichbarkeit eine etwas andere Reihung gewählt. In die Gegenüberstellung der Ergebnisse von PISA 2000 versus PISA 2003 werden nur die 26 Länder aufgenommen, die an beiden Testungen beteiligt waren. Insofern weichen die Rangplätze der Länder (geringfügig) von den offiziell übermittelten ab. An PISA 2000, nicht aber an PISA 2003 beteiligt waren das Vereinigte Königreich (wegen Unterschreitung des Beteiligungsquorums), ferner Rußland, Lettland und Brasilien. Neu gegenüber PISA 2000 kamen bei PISA 2003 neben neun Nicht-OECD-Staaten die Niederlande hinzu.

Lesehilfe zu den nachfolgenden drei Tabellen: Ein rechnerisches Plus bei den PISA-Werten dokumentiert eine entsprechende Verbesserung in den PISA-Werten. Ein rechnerisches Minus bei den PISA-Rängen wird ebenfalls als »Plus« gewertet, nämlich als Verbesserung des Rangplatzes.

Tab. 24: Vergleich der PISA-Punkte und PISA-Ränge 2000 und 2003 Mathematik

Mathematik	PISA-Punkte 2003	PISA-Rang 2003*	PISA-Punkte 2000	PISA-Rang 2000**	Veränd. Punkte 2000/03	Veränd. Ränge 2000/03
Finnland	544	1	536	4	+ 8	+ 3
Südkorea	542	2	547	2	− 5	=
Japan	534	3	557	1	− 23	− 2
Kanada	532	4	533	5	− 1	+ 1
Belgien	529	5	520	8	+ 9	+ 3
Schweiz	527	6	529	7	− 2	+ 1
Australien	524	7	533	5	− 9	− 2
Neuseeland	523	8	537	3	− 14	− 5
Tschechien	516	9	498	16	+ 18	+ 7
Island	515	10	514	11	+ 1	+ 1
Dänemark	514	11	514	11	=	=
Frankreich	511	12	517	9	− 6	− 3
Schweden	509	13	510	13	− 1	=
Österreich	506	14	515	10	− 9	− 4
Deutschland	**503**	**15**	**490**	**18**	**+ 13**	**+ 3**
Irland	503	16	503	14	=	− 2
Norwegen	495	17	499	15	− 4	− 2
Luxemburg	493	18	446	25	+ 47	+ 7
Polen	490	19	470	21	+ 20	+ 2
Ungarn	490	19	488	19	+ 2	=
Spanien	485	21	476	20	+ 9	− 1
USA	483	22	493	17	− 10	− 5
Italien	466	23	457	22	+ 9	− 1
Portugal	466	23	454	23	+ 12	=
Griechenland	445	25	447	24	− 2	− 1
Mexiko	385	26	387	26	− 2	=

* Nicht in die Tabelle aufgenommen, weil nicht an der PISA-Studie 2000, sondern erstmals an der PISA-Studie 2003 beteiligt, wurden folgende zehn Länder bzw. Städte (hier PISA-Werte in Mathematik):

Hongkong   550

Niederlande   538

Macau   527

Slowakei   498

Serbien   437

Türkei   423

Uruguay   422

Thailand   417

Indonesien   360

Tunesien   359

** In der PISA-Studie 2000 hatte das Vereinigte Königreich (UK) in Mathematik mit 529 Punkten den Rang 7 erreicht. Das UK hat sich an der PISA-Studie 2003 zwar beteiligt, war aber hinsichtlich Schüleranteil unter dem vorgeschriebenen Quorum geblieben und wurde deshalb nicht in die Wertung der PISA-Studie 2003 aufgenommen. Nur an PISA 2000, nicht aber an PISA 2003 waren ferner beteiligt: Liechtenstein (PISA-Wert 2000: 514; Rang 2000: 12), Rußland (478; 22), Lettland (463; 25) und Brasilien (334; 31).

Tab. 25: Vergleich der PISA-Punkte und PISA-Ränge 2000 und 2003 im Lesen

Lesen	PISA-Punkte 2003	PISA-Rang 2003*	PISA-Punkte 2000	PISA-Rang 2000**	Veränd. Punkte 2000/03	Veränd. Ränge 2000/03
Finnland	543	1	546	1	– 3	=
Südkorea	534	2	525	6	+ 9	+ 4
Kanada	528	3	534	2	– 6	– 1
Australien	525	4	528	4	– 3	=
Neuseeland	522	5	529	3	– 7	– 2
Irland	515	6	527	5	– 12	– 1
Schweden	514	7	516	8	– 2	+ 1
Belgien	507	8	507	9	=	+ 1
Norwegen	500	9	505	12	– 5	+ 3
Schweiz	499	10	494	16	+ 5	+ 6
Japan	498	11	522	7	– 24	– 4
Polen	497	12	479	22	+ 18	+ 10
Frankreich	496	13	505	12	– 9	– 1
USA	495	14	504	14	– 9	=
Island	492	15	507	9	– 15	– 6
Dänemark	492	15	497	15	– 5	=
Österreich	491	17	507	9	– 16	– 8
Deutschland	**491**	**17**	**484**	**20**	**+ 7**	**+ 3**
Tschechien	489	19	492	18	– 3	– 1
Ungarn	482	20	480	21	+ 2	+ 1
Spanien	481	21	493	17	– 12	– 4
Luxemburg	479	22	441	25	+ 38	+ 3
Portugal	478	23	470	24	+ 8	+ 1
Italien	476	24	487	19	– 11	– 5
Griechenland	472	25	474	23	– 2	– 2
Mexiko	400	26	422	26	– 22	=

* Nicht in die Tabelle aufgenommen, weil nicht an der PISA-Studie 2000, sondern erstmals an der PISA-Studie 2003 beteiligt, wurden folgende zehn Länder bzw. Städte (hier PISA-Werte im Lesen):

Niederlande	513
Hongkong	510
Macau	498
Slowakei	469
Türkei	441
Uruguay	434
Thailand	420
Serbien	412
Indonesien	382
Tunesien	375

** In der PISA-Studie 2000 hatte das Vereinigte Königreich (UK) im Lesen mit 523 Punkten den Rang 7 erreicht. Das UK hat sich an der PISA-Studie 2003 zwar beteiligt, war aber hinsichtlich Schüleranteil unter dem vorgeschriebenen Quorum geblieben und wurde deshalb nicht in die Wertung der PISA-Studie 2003 aufgenommen. Nur an PISA 2000, nicht aber an PISA 2003 waren ferner beteiligt: Liechtenstein (PISA-Wert 2000: 483; Rang 2000: 22), Rußland (462; 27), Lettland (458; 28) und Brasilien (396; 31).

Tab. 26: Vergleich der PISA-Punkte und PISA-Ränge 2000 und 2003 in den Naturwissenschaften

Natur-wissenschaften	PISA-Punkte 2003	PISA-Rang 2003*	PISA-Punkte 2000	PISA-Rang 2000**	Veränd. Punkte 2000/03	Veränd. Ränge 2000/03
Finnland	548	1	538	3	+ 10	+ 2
Japan	548	1	550	2	– 2	– 1
Südkorea	538	3	552	1	– 14	– 2
Australien	525	4	528	5	– 3	+ 1
Tschechien	523	5	511	10	+ 12	+ 5
Neuseeland	521	6	528	5	– 7	– 1
Kanada	519	7	529	4	– 10	– 3
Schweiz	513	8	496	14	+ 17	+ 6
Frankreich	511	9	500	11	+ 11	+ 2
Belgien	509	10	496	14	+ 13	+ 4
Schweden	506	11	512	9	– 6	– 2
Irland	505	12	513	8	– 8	– 4
Ungarn	503	13	496	14	+ 7	+ 1
Deutschland	**502**	**14**	**487**	**19**	**+ 15**	**+ 5**
Polen	498	15	483	20	+ 15	+ 5
Island	495	16	496	14	– 1	– 2
USA	491	17	499	13	– 8	– 4
Österreich	491	17	519	7	– 28	– 10
Spanien	487	19	491	18	– 4	– 1
Italien	486	20	478	22	+ 8	+ 2
Norwegen	484	21	500	11	– 16	– 10
Luxemburg	483	22	443	25	+ 40	+ 3
Griechenland	481	23	461	23	+ 20	=
Dänemark	475	24	481	21	– 6	– 3
Portugal	468	25	459	24	+ 9	– 1
Mexiko	405	26	422	26	– 17	=

* Nicht in die Tabelle aufgenommen, weil nicht an der PISA-Studie 2000, sondern erstmals an der PISA-Studie 2003 beteiligt, wurden folgende zehn Länder bzw. Städte (hier PISA-Werte in Naturwissenschaften):

Hongkong   539
Macau   525
Niederlande   524
Slowakei   495
Uruguay   438
Serbien   436
Türkei   434
Thailand   429
Indonesien   395
Tunesien   385

** In der PISA-Studie 2000 hatte das Vereinigte Königreich (UK) in Naturwissenschaften mit 532 Punkten den Rang 4 erreicht. Das UK hat sich an der PISA-Studie 2003 zwar beteiligt, war aber hinsichtlich Schüleranteil unter dem vorgeschriebenen Quorum geblieben und wurde deshalb nicht in die Wertung der PISA-Studie 2003 aufgenommen. Nur an PISA 2000, nicht aber an PISA 2003 waren ferner beteiligt: Liechtenstein (PISA-Wert 2000: 476; Rang 2000: 24), Rußland (460; 26), Lettland (460; 26) und Brasilien (375 ; 31).

**Tab. 27: Ergebnisse der Teilnehmerstaaten im »Problemlösen«
(PISA 2003)**
(hier: alle Teilnehmerstaaten, keine Vergleichswerte zu PISA 2000
vorhanden)

Land	PISA-Wert Problemlösen
Korea	550
Finnland	548
Japan	547
Neuseeland	533
Australien	530
Kanada	529
Belgien	525
Schweiz	521
Niederlande	520
Frankreich	519
Dänemark	517
Tschechien	516
Deutschland	**513**
Schweden	509
Österreich	506
Island	505
Ungarn	501
Irland	498
Luxemburg	494
Slowakei	492
Norwegen	490
Polen	487
Spanien	482
USA	477
Portugal	470
Italien	470
Griechenland	449
Türkei	408
Mexiko	384

Tab. 28: Wirtschafts- und Bildungsdaten ausgewählter OECD-Länder

Land	Studienanfänger-quote Tertiärbereich A (2001; Uni + FH)	BIP pro Kopf (2001; in Euro)	Arbeitslosigkeit 15- bis 29jährige in Prozent (2001)	PISA-Wert Lesen, alle Schüler (2000)
Belgien	32	24.958	5,4	507
Dänemark	44	33.775	2,0	497
Deutschland	**32**	**25.154**	**4,3**	**484**
Finnland	72	26.210	4,8	546
Frankreich	37	24.032	6,5	505
Großbritannien	47	23.812	4,3	523
Irland	38	30.070	2,7	527
Italien	44	21.004	9,1	487
Japan	41	30.862	4,3	522
Luxemburg	keine Daten verfügbar	48.121	2,0	441
Niederlande	54	26.751	1,7	nicht beteiligt
Österreich	31	26.081	3,0	507
Schweden	69	27.358	3,5	516
Schweiz	35	37.006	1,7	494
Spanien	48	16.147	8,5	493
USA	64	30.762	4,2	504

239

Tab. 29: Hochschulberechtigte im innerdeutschen Vergleich

Bundesland	Allgemeine Hochschulreife 2000 in Prozent der Gleichaltrigen	Hochschulreife insgesamt 2001 in Prozent der Gleichaltrigen
Bremen	30,5	41,5
Berlin	30,1	36,5
Thüringen	28,6	35,8
Hamburg	28,5	47,4
Brandenburg	28,2	35,9
Nordrhein-Westfalen	27,2	43,3
Sachsen	26,3	33,0
Sachsen-Anhalt	26,2	34,2
Hessen	26,0	41,5
Mecklenburg-Vorpommern	23,4	30,5
Rheinland-Pfalz	22,6	31,0
Saarland	22,1	38,4
Baden-Württemberg	21,1	35,4
Schleswig-Holstein	21,0	32,7
Niedersachsen	20,5	37,2
Bayern	19,1	29,5
Deutschland insgesamt	**24,2**	**36,6**

Tab. 30: Bildungs- und Wirtschaftsdaten der drei größten deutschen Länder

	Baden-Württemberg	Bayern	Nordrhein-Westfalen
PISA-Punkte 2000 im Lesen	500	510	482
Hochschulberechtigte insgesamt in Prozent der Gleichaltrigen 2001	35,4	29,5	43,3
BIP-Zuwachs 1995 bis 2003 in Prozent	14,5	16,7	6,7
Arbeitslosenquote Juli 2004	6,1	6,5	10,3
Außenhandelssaldo 2003 (in Milliarden Euro)	22,8	18,6	− 9,2
Patentanmeldungen 2003 je 100.000 Einwohner	130	115	49
Schulden der öffentlichen Haushalte 2003 je Einwohner	3340	2790	6620

Quellen: PISA 2000, Statistisches Bundesamt, Bundesagentur für Arbeit

Tab. 31: Studierquoten und Wirtschaftsdaten der 16 Bundesländer

Bundesland	Relation Studien-berechtigte/ Absolventen der Berufsschulen (2000)	Bruttoinlands-produkt (BIP) pro Kopf (2002) in Euro	Durchschnittl. Arbeitslosen-quote 2001 in Prozent	Arbeitslosen-quote Juni 2003 unter 25 Jahren
Baden-W.	42:58	29.001	5,5	5,3
Bayern	33:67	29.921	6,0	7,3
Berlin	49:51	22.766	17,9	18,7
Brandenburg	41:59	17.015	18,8	17,0
Bremen	41:59	34.788	13,6	11,0
Hamburg	47:53	43.557	9,3	9,4
Hessen	44:56	31.525	7,4	7,5
Mecklenb.-V.	37:63	16.824	19,6	18,1
Niedersachsen	43:57	23.017	10,0	10,5
Nordrhein-W.	48:52	25.701	9,6	8,4
Rheinland-Pfalz	44:56	23.043	7,6	9,0
Saarland	43:57	23.856	9,8	11,1
Sachsen	39:61	17.288	19,0	12,5
Sachsen-Anhalt	41:59	16.780	20,9	15,8
Schleswig-H.	38:62	23.409	9,4	9,5
Thüringen	43:57	16.869	16,5	15,8

Tab. 32: Studierquoten und PISA-Werte der 16 Bundesländer (PISA 2000)

Bundesland	Relation Studien- berechtigte/ Absolventen der Berufs- schulen (2000)	PISA-Wert Lesen alle Schüler	PISA-Wert Lesen Gymna- siasten	Anteil Gymna- siasten an allen Schülern	PISA-Wert Lesen Nicht- gymna- siasten
Baden-W.	42:58	500	582	28,9	467
Bayern	33:67	510	593	26,6	480
Berlin	49:51	nicht repräsentativ beteiligt	568	33,8	nicht repräsentativ beteiligt
Brandenburg	41:59	459	552	28,8	421
Bremen	41:59	448	547	29,6	406
Hamburg	47:53	nicht repräsentativ beteiligt	563	31,8	nicht repräsentativ beteiligt
Hessen	44:56	476	568	31,4	434
Mecklenb.-V.	37:63	467	566	25,7	433
Niedersachsen	43:57	474	584	24,8	438
Nordrhein-W.	48:52	482	581	30,0	440
Rheinland-Pfalz	44:56	485	582	25,6	451
Saarland	43:57	484	570	28,5	450
Sachsen	39:61	491	582	27,7	456
Sachsen-Anhalt	41:59	455	553	28,3	416
Schleswig-H.	38:62	478	584	26,2	440
Thüringen	43:57	482	571	26,7	450

Datenquellen: OECD-Studie »Bildung auf einen Blick« 2003, Statistisches Bundesamt, Grund- und Strukturdaten des Bundesministeriums für Bildung und Forschung, Jahres- gutachten 2002/03 des Sachverständigenrates zur Begutachtung der gesamtwirt- schaftlichen Entwicklung

Verzeichnis der Tabellen

Quellen

Bundesministerium für Bildung und Forschung (Hrsg.): Vertiefender Vergleich der Schulsysteme ausgewählter PISA-Staaten (Juli 2003)

Bundesministerium für Familie, Senioren, Frauen und Jugend (Hrsg.): Die bildungspolitische Bedeutung der Familie – Folgerungen aus der PISA-Studie (Gutachten des Wissenschaftlichen Beirates für Familienfragen, Juli 2002)

Deutsches PISA-Konsortium (Hrsg.): PISA 2000 – Basiskompetenzen von Schülerinnen und Schülern im internationalen Vergleich; Opladen 2001

Deutsches PISA-Konsortium (Hrsg.): PISA 2000 – Die Länder der Bundesrepublik Deutschland im Vergleich; Opladen 2002

Deutsches PISA-Konsortium (Hrsg.): PISA 2000 – Ein differenzierter Blick auf die Länder der Bundesrepublik Deutschland; Opladen 2003

PISA-Konsortium Deutschland (Hrsg.): PISA 2003 – Der Bildungsstand der Jugendlichen in Deutschland – Ergebnisse des zweiten internationalen Vergleichs; Münster 2004

Schümer, Gundel/Tillmann, Klaus-Jürgen/Weiß, Manfred (Hrsg.): Die Institution Schule und die Lebenswelt der Schüler. Vertiefende Analysen der PISA-2000-Daten zum Kontext von Schülerleistungen, VS Verlag für Sozialwissenschaften, August 2004

Veröffentlichungen der Konrad-Adenauer-Stiftung (KAS) zu PISA

Unter Mitwirkung des Autors Josef Kraus hat die KAS folgende bildungspolitischen Schriften veröffentlicht:

Althaus, Dieter/Kraus, Josef/Gauger, Jörg-Dieter/Grewe, Hartmut: PISA und die Folgen: Neue Bildungsdebatte und erste Reformschritte; Februar 2002, Nr. 40 der Reihe »Forum Politik« der Konrad-Adenauer-Stiftung

Schmoll, Heike/Kraus, Josef/Gauger, Jörg-Dieter/Grewe, Hartmut: PISA-E und was nun? Bilanz des innerdeutschen Schulvergleichs; September 2002, Nr. 46 der Reihe »Forum Politik« der Konrad-Adenauer-Stiftung

Kraus, Josef/Schmoll, Heike/Gauger, Jörg-Dieter: Von TIMSS zu IGLU –
Eine Nation wird vermessen; Dezember 2003, Nr. 56 der Reihe »Forum
Politik« der Konrad-Adenauer-Stiftung

Zur Inhaltsdebatte sind in der KAS erschienen:

Gauger, Jörg-Dieter/Kraus, Josef (Hrsg.): Bildung der Persönlichkeit;
2000, Nr. 19 der Reihe »Forum Politik« der Konrad-Adenauer-Stiftung;
dazu gibt es Kerncurricula zu folgenden Fächern: Deutsch, Geschichte,
Politik/Sozialkunde, Mathematik, Physik, Musik.